金钱永不眠

资本世界的暗流涌动和金融逻辑

柳传志

图书在版编目（CIP）数据

金钱永不眠：资本世界的暗流涌动和金融逻辑
/香帅无花著. -- 北京：中信出版社，2017.3（2020.2 重印）
ISBN 978-7-5086-7163-5

I. ①金… II. ①香… III. ①金融学－通俗读物 ②金融史－世界－通俗读物 IV. ①F83-49

中国版本图书馆CIP数据核字（2016）第 306832 号

金钱永不眠：资本世界的暗流涌动和金融逻辑

著　　者：香帅无花
插画作者：卢小川
出版发行：中信出版集团股份有限公司
（北京市朝阳区惠新东街甲 4 号富盛大厦 2 座　邮编　100029）
承 印 者：北京盛通印刷股份有限公司

开　　本：880mm×1230mm　1/32　　印　　张：10　　字　　数：184 千字
版　　次：2017 年 3 月第 1 版　　印　　次：2020 年 2月第 13 次印刷
广告经营许可证：京朝工商广字第 8087 号
书　　号：ISBN 978-7-5086-7163-5
定　　价：48.00 元

目　录

| 卷二 | 金融市场之乱花渐欲迷人眼 |

|卷三|金融学那点事儿|

|跋|做金融江湖里一朵自由行走的花|陈龙

序一

理论是灰色的，而生活之树常青

我的案头摆放着一叠厚厚的书稿，是北大光华管理学院年轻副教授唐涯博士寄来的新作。这本即将付诸出版的书稿，有一个意味深长的名字——《金钱永不眠：资本世界的暗流涌动和金融逻辑》。作者还有一个接地气的公众微信号——香帅的金融江湖，在金融圈颇有名气。这本书集结了一位年轻海归金融学者的犀利视角和深邃洞见。每每翻阅，总能让我从繁务中回归平静，在会心一笑的品味中，中国金融市场的精彩大戏也在眼前一幕幕掠过。

金融于现代经济的意义，相当于血脉系统之于人。金融渗透在市场经济的每一个细胞、每一个毛孔中，时时刻刻影响着经济社会的运行，经济金融化已成为大势所趋。习近平总书记指出，“金融是现代经济的核心，在很大程度上影响甚至决定着经济健康发展”[①]。随着金融的深化，我们面对的是一个更加复杂开放、和我

① 出自《中共中央关于制定国民经济和社会发展第十三个五年规划的建议》。——编者注

们日常生活更加息息相关的金融市场。我很庆幸，能够有这么一本专著，能从小处触及最真实的你我，从大处着墨最核心、最重要的宏观问题。

“理论是灰色的，而生活之树常青。”德国诗人歌德在诗剧《浮士德》中的这句话道出了理论和现实的关系。确实，理论的深邃如果总是以晦涩的面目呈现，那就会待字深闺、无人相识，最终只能局限在小范围的学术圈内，让专家学者自我欣赏和自娱自乐。我常想，理论闪烁的光芒，应该和现实蕴藏的养分直接发生光合作用，这样，理论才会更加鲜活生动，而现实也将更加大放异彩，更加符合理性预期。

作为一名年轻的金融学者，唐涯博士似乎正在开凿一条连接理论殿堂和现实世界的通路。她正在尝试的，是将晦涩的金融理论以一种创新的方式打开，用妙趣横生的语言来诠释、解读复杂多样的现实世界。一篇篇深入浅出、通俗易懂的文章读下来，我似乎又重温了曾经亲历的经济事件、曾经见证的社会现象。似纪实文学，读来如临其境、引人入胜。书中没有深奥的公式、模型，但是在对现实经济世界的生动描述中，无不闪烁着理性的睿智和光芒，细细咀嚼，发现自己不知不觉之间，已经脑补了很多金融理论知识。

把深奥晦涩的理论诉诸直白的表达方式，离不开扎实的理论研究功底，也离不开扎根现实世界上下求索的泥土气息。这正是本书的魅力所在，也是我愿意向广大读者推荐的原因。我国经济发展历程千头万绪，唐涯博士通过剖析深圳土地制度变迁，为我们梳理出了一个看得到、摸得着的中国奇迹。又如中国经济从高速向中速换挡，遭遇经济增长持续困境之时，唐涯博士以韩国为鉴，让我们看到倒逼全面改革、产业升级的危机，也可以成为机会。还有令人痛心的泛亚悲剧、大起大落的A股市场、心惊肉跳的人民币汇率波动、节节攀升的房产市场，年轻的唐涯博士就像一名斗士，用犀利的笔触直捣事件本质，为我们拨云见日。

中国崛起为世界第二大经济体的生动实践，使之成为金融理论升华的素材库和营养库。我们有幸置身于一个大时代，能够在宏大绚丽的背景板上绘出精彩的画卷。唐涯女士从北美顶尖名校完成金融博士学位后，毅然选择回到国内，来到北大，这当中既有心中强烈的中国情结，也有肩上厚重的中国使命，更有经济奇迹迸发的中国引力。读她的文章，那些发生在我们身边的中国故事都有了栩栩如生的经济金融解读。中国故事，与国际金融市场几百年的风云际会有那么一点儿相似，又相去甚远。从房价、汇率到股市，从中国社会的痛点、焦点到兴奋点，字里行间无不透露着那颗与中国经济一起律动的丹心和一个严肃学者的独到见地。从市场微观机制、企业个人行为，到宏观监管框架，哪怕是针砭时弊的呼唤，都浸透着期盼中国金融明天会更好的良好愿望，让人怦然心动。

马克思指出，“理论一经掌握群众，就会变成物质力量”。当金融生活成为大众生活不可或缺的一部分，这种对大众金融知识的普及，将实实在在地转化为生产力，让整个金融体系，包括经济活动，运转得更有效率。我国正在大力发展的普惠金融，有很多种实现方式，唐涯博士做的，是意义特殊的一种。她所传播的力量，可能今天让一个年过七旬的老人规避了不应承受的风险，可能明天让一个初入社会的青年止步于不切实际的财富幻想，学会积跬步乃至千里。

中国很大，中国梦很精彩，中国奇迹很震撼，但中国的事也很困难很复杂。在中华民族迈向伟大复兴的征程中，需要有一批既有国际化视野又能接地气的专家学者深入到中国经济发展的生动实践大潮中去，躬耕不辍，源源不绝地贡献智慧成果。我很庆幸地看到，有年轻学者如唐涯博士，躬行践履，走在了前面。

柳斌杰

清华大学新闻与传播学院院长

2017 年 1 月

序二

人文气质与侠义精神

——有温度的金融江湖

2012 年，我第一次读到北大唐涯教授和哈佛金李教授撰写的哈佛案例《三一收购普茨迈斯特》。这些年写三一的企业案例不少，也不乏佳作，但是这篇案例给我印象特别深：对于三一崛起的宏观背景和团队文化分析透彻精准，数据翔实，文笔还特别流畅，充满历史的厚重感和画面感。

1989 年，我们在湖南的一个偏远小城涟源开始创业的时候，从来没有想到过，那个小作坊式的“湖南涟源焊接材料厂”会变成中国最大的工程机械制造商“三一集团”，更没有想到自己会成长为一家千亿级的跨国集团。在唐涯的笔下，这一段风云际会的历史与鲜活的现实交错穿行：从涟源到长沙，从长沙到北京，从电焊条到工程机械，从加工组装到自主研发创新，三一筚路蓝缕的征途正折射出中国制造业的涅槃蜕变。历史扑面而来，现实如影随行，让我们这些过来人不禁抚今追昔，怀想中又充满期待。

2012 年以后中国增长速度迅速下滑，两位数的超高增长年代逐渐成为历史。尽管城市化率尚未全部完成，基础设施建设也尚未达到完善的水平，但是粗放投资的年代已经过去，中国制造业和中国经济一样，面临着从体量到质量的转型升级。三一作为中国工程机械的龙头企业，恰逢这个网络信息经济时代，有一种强烈的使命感和责任感，也有危机感和紧迫感。

当今世界是经济信息化、金融化的时代，产融结合日益紧密，各个产业、各个市场之间的相互依存度越来越高。我这几年一直在思考，在经济转型成为必须、科技创新成为引擎的当下，三一要怎么重新界定自己，重新界定“中国制造”？要怎么把产业和金融结合，攀登中国“智能制造”的新高峰？在这个过程中，我深深感到，理解现代社会政治经济事件的来龙去脉，理解产业和市场发展的历史渊源，是企业家大局观中重要的一点。

2015 年开始，我们三一高管群中常常会有人转唐涯博士的微信公众号专栏文章，从A股市场股灾的成因，到万科宝能案例背后的企业治理问题、股权结构问题以及市场规则问题，到互联网金融的逻辑——她对微观世界的观察细致入微，分析鞭辟入里。她也写商业金融史，从商人的历史地位到现代金融市场的东西方制度渊源，再到改革开放历史中的“世俗理性”——她擅长透过现象看本质，从宏观经济环境和历史演进的角度去推演故事。更为难得的是，作为一位海归的金融教授，她并没有被严肃学术的象牙塔所拘泥，反而是用行云流水一般的文字，对各种经济金融现象做“有趣有料”的专业解读，使得非经济金融背景出身的读者也得以轻松理解这些故事中的经济金融要义。

唐涯博士笔下的金融市场和经济现象都是有温度的，其实商业世界就是如此，江湖熙熙攘攘，有金钱，有情感，有朋友，有古道热肠，也有陷阱。我得知她是湖南妹子后，倒是不诧异，人文气质和侠义精神，从来都是湖湘文化的精髓，而家国情怀，更是湖南人灵魂深处的追求。唐涯博士笔下，不管是什么样的故事，总是流露出深深的国士情怀。

在我的眼里，这位年轻的湘籍海归教授同我们三一一样，都怀着一份执着，长长久久地在各自的土地上勤恳耕耘。我们的土地是中国制造——二十多年前，我在涟源小城那间破旧的厂房前说要“心存感激，产业报国”，用二十载的时间，我们证明了那不是年少轻狂的妄言。而唐涯教授的土地是教育，年轻的她仍然在践行着教书以育人，写书以育世的理想，做最严肃的金融学研究，梳理最直白的金融学逻辑，也写下最武侠的金融学故事。我希望唐教授的这本书能为“金融”被普罗大众认识发挥作用，也衷心期待她的更多佳作。

三一集团创始人、董事长

2011 年福布斯榜“中国首富”

2017 年 1 月

自序

江湖夜雨十年灯

庙堂和江湖，是一个游戏的两个端口。做研究是身处悬崖面壁十年图破壁，高处不胜寒之余颇有一些自虐的快感；而写专栏是面朝大海春暖花开，放河山入我胸怀，资本市场观察、经济改革大势和金融史在笔下流转，人来人往好不热闹，人间烟火也别有趣味。

金融江湖，原就是坐而论道好天地。桃李春风一杯酒，江湖夜雨十年灯。

这是个大时代的小人物，关于武侠、成长、读书和金融江湖的小故事。

十岁的时候，小学老师讨厌我，几乎每周末我都会因为上课讲话、睡觉、不做作业等罪名被关在教室里写检讨。在近乎悲愤的情绪中，我看完了厚厚五册《笑傲江湖》。

为不羁放旷的令狐冲倾倒之余，我也顿生豪气，决定将教室命名为“思过崖”，并开始在写检讨的时候试验不同文体，大段抄录改写各种小说中的句子。因这点儿捉弄老师的快感，留校检讨没有给我留下什么心灵创伤，只是从此入了武侠江湖，至今未能金盆洗手。

一晃流年，期间喜好颇多变化，读的各种名著经典大多忘光了。随身带着的IPAD（平板电脑）里却总是留着古（龙）金（庸）的江湖和周星驰的电影精选。对我而言，星星的电影，是对金庸江湖观的彻底解构和回归。从雪山到丽春院，从大人物到小人物，从正气凛然到游刃有余。在改编的《鹿鼎记》中，韦小宝开始戴着虎头帽在丽春院说书，一直到最后弃官救师，浑不改其油滑世故，却在终极道路上皈依了侠义精神。

庙堂与江湖，其实是一个游戏的两个端口罢了。

10多年后，我去了北美读金融学的博士。快毕业的时候找工作，我到北大光华面试，按惯例最后要和院长面谈。和时任院长张维迎老师聊到山东钢铁和日照钢铁重组一案，说起对企业“国进民退”的忧虑。维迎老师沉吟片刻，看着墙上的钟说：“历史是个钟摆，你若要亲历历史，就回来。隔远了，总是雾里看花。”

“亲历历史”这个词让我几乎没有抵抗的能力。2010 年 7 月，我拎着行李，回了北大，从此以“误人子弟”为生。

从读博士开始，好些年在象牙塔中做学术研究。直到两年前重拾荒废多年的笔，在《第一财经周刊》写经济金融专栏。说起来，写专栏和平时的学术研究也多有相关，不过感受很不一样。纯学术研究（尤其是学术发表）有其范式和目标受众，是一个极度细分的市场，对于纵向的深度有近乎苛刻的要求。如果没有点变态的处女座情结，学术发表过程中的文献阅读、模型推理和数据分析会是枯燥的、孤独的，颇像雪山绝壁练功，清高自赏之余有点儿自虐式的快感。

而好的专栏需要全视野，在横向的广度上有延伸，同时要兼顾逻辑上的美感。专栏受众甚广，一定要用有趣、浅显的语言说清问题。如此一来，反而逼自己把做研究时的很多内容横着剖开再解读。这个过程颇似于下山历练，有人赞，有人骂，人间烟火，热闹非凡。

日子渐长，觉得写论文也罢，写专栏也罢，仍然脱不了坐而论道的框框。江湖那么大，一辈子那么短，能否更好玩？于是提起笔来，静观市场风云，回望漫漫历史，随心而作，遂有此册。

有时候想想，人的一生，最好的状态无非是几条：智慧、坚韧、好学，一点儿热情和一点点游戏人生的态度。这好比习练武功，前三项足可练成独孤九式的前八式，而后两点，便是第九式的另一个境界了。得从有招到无招，从有形到无形，信手拈来，是招非招，似有迹还无迹 —— 这叫“才必兼乎趣而始化”。记得《笑傲江湖》中丹青生有一桶吐鲁番四蒸四酿葡萄酒。那酒似是百年又似十年，奇趣便在酒味陈中有新、新中有陈。如同做人一样，九清一浊，最是难得。

“桃李春风一杯酒，江湖夜雨十年灯。”闲暇时，何妨坐下来，聊聊金融，侃侃人生。

卷一

借历史的酒，浇我们自己的块垒

历史的分岔路口：
金融史漫谈

在 16 世纪中叶前，东西方的“金融意识”分歧不大。转折点是万历到顺治这段时间——中国始终维持着“士农工商”的稳态社会结构，此时的荷兰人却已逐步开创现代金融体系。由此，中国与现代意义上的金融市场渐行渐远，终于在历史的河流中被风吹雨打，零落而去。

又到周末了，下午坐在咖啡馆里备课。看着商场里熙熙攘攘的人群，忽然有个奇怪的想法。不知道有多少人明白，生活在现代社会中的我们，不管是主动或者被动，其实都被“金融”或者说“金融市场”紧紧地绑定，不可分割。从日常的微小支付，到大额的房贷、车贷，再到股票和各种理财产品投资决策……生活的每个场景都和“金融”有着千丝万缕的联系。从某种意义上说，现代社会是一个由“金融资本”驱动运行的世界。

如果用非常通俗的语言来描述金融，大概就是所谓的“资金融通”吧。而资金融通借贷算得上人类最古老的活动之一。今天我们所认识的“金融”像是个舶来品，不过回头看历史，其实中国的“资金融通”业务历史之久远，可以直接回溯到公元前1000年。

有关中国最早借贷行为的记载始于西周（《周礼》），当时，一个叫“泉府”的机构（类似今天的财政部和央行的混合体）掌管着没利息的“赊”和有利息的“贷”。到了战国时期，民间借贷更是发达，当时最“仗义疏财”的孟尝君也常常借点高利贷来应付时不时的资金缺口。《史记·孟尝君列传》记载：“邑入不足以奉客，使人出钱于薛。”南北朝以后，“抵押借贷”又开始流行，典当（当时叫“质库”“解库”）正式进入三百六十行的行列。唐宋元时期，民间的、官府的，各种类型的资金融通行为，都屡屡见于史料。

而从莎翁名著《威尼斯商人》所折射出来的民间借贷活动来看，一直到16世纪中叶，也就是我国明朝中后期，东西方的“金融意识”还没有发生重大的分歧和变化。然而从万历走到顺治，中国与现代意义上的金融市场在这一甲子的时间中渐行渐远。

那么是从什么时候开始，历史吊诡地发生了逆转呢？这是个见仁见智的问题。以我粗浅有限的历史知识来看，黄仁宇的《万历十五年》曾给出模模糊糊的答案：

> 1587年（万历十五年）……当一个人口众多的国家，个人行动全凭儒家简单粗浅而又无法固定的原则所限制，而法律又缺乏创造性，则其社会发展的程度，必然受到限制。

当大明帝国庞大的建筑体开始经受蚁蠹之困时，1588年（万历十六年），在遥远的欧洲，濒临北海的一片弹丸之地上，人类历史上第一个以富裕商人阶层为主体的国家成立了，它的名字叫“荷兰”（荷兰联省共和国）。为了生存，这个只有150万人口的联邦制小国需要开拓远洋贸易航线，而开拓航线需要筹集大量资金，如何吸引资金、如何处理投资人和贸易船队的关系成为这个新生国家最迫切的命题。

1602 年（万历三十年），明神宗停止上朝已经有 15 个年头，言官们照样词锋激烈地品评时政，弹劾帝相，时间在东方古老的殿堂里像凝滞的潭水，波澜不惊。而在这一年，欧洲一隅的荷兰却开始了一段奇幻之旅。一家名叫“荷兰联合东印度公司”的公司发行了股票——人们为这个公司即将开始的远洋贸易投资，公司许诺以利润分红。这是人类历史上第一个股份制公司，所有投资者都是这家公司的所有者，将以所持股份的比例分享这个公司成长的价值。一时间整个荷兰社会（包括政府和各个阶层的居民）都被卷入了这史无前例的“股份制公司”热浪之中。

最有意思的是，在成立之初的第一个十年，荷兰东印度公司从来没有发放过红利。所有的利润都被用于在远东地区马不停蹄的扩张。那么，要怎么样满足公司“投资人”时不时的流动性需求呢？聪明的荷兰人又创造了一种制造流动性的机制——所有东印度公司的股东可以随时将自己手里的股票变成现金，而任何人都可以以现金购买股票。

1609年（万历三十七年），世界上第一个证券交易所在阿姆斯特丹诞生。可交易证券（股票）的出现使得大规模的公众筹资成为可能，资本运营也因此逐渐从资产运营中分离和独立出来，成为新的财富引擎。大规模的资金流动又促进了银行业的发展。当大明朝的广大疆域上还只有零散的钱庄、典当行这样原始的类金融机构时，荷兰人已经将现代意义上的“信用”引入了他们的阿姆斯特丹银行，银行“信用”凌驾于一切政治甚至国家机器之上。最典型的例子莫过于西班牙在海上与荷兰舰队酣战不休时，西班牙王室和贵族的资金仍然在阿姆斯特丹银行自由安全出入。

信用、可交易证券，以及股份制有限责任公司——这几乎囊括了现代金融市场的全部基石。金融资本迅速地打通了商业贸易的奇经八脉。当时间的指针指向1648年的时候，荷兰人的船队已经游弋于各大洋上，垄断着全球的商路和贸易。

1648年——让我们稍微在这个年份停顿一下。历史上，我们把这一年叫“顺治五年”。

这一年，距离吴三桂“冲冠一怒为红颜”（1644年）已有4年，清军入关大局已定，多尔衮自封为“皇父摄政王”。这一年，为了方便征税，也为了控制民间的反清力量，清廷重点“编审人丁之制”，加强对人口户籍的管理，社会人口的流动性随之急速降低。这一年，为了避免民间资金流向抗清武装力量（购买军械马匹等），朝廷对于商贾贸易的限制和管束日益收紧。尚在襁褓中的清王朝有着“万代基业”的梦想，一切民生、增长和经济的考量都在“秩序”面前沦为了傀儡和点缀。

也就在这一年，荷兰东印度公司已经有15000多个分支机构，占据了全球贸易额的一半左右。在大洋洲，他们用自己一个省的名字命名了一个国家——新西兰。更重要的是，在北美大陆的哈德逊河口，荷兰人又建立了一个叫“新阿姆斯特丹”的城市。在100多年以后，这个城市里形形色色的荷兰后裔，打铁的、开小商铺的、做皮毛生意的……纷纷加入了“承销”新生的美利坚合众国国债的行列中，创造了世界上最初的债券市场。这个城市的另外一个名字叫“纽约”，而那一片荷兰移民开始他们金融“掮客”业务的狭长地带，后来被称为“华尔街”。

从万历走到顺治，中国与现代意义上的金融市场在这一甲子的时间中渐行渐远。“士农工商”的稳态社会结构维系着庞大帝国的运转，缓慢，却倨傲。而荷兰人开创的现代金融体系，却成了真正开启“新世界”的钥匙。

每次想到这个历史的分岔路口，我总是忍不住要问自己一个类似“李约瑟之谜”[①]的问题——为什么我们会和现代金融告别？

---

① 英国著名学者李约瑟（Joseph Needham，1900—1995）是研究中国科技史的权威，在其编著的15卷《中国科学技术史》中，他提出一个被历史学家和经济学家称为“李约瑟之谜”的著名问题：“尽管中国古代对人类科技发展做出了很多重要贡献，但为什么科学和工业革命没有在近代的中国发生？”

为什么是在那么稚嫩脆弱的滨海小国（荷兰）产生了现代金融的萌芽？顺着金融的本质特征，我尝试着去理解和回答自己的问题。

现代金融与传统借贷的一个区别在于以流动性为核心的信用创造。通过（金融）证券的发行和交易，线状的借贷关系被发展成网状（或者更复杂）的“金融关系”，从而创造出巨大的流动性，进而推动信用的再生和传递。一切金融交易和创新都是基于这个网络。而这个网络的稳定生态所依赖的基本元素有二：一是清晰的产权和产权保护；二是产权保护的法律能得以顺畅执行。

万历十六年成立的荷兰联省共和国，由于种种历史的因缘际会，恰好满足了这两个条件。恶劣的地理环境（三分之二以上的国土在海平面以下）迫使最早生活在这片土地上的居民转向以海上贸易为生，商人传统根深蒂固。从国家建立伊始，商人阶层就占据主要地位，对于产权保护的要求一直是立法和政权最基本的诉求。另一方面，联省共和国的各个小城市之间的关系非常独立和平等，一直处于极度松散的政治体系之下，也因此就容易达成一种制衡的国家立法体系，不会像欧洲其他国家那样时不时有贵族特权势力将均衡打破。地理、历史、人文，或者还有一些偶然的因素，造就了荷兰和现代金融的这段渊源。

而同期的中国，却是另一番因缘际会，中央集权与王权的趋势正在走向巅峰。“普天之下，莫非王土；率土之滨，莫非王臣”——没有产权，更无从谈及产权保护，没有了产权保护，交易和信用都是奢侈品，即使当时的经济发展程度和人口密度足以支持一个庞大的金融市场。

我们不是没有过和历史再聚的机会，清朝中后期钱庄也曾兴盛一时，然而，由于缺乏金融生长的土壤和基因，钱庄最终没能脱胎成真正的现代金融机构，而在历史的河流中被风吹雨打，零落而去。

历史太复杂，无法一言以蔽之。历史太偶然，只有一个样本点，无法重复和试验。然而，在回望历史的时候，也许我们能从中找到一些必然的蛛丝马迹吧。

客途秋恨：极简香港经济史

对于我们来说，“香港”是一段集体的青春记忆。而对于本港人来说，香港却是历史、现实和未来。追溯香港经济史，今日香港，何去何从？香江日夜奔腾，仍旧无言。“一个人，一个城市，一个时代，都终究是过客。客途秋恨，也许恰恰是香港的旅程和宿命。”

对于我们这一代的人来说，香港几乎是带着“乡愁”的一个词语。发哥、星爷、Beyond、劲歌金曲、庙街、古惑仔、永远的古（龙）金（庸）江湖，还有义顺的冻奶、尚兴的螺片、陆羽茶室的南北杏猪肺汤，至今仍是最爱。虽然这两年发生的很多事情难免伤了些感情，但其实我们心里还是惦记“我们的周星星”，也还是爱着曾陪伴我们整个童年和青少年时期的那些人物故事。

平民的香港

说起来，香港也是个奇异的存在。一个仅有约 1104 平方公里土地、700 余万常住人口的狭长半岛，却是世界第三大金融中心，也是亚洲的贸易、航运、服务业中心。从我个人的感受来说，香港是个平民作风浓厚的城市，有很强的商人文化传统。从中环大楼里走出的衣冠楚楚的金融才俊们，转个弯，出现在破旧狭小拥挤的茶餐厅里，却有种奇怪的和谐感。我一直以为，这种“平民精神”和商人传统，是一个地区和国家发展贸易金融所需要的基因。

回头想，世界历史上几个大的金融中心，莫不具备这种平民主义的传统。荷兰最早出现现代金融业，纽约成为世界金融中心，皆多少受益于此。即使是印象中最讲究血统的英国伦敦，其实也是 14 世纪欧洲自由主义起源的中心之地。

早在公元前 214 年，秦平百越之地，香港被纳入大秦版图，属南海郡。此后辗转历代，始终在我国辖区之内。1662 年（康熙元年，应该还是鳌拜当权期间），清兵入驻新界，乡民从此蓄发留辫，成了大清子民。一直到 1842 年中英鸦片战争之前，香港还只是一个荒岛，零散地住着一些渔民和村夫。鸦片战争以清廷溃败告终，1842—1898 年间，香港全境（港岛、九龙、新界三个部分）陆续被英国租借，从此开始了长达百年的受英国殖民统治时期。

19 世纪是大不列颠帝国的黄金岁月。在“日不落帝国”的全球梦想中，香港是远东地区的枢纽——四季不冻、港阔水深的维多利亚港，是发展其远东贸易的最佳选择。在租借港岛的第三年（1845 年），英国就在香港开设了第一家银行（金宝银行）；1853 年，英国渣打银行取得香港的货币发行权，随即在 1859 年开设了分行（代行了部分央行的职责权力）；1865 年，英美德等国家在香港合创了汇丰银行。[①]与此同时，贸易洋行也逐渐在香港站稳脚跟，英资的怡和、宝顺，美资的旗昌都盛极一时——金融和贸易，这一对天生的好基友在香港开埠之初，就在这个小岛上埋下了种子。

经济的发展促进了人口的繁荣和流动。和绝大部分王土王臣不太一样，“香港人”这个概念是开埠以后才形成的。开始时，涌入的多是流落的渔夫乡民，难得有几个识字的。“士农工商”的礼教传统观念本来就不浓厚，大家都是为果腹揾食而来，进洋行那是最高理想，从事与洋行相关的服务业（餐饮、休闲娱乐之类）也算得上体面。所以说，香港的市民气质是有深刻的历史和经济根源的。

香港和上海——历史的翻云覆雨手

说到香港，难免想到上海。沪港两城之间，一直有相爱相杀的暗流涌动。1891 年，香港历史上第一个证券交易所（香港会）成立，不过发展一直非常缓慢，远远落后于同期的上海。[②]这一时期的上海，既借助洋务运动的开展，又得益于处于长江三角洲腹

---

① 1865 年年底汇丰银行上海分行创立。汇丰上海分行借助雄厚资本、外资特权和先进的银行的制度，很快垄断上海华洋金融市场同业拆借业务和上海外汇市场业务，其规模和实力远远超过总行。

② 上海于 1843 年开埠。由于有长江三角洲强大的经济实力做后盾，上海的发展一日千里。到 19 世纪 60 年代的时候，上海已经出现了轮船招商局、电报局和江南制造局等著名洋务企业，将长江流域经济与海外贸易连成一片。1865 年在香港成立的汇丰银行，同年底在上海创立分行。19 世纪中后期，大清与列强屡屡战败，巨额的战争赔款催生了巨额的外债，尽管没有正规交易所，大量的资金流动仍然刺激着上海金融市场的迅速发展。

地的天然优势，到19世纪中后期时已经形成颇具规模、辐射全国的金融市场。在香港会成立的同年，西商上海股份公所（1904年更名为上海众业公所）也成立了，并很快成为远东最大的金融交易所。辛亥革命以后，上海远东金融中心的地位被当时的国民政府再度加强——中央银行定址上海，同时（最大的两家银行）中国银行和交通银行总部从北平迁往上海。

一直到1949年之前，香港的经济发展水平和金融业的发展，无论规模、实力，还是影响力，都无法望上海之项背。然而1937年上海沦陷，大批银行家和商人纷纷南下，香港的民间财富陡增，海派文化也一并南下，糅合在香港根深蒂固的市民文化和潮汕传统中，开始形成一种似雅又俗、亦谐亦痞的港派文化。沪港两地之相通相生，大抵在这个年代开始变得日渐频繁。

20世纪40年代后期，随着南京国民政府的溃败，沪上资本开始大规模地涌入香港。据不完全统计，从1948年开始到50年代初期，上海（包括长三角地区）移民带来的财富占当时香港社会总财富的一半以上，包玉刚、董建华都是当初这些上海移民的后代。从某种意义上说，这些急速涌入的人流和财富改变了香港的社会结构——华资迅速崛起，在经济上渐渐形成能与外资分庭抗礼的力量，华人群体的文化程度大幅提高，从而保证了华人社会文化传统的完整，也抚平了不少殖民地式的割裂。

进入冷战年代后，内地的新生政权在内外双重的压力下关上了国门，从此与正在急速变化的“外面的世界”隔绝。“大上海”顿时沉寂。这一沉默就是半个世纪。

而这次，历史的翻云覆雨手，恰恰成了香港繁荣的起点。

战争的灰烬给香港带来了资金、设备、专业人才和大量人口（1949 年之前香港人口大约 50 万，1949 年后涌入的难民达到 100 万左右，1949—1978 年间“非法”移民又达到 100 万左右）。50 年代后期，香港开始步入快速发展的轨道。电影《雷洛传》描述的大体就是那个年代香港的“野蛮生长”——糅合着“黄赌毒”的中小商业繁荣，人口膨胀推动着楼市启动，充满赌性和投机欺诈的证券市场，洋资和华资的明争暗斗——整个城市充满了赤裸裸的欲望和张力，既生机勃勃，又沉沦叹息。

繁荣时期（旧）上海的支柱工业、纺织业，成了香港的第一桶金。1953 年，美国允许港制品输入，并成为港制品最大的出口市场。香港纺织业从业人员达到 60 多万（占当时香港人口的 20% 以上），纺织品和成衣占本港出口产值的 50% 以上。中小型的成衣厂和商贸行遍布全港。这种盛景一直持续到 70 年代末内地改革开放。在亦舒[①]的好多部作品中，这种场景都一再出现——无论是独立上进的新都市女性（《流金岁月》蒋南孙），还是艳光四射的淘金女郎（《叹息桥》李平），都成长和浮沉于香港“大堆乱糟糟的布板、面料、样品”之间。（忽然想起一个有趣的细节，这些书中的女孩子，籍贯都是上海。而作者亦舒也是生于上海，5 岁才随家人南迁来港。她的哥哥倪匡，也是香港有名的才子——《卫斯理》科幻系列的作者。）

整个 60 年代，香港的经济增长速度为 12.7%。到 1969 年年

---

① 原名倪亦舒，香港著名的都市小说家，也是当代最有影响力的华人女作家之一。——编者注

底，香港的人均GDP（国内生产总值）从1961年的412美元上涨到829美元，和内地1992年（417美元）到1999年（865美元）的水平相当。与所有国家和地区的发展史一样，对财富的渴望化成港人源源不断的动力。港人的勤奋搏命和敬业精神，在这个时期已经成为城市的标杆。

经济的繁荣推动了香港文娱业的发展。海派文人文化和潮汕市民文化的影响尤其深远，南方式的精致与讥诮，文人的敏感与细腻，以及时局动荡中底层生活之艰辛，殖民商业都市的冷漠与金钱至上，再加上一些“客途秋恨”的寻根宿命感——这些毫不协调的元素在急速变化的时代中，以一种奇怪的方式被解构和重组，构造了一套非常独特的香港文化和语言体系。“小人物”的自我奋斗、自我调侃和自我救赎始终是香港文学影视作品（20世纪60年代到90年代）的灵魂。这种上进、挣扎和困惑的状态，正是东南亚以及内地自20世纪60年代到21世纪初陆续走过的心路历程。

细想起来，香港的文人更像商人——文字是商品，是要用来养家糊口的产品。港人实际，连文学作品也要求“量大价平味美”。所以金庸的作品是报纸副刊的连载，以“好看”和“受读者欢迎”为第一要务。亦舒、倪匡、黄霑、林夕……无一不是“接地气”的营销高手。

香港为什么那么香？

20世纪60年代末期，香港已经从转口港成功转型为出口加工制造加贸易航运中心。但是，金融（服务）业还不是主业，证券市场也处于蛮荒纪元——整个市场上交易的股票只有数十只（主要是英资的汇丰、置地、九仓、太古船坞等），经纪几十人，流动性极度匮乏。1961 年，香港股市交易额曾一度突破 10 亿元大关（约合 14.14 亿港元）。这一历史新高主要是怡和洋行（香港历史最悠久的英资洋行）上市所致。怡和控股发行 90 万股，每股 16 元，超额认购达到 56 倍，开市价即达 31.25 元。然而第二年，交易额又回落到 8 亿以下。随着越南战争、中东战争的爆发，英镑贬值，本地的银行发生挤提事件，股市交易额一路下滑到 4 亿港元。

市场之缺乏深度，可从一个小事上看出端倪：当时的“经纪”是一门垄断性的职业，佣金大约在 0.75%~1%。客户要参与到证券市场的交易中，需要向“经纪”的“跑腿”下单，这些“跑腿”用自己的资产担保其客户，然后才可透过经纪进行买卖。

然而，曙光已经隐约出现。

60 年代香港混乱的社会秩序，尤其是 1967 年的市民暴动，使得港英政府决定调整政策，一是零容忍地打击腐败，整肃警队（后来香港 TVB 剧集里神通广大的廉政公署就正式成立于 1974 年。当年廉署招募大学毕业生，提供的薪资达到 6000 港元一月，相当于一个普通白领的 10~20 倍）。“廉政风暴”过后，香港政府逐渐转轨为现代化、透明化的高效政府典范，法治社会雏形渐现，为后来进一步的金融贸易自由化打下了坚实的制度基础。二是开始重视民生建设，加大基础设施投资，强化华人参政。这一系列政策的效果极其显著——香港经济增速进一步加快，华资迅速崛起，开始在房地产和金融业初显峥嵘。

1969 年 12 月 17 日是香港金融史上值得铭记的一天。由华商李福兆牵头筹备的“远东交易所”（远东会）正式开幕。这是香港第一个专门以华人为服务对象的证券交易所，打破了外资在证券市场一统天下的格局。以此为起点，香港的证券市场进入了群雄逐鹿的“四会时代”：1969 年成立的“远东交易所”（远东会），1971 年成立的“金银证券交易有限公司”（金银会），1972 年成立的“九龙证券交易所”（九龙会），最早的“香港证券交易所”（香港会）。四会争相放宽上市条件，争取上市企业，同时经纪行业的竞争性大增，下调佣金，提供保证金（香港称“孖展”，英文为 Margin）业务。

与此同时，香港开始实施“十年建屋计划”（1972 年）和“居者有其屋计划”（1976 年），土地价格开始上涨，房屋产成了新兴的商业活动。除了银行信贷业务外，按揭服务又成为新的金融业成长点——不断攀升的房屋价格反过来再刺激投资的需求。金融业和房地产业之间形成正向的螺旋，这股强大的力量，推动着香港从制造业迅速向金融服务业转型。

70 年代开始，全球兴起了一股放松金融管制的“自由化”浪潮，资本市场的全球化和一体化成为不可逆的趋势。1973 年，香港解除外汇管制；1974 年开放黄金市场（黄金进出口自由）；1977 年建立商品期货市场；1978 年放开外国银行在港设分行条件，开放银行牌照；1978—1982 年间彻底实现资本进出自由——香港成为名副其实的“自由港”。政策上的壁垒完全被清除，辅以得天独厚的区位优势，以及前 20 年打下的工业贸易基础，此刻的香港，已经和世界站在同一个水平线上。

对于香港来说，70—80 年代似乎是为她量身定做的时代，每一次的浪潮，香港都稳稳地立于浪头之上。1978 年中国内地正式实行经济改革并逐步开放全球贸易。超过 10 亿人口的庞大市场，近乎封闭的经济环境，对任何掘金者来说都是巨大的诱惑。然而，意识形态的分歧使得两边都小心翼翼——城外面的不敢冒进，城里面的也不愿造次。香港和香港人充当了最好的试验田和润滑剂——天然的血缘地缘关系使得港人对内地的政治语言体系并不陌生，内地对香港的资金也少了几分戒备。

改革开放早期，在对中国的海外直接投资（FDI）中，港资一直处于遥遥领先的地位。这是一个绝对的帕累托改进：内地快速复制了香港模式，出口加工业从珠江三角洲向广袤的内地拓展，最终创造了一个“中国制造”的时代——在中国加入 WTO（世界贸易组织）之前，如此巨大的产量和市场，使得香港的地位变得格外特殊。借此东风，香港顺利完成了产业的升级换代，同时顺理成章地成为国际资本进入中国内地的桥梁——各大国际企业和金融集团纷纷在香港设立亚太总部。香港毫无疑义地成为亚太地区的金融贸易航运中心，风头一时无二。

1986 年，香港证券市场的交易额已经从 1969 年的 25.46 亿港元攀升至 1231.28 亿港元。四大交易所的春秋战国时代也终于走向了尾声。1986 年 4 月 2 日，香港证券市场结束了“四会时代”，合并后的香港联合交易所（联交所）成为香港唯一的证券交易所。联交所全部采用电脑辅助交易系统进行买卖，极大地提高了市场交易的透明度，降低了监管的难度。交易秩序的公开化，进一步推动了香港金融体系的国际化。同年 9 月 22 日，联交所获接纳成为国际证券交易所联合会的正式成员。至此，“纽伦港”（纽约、伦敦和香港）的雏形浮出水面。金融业和相关服务行业成为香港的支柱行业。

从1970年到1994年，香港的人均GDP从925美元上升到21421美元，期间始终保持着两位数以上的增长率（1985年除外），其中1979、1980、1981、1984各年的名义增长率更分别高达31.3%、27.4%、20.6%、20.5%。那是一个遍地是黄金的岁月，香港人跑马、跳舞、喝下午茶、说牛津腔英语、出国旅游……样样透着矜贵和纸醉金迷。

难怪在1992年的时候，有一首叫《我的1997》的歌曲风靡了大江南北，歌里唱:“香港，香港，怎样那么香？让我去花花世界吧，给我盖上大红章！”

时钟停摆

香港的时钟在1996年以后慢了下来。

数据不会说谎，从1997年到2010年的14年间，香港人均GDP从27170美元缓慢上升到31758美元，14年的名义增长率为21.4%。这14年期间有过几次不可控的外生冲击，比如1997年的亚洲金融危机后，香港1998年、1999年连续两年负增长（–5.3%，–2%），人均GDP下降到24716美元。2003年再遭“非典”一劫，当年负增长3.3%。但是对比一下同在“亚洲四小龙”中的新加坡，就难免让人有唏嘘之感。

作为典型的港口经济体，香港和新加坡具有很高的可比性。截至2014年，香港土地面积为1104平方公里，人口近700万，新加坡领土面积大约 707 平方公里，人口 500 多万。两者的发展路径非常相似，从简单加工贸易转型为金融服务业。1997 年，新加坡人均GDP为 26158 美元，略低于香港的 27170 美元。然而到了 2014 年年底，这两个数字分别是 54776 美元和 37777 美元——新加坡的人均GDP比香港整整高出 83%！这个差距中有很大部分可能来自汇率（从 2004 年到 2014 年新币对美元大约升值 30%左右，而香港实行与美元的联系汇率制度，美元兑港元被锁定在 7.8，因此新加坡的美元GDP显得更高）。不过，即使扣除汇率“溢价”的部分，新加坡这些年经济增速超过香港也确实是不争的事实。

再看上海。自从 1992 年浦东开放以来，良好的历史沉淀，长江三角洲的快速发展，以及国家的政策支持，使得上海的“满血复活”比所有人预料的都要快得多。20 年间，世界 500 强企业纷纷落户上海（浦东），2010 年，上海GDP总量超过香港，之后总量上的差距逐渐拉大，而人均差距逐渐缩小。同时，人民币对美元的走强使得人民币对港元的相对购买力上升。此消彼长，一直保持着优越姿态的香港逐渐迷茫，终于感到了不知所措。

资料显示，从 2001 年到 2014 年，香港家庭收入（中位数）从 25.2 万港元上升到 27.48 万港元，增幅为 9%左右。2001 年本港大学毕业生（入职）月薪为 10000 元港元左右；2014 年，这个数字几乎没有变化。而同期港岛 50 平方米的公寓售价从 195 万上涨到 650 万港元左右（九龙同等面积的公寓售价从大约 140 万港元上涨到 540 万港元），增幅均超过 200%。此外，同期港元兑人民币的汇率从 1.06 左右下降到 0.8，也就是相对购买力下降了 25%左右。

很多新世代的香港居民只能在电影小说和父母的回忆中回想那轻歌曼舞的年代。每一个九龙大角咀的麦兜们，出生在港式黄金岁月的余晖中，上学、工作、希望、失望……和绝大多数草根阶层的命运一样，他们长大后发现被生活的空间和“鸽子笼”压得喘不过气，日日奔忙，承受压力，却终于成为“负资产”的“失败者”。纵向比是本港的黄金时代，横向比是中国内地和新加坡令人目眩的增长，而自己极目四望，发现高昂的房价、多年如一日的薪资和乏力的经济增长已经像低垂的天幕，纵然如何努力，也压垮了上升的通道——苦闷和绝望像瘟疫一样，蔓延在香港社会的底层和中层。

这种情绪在文化上也表露无遗。颓废、怀旧式的自嘲取代了自我奋斗和救赎式的调侃。尤其近 10 多年来，与内地文化上的疏离、制度上的隔阂、语言体系上的分歧，随着双方关系与地位的微妙变化和“话语权”的转移，一点一点累积成了巨大的张力。本港人从《狮子山下》唱到了《喜帖街》，从“无畏更无惧，理想一起去追”终于走向了“忘掉种过的花，放弃理想吧”。

香港，怎么没了那么香？

这个话题说起来如此复杂和沉重，我不敢妄言。不过，仔细想想，世界所有大都市的兴衰其实都有一些历史的因缘际会。香港也不例外。回看历史，香港第一次起飞在 20 世纪 40—60 年代，靠的是出口加工业，一来和内地的政权更迭不无关系，二来赶上了战后西方经济复苏、欧美市场大开的历史机遇。第二次飞跃，也就是 20 世纪七八十年代点石成金的岁月，更是几个大的历史机缘的结果。

一个是深层次的内因，也就是我们一开始讲到的，香港和内地所有的城市有根本性的差别，她地处半岛，地形崎岖，资源匮缺，入不了“达官贵人”的法眼，却因此“边缘生长”，长出了一种极具韧性的“平民精神”和商人文化，这种传统恰好和现代法治社会的契约精神不谋而合，为现代金融业提供了良好的土壤。而英属殖民地文化的影响，也使得香港在融入全球经济一体化的过程中毫无困难，基本没有遇到制度和文化上的阻力。

外因则比较复杂。首先是始于 20 世纪 70 年代、盛于 80 年代的全球金融自由化浪潮和发展中国家（地区）的崛起。港英政府在这一波浪潮中的表现可圈可点：迅速清除所有的政策壁垒，利用香港的区位优势，打造金融贸易自由港。然而，金融贸易的自由化需要一个庞大的市场吸收，单靠香港这样的经济体量很难独擎一片天。正在此时，内地适逢其会的改革开放为香港自由港在亚太地区中心地位的确立提供了巨大契机。同时，自 1978 年以来内地经济的高速增长又为香港的资本提供了绝佳的回报率——而这样的历史机遇，比如像十几亿人口的市场从封闭到开放的进程，几乎是不可复制的。

某种意义上说，维多利亚港湾孕育出这颗东方之珠，是多种内生和外生因素碰撞的结果。有必然，也不乏偶然。

然而，时代的变迁如同自然界的法则，不随人们的意志转移。1997 年，内地的GDP总量为 2659.26 亿美元，香港是 1773.53 亿美元——香港和内地的经济体量在一个数量级。1998 年开始，内地进入长达 15 年的“两位数”增长时代，到 2014 年年底，内地

GDP 总量为 10.36 万亿美元，是香港经济体量（2736.67 亿美元）的 38 倍左右。即使只从城市角度比较，上海、北京的经济总量也相继超过香港——香港的人均富裕程度当然仍然远超内地，但从体量和影响力的角度来说，两个经济体之间的“共生”关系已经不复存在。

以市民最关心的证券市场为例。作为亚太地区的金融中心，香港金融市场的全球化、专业化程度是毋庸置疑的。而金融市场的起伏也直接关系着香港的经济状况和港人的就业水平。即使在这个充分国际化的市场上，“内地资本”的影响也举足轻重。截至 2015 年 2 月，中资股[①]在香港主板的数目为 347，市值占比为 43.24%，交易量更占到 55.15%，上证指数和恒生指数的相关系数（2003 年至 2015 年 2 月）高达 0.78。而仅仅 20 年前，对于香港来说，这些数字都微小得几乎可以忽略——1993 年，中资占香港股市的份额大约为 6%。“港股 A 股化”这么标签化的词语也许是言过其实了，但从中长期来看，尤其在内地放松资本管制后（如 2015 年证监会开始“允许公募资金投资港股”，保监会“允许保险资金投资香港创业板”），如果没有强大的外因干扰中断，香港资本市场的“中资化”将是不可避免的趋势。

---

① 目前活跃在香港市场的中资股票主要是两种：“红筹股”和“H 股”。“红筹股”以香港为注册地，注入内地业务为核心的资本；而“H 股”是以内地为注册地的国有企业在香港上市。20 世纪 80 年代末 90 年代初，市场分割严重，为了绕开监管，投行和中资企业一起设计了以香港为注册地、将内地资产注入后上市的方法。随着中信泰富成功运作在港收购的系列案例，越来越多的中资窗口企业以“红筹股”的形式在港上市。而后，1992 年，青岛啤酒第一次以“H 股”的方式在港上市。到 2000 年以后，国有企业赴港上市成为一时之风气。

这就是历史造就的现实。1996 年以后，随着内地对“进出口权”的放宽和调整“出口配额制度”，香港的增速开始进入下行通道。2003 年更是历史转折点——中国加入 WTO，与世界不再保持着“一臂间隔”，这意味着香港特殊地位就此结束，转口贸易的下滑不可逆转，金融机构和国际资金直接进入中国内地的趋势也不可逆转。除此之外，金融、航运、贸易等几乎所有的传统优势产业，从对“内”来说，香港都面临着来自上海、天津等港口城市的竞争——这些城市，除了有巨大的人口红利之外，都背靠一个广阔的经济区域（长江三角洲、华北经济带）。而香港所在的珠江三角洲地区，来自深圳和广州的竞争（尤其是深圳）也日趋激烈。对“外”而言，新加坡除了地理位置外，在“软实力”——比如良好的法治环境，高效透明的监管体系，成熟的投资者构成等——方面也完全不逊于香港。

香港仍然是香港，而世界已经不是昨日的世界。

历史卷轴已经翻过。2015 年冬天我在香港，和往常一样在街头闲逛，累了，到置地广场一楼的咖啡厅歇歇。一抬眼，隔壁桌是吴君如，修着短发，妆容精致时尚。我隔着桌子看了她半天，眼前却浮现出的是“韦春花”(电影《鹿鼎记》)，夸张的满头玉翠，摇头晃脑而来，却扑腾一跤，恰恰摔在我们嬉笑怒骂的顽劣岁月里。那一刹那我忽然意识到，对于我们来说，“香港”是一段集体的青春记忆。而对于本港人来说，香港却是历史、现实和未来。

历史发展是个路径相依的过程——香港的地理位置（三面环海）和历史渊源决定了它和内地经济之间的依存关系。20 世纪 70 年代开始的房地产曾刺激了香港金融服务业的发展转型，但也在一个仅有700万人口的港口城市经济体中埋下大地产商垄断的导火索。尤其在经济下行的时期，垄断式的畸高房价逐渐成了一辈子悬在普通港人头上的“达摩克利斯之剑”。根据英国《经济学人》2015年的统计，香港已经成为全球“裙带资本主义”最严重的地区，财富集中度逐年上升，已经超过80%，社会阶层流动性急速下降。中下层的生存压力越来越大，从而引发了与内地之间的对立和裂痕。而这种裂痕被政治命题包装加工，又反过来阻碍香港继续以其柔软的身段和灵活的机制充当内地与世界的润滑剂——而这恰恰是香港成为“东方明珠”的最大优势所在。

“如果对于明天没有要求，牵牵手就像旅游”，那么挥挥手我可以轻易告别这个城市。而对于生于斯长于斯的本港青年来说，这仅仅700万人口，1000多平方公里的小岛，却是他们无法逃离的原乡。

香港该何去，该何从？香江日夜奔腾，仍然没有答案。

尾声

我第一次听到《客途秋恨》是张国荣唱的南音，说的是一个书生谬仙与妓女麦秋娟的爱情。哥哥一句“凉风有信，秋月无边……况且客途抱恨对谁言”，唱得荡气回肠，我却怎么听也像是一个关于“追寻”和“惘然”的独白。1990年，许鞍华借用了《客途秋恨》的题目，讲述了一个“本是客途，终成归地；遥望国家，又添秋恨”的故事。1999年，施淑青在她的《香港三部曲》[①]

① 出自其中《她名叫蝴蝶》一篇。

中，又让主人公用这首地水南音来叙述自己的生平，也叙述着香港的生平。也许“客途秋恨”，恰是香港的旅程和宿命。

写到这里，窗外暮色渐起，西山隐约可见。忽然觉得，一个人，一个城市，一个时代，都终究是过客。耳畔隐隐传来罗大佑苍凉沉郁的声音：

> 小河弯弯向南流，流到香江去看一看，东方之珠，我的爱人……每一滴泪珠仿佛都说出你的尊严。让海潮伴我来保佑你，请别忘记我永远不变黄色的脸……

百姓日用即道：中国改革中的世俗理性

38 年前，“实践是检验真理的唯一标准”的讨论拉开了中国历史波澜壮阔的一幕。30 多年来，中国历史之所以伟大，不是哪些会议策划和设计的结果。相反地，正是历史的伟大成就了这些会议。

回顾历史

“改革”是个充满了历史趣味的词语。早在公元前 307 年，赵武灵王为了加强国力，下令让百姓从传统的汉服长裙改穿胡人的短衣长裤，学习骑马射箭，这就是著名的“胡服骑射”。由于胡人服饰多为皮毛皮革，从此“改革”一词就入了大雅之堂，成为“变革”“革新”的代名词。

从 1978 年开始，中国进入了一个水流湍急、惊涛拍岸的时代——数十年高达两位数的高增长率；从 1.8% 到 12% 的全球 GDP 占比；从阡陌纵横的村镇小城到高楼鳞次的摩登城市——在 30 多年的历史风云中，“改革”毋庸置疑成了最激荡人心的话题。

而历史也不负众望地显示，在“改革”和“开放”的大背景下，整个社会迸发出巨大的创造力和热情，令人惊奇地实现了社会主义框架内相当程度的市场化转型，使得一个占世界人口五分之一的大国从贫穷萧条转变成为最富活力的市场经济体之一。

小岗村、莫干山、巴山轮、深圳特区、1992 年南方视察……对这些历史名词的缅怀难免让人血脉偾张。1978 年开始“拨乱反正，改革开放”；1984 年正式提出“经济体制改革方针”；1993 年确定“社会主义市场经济”方向；2013 年强调“市场决定资源配置是市场经济的一般规律”——每一次都表明，领导层力图以务实的态度来实现他们带领这个国家的人民走向繁荣富裕的承诺。

这样的历史体验，自然让人们不免对每一次大会、每一次决议满怀期待。尤其在当下，不均衡的经济发展伴生着的贫富差距拉大、庞大既得利益的固化，以及权力滋生的腐败，更让人们产生了回到历史源头“重启改革”的憧憬。然而人类有时很容易被似是而非的逻辑误导：30 多年的中国历史之所以伟大，不是哪些会议策划和设计的结果。相反，是历史的伟大成就了这些会议。因此，我们要追问的命题应该是：究竟是什么成就了这段历史的伟大？

改革中的世俗理性

以史为鉴，就必须溯源而上，追究湮没在历史细节中的关键。如果能暂时抛开人类自身对历史和精英的天生迷恋，认真地审视刚发生过的一切，我们会发现：从 1978 年开始的这一段历程，其实并不是一个宏大雄伟的叙事篇章，而是一个自下而上、再自上而下的渐进学习的过程。这个过程中有一个被坚持却没有得到明白阐述的原则，即整个国家在经济生活中重新努力向“世俗理性”靠拢。

所谓世俗理性，简单地说就是从生活经验的“俗”出发，以“士”的方式加以诠释固化而成“礼”。根本上就是基于现世社会的实用主义。由于文明的早熟，中国从来是世俗文化的原乡，被称为“精英”的士大夫阶层，也从来都是实用理性的贯彻实施者。对此，最坦率和最精辟的表述就是明清理学家们提出的“百姓日用即道”。这种实用主义的态度，一直贯穿着这个民族几千年的历史，直到近现代被一连串的激进主义的革命所中断。

要注意的一点是，中国共产党在早期阶段，尤其是延安时期的施政方针，是最具世俗理性的。“从群众中来，到群众中去”“打土豪，分田地”都是实用主义的精彩表达。这一传统一直延续到建国初期，直到50年代末期为“大跃进”所中断。及至60年代，由于急切要摆脱积贫积弱的旧时代，中国社会彻底切断了自己的文化传统，替而代之以更为激进的理想主义和意识形态。从农业合作社到“大跃进”，到砸碎一切的政治暴力，暴风骤雨式的革命理想取代了务实和理性的世俗理想。当时极具代表性的语言“人定胜天”，和传统中的“百姓日用即道”恰好形成了鲜明的对比。

而始于70年代末期的改革，恰恰是世俗理性的回归。这一点，从1978年年初“实践是检验真理的唯一标准”的讨论便初见端倪。当“实事求是”这四个字被定义为重新解读毛泽东思想的精髓时，很明显，“实际”“实用”已经取代了狂热的极端理想主义，成为衡量“事实”的价值判断标准。这一价值取向，在接下来的

《中国共产党第十一届中央委员会第三次全体会议公报》中体现得更加淋漓尽致。和大多数人想象的不一样，这份被视为中国历史转折点的纲领性文件其实并没有给出关于改革的路径设计和宏观战略，它只指出要"多方面改变同生产力发展不适应的生产关系和上层建筑，改变一切不适应的管理方式、活动方式和思想方式"。

执政党领导层明白自己面临着一个前所未有的未知数，因此不轻易划定界限，而愿意将一切放在实践的检验中。这分寸把握间透露的政治智慧，的确是中国世俗理性传统的一次生动诠释。而重回中国政治舞台中心的邓小平，更是中国世俗智慧的大师级人物，他的许多言论至今广为流传，比如"黄猫、黑猫，只要捉住老鼠就是好猫"[①]"一个国家，两种制度""摸着石头过河"，都充分体现了实用主义的精髓。

在改革的前 20 年，不管是领导层在执政实践中体现的灵活性和适应性，还是普通百姓在相对宽松环境下的行为实践中发挥出来的创造性，实际上都在对世俗理性做最好的诠释。

土地制度的变化就是其中的典型表现。1980 年，城市土地仍然被明确规定是全民所有，不允许流通转让。当外商开始成规模地进来投资设厂时，问题出现了，建厂房要地，但地找谁要？又怎么要？领导层没有关门搞头脑风暴，而是观望四周，于是深圳特区的经验便进入视野，把土地的产权和使用权从概念上做切割，

---

① 根据《邓小平文选》（第一卷）1962 年 7 月 7 日共青团三届七中全会的讲话《怎样恢复农业生产》，原文为："刘伯承同志经常讲一句四川话：'黄猫、黑猫，只要捉住老鼠就是好猫。'这是说的打仗。"——编者注

以使用权的名义将地租赁给开发商。这一举措，由于可操作性强，迅速在各地流传开来，直接导致中国引进外资的一个高潮。而土地使用权租赁的相关立法，一直到 1987 年才被通过。

始于 20 世纪 90 年代初期的企业股份制改革也是这样一个路径。当政府和经济学家们还在为产权问题争执不休时，山东一个不起眼的小城——诸城，已经将其 288 个国企中的 272 个完成了股份合作制的改造，然后一些中小型城市，如广东顺德、四川宜宾、江苏南通等，也实施了类似的改造。而同期拥有众多大国企的上海则走了另一条路径，成立政府代理机构"国资办"，以有政治约束的政府出资者身份出现，直接管理国有企业，省去了很多烦琐的审批手续，提高管理效率，以很低的政治成本暂时解决了国有企业"所有者缺失"的问题。诸城和上海的实践最终被采纳认可，这也就是 1998 年朱镕基任上"抓大放小"国企改革思路的来源。这些举措都没有一个"纲领"来指导，而是在基层慢慢摸索试错，逐步渗透推广起来的。也许会有人指责这样的改革是妥协的、不彻底的，然而，在一个充满制度和意识形态摩擦的世界中，如果没有实用主义的草根性和柔软身段，改革的最大可能性是以夭折告终。

日用之道：世俗理性的原则

世俗理性的根源就是人类承认自身知识的局限，不轻易以一己之见来做普世真理。如果以时间纵轴看历史，我们会发现一些惊人的相似：老子说"知者不言，言者不知"；王阳明谓"不离日用常行内，直造先天未画前"；毛泽东提出"实事求是"；邓小平要求“实践是检验真理的唯一标准”。而从时间的横轴看世界，我们同样会发现一些有趣的巧合：亚当·斯密提出市场是人类社会资源配置中“看不见的手”；马歇尔认为市场资源分配的根本是由供求关系决定的市场均衡价格；哈耶克论述计划经济的假设前提就是有一个“全能全知的价格计算系统”来设计经济运行，而市场价格则是通过汇集各种不同信息，来实现社会经济资源配置的优化。有时候我们不得不敬畏人类智慧的共性：跨越巨大的时间空间沟壑，古老的东方政治哲学思想和现代经济学的基本原理以一种奇怪的方式相融、相通在一起。

承认认知局限不是一件容易的事情，尤其是对于在权力架构上层的领导者来说。这一点上，改革早期和中期的中国领导层尤其显得可贵。他们坦诚地表示自己在市场经济建设上的经验欠缺，对于如何领导一个拥有 13 亿人口的大国进行社会主义框架下的市场经济改革，人类历史上从来没有模式可循，更无从制订周详的计划。所以他们以基层实践作为自己制度变迁的法则。幅员辽阔的人口大国最大的特征就是多样性：不同的气候、语言、风俗和经济环境，信息不对称几乎是必然结果。然而，对于每个微观的个体（家庭、企业、地方等等）来说，改善生活是本能的追求，一定会有人因地制宜地想办法，这差不多是经济学中给定约束条件利益最大化的现实应用。而在国家层面，最优的选择则是支持和保护好这些改革的外部环境，疏通引导这些自发改进措施，提炼出更有普遍意义的政策立法。这种改革的思路，恰恰和我们文化传统中的世俗理性一脉相承。

从 2003 年开始的这十年，被普遍认为是改革陷入僵局的一个时期。为什么有宏大的目标设计却成了“失落的十年”？归根结底，是过度自信于已经取得的成绩，急切地要总结和设计未来长远发展的路径，忘记实践的真知从来就扎根在基层。自上而下的顶层设计有乌托邦式的美好，却终于被高高举起又轻轻放下。

哈耶克有一个词叫作“致命的自负”，用来描述计划经济“中央设计者”所假定的全能全知，这正是计划经济失败的根源。而市场经济得以存在的终极原因则是个体，甚至集体的认知局限。我们面临的危险是，当已经取得前所未有的成功时，我们可能以为自己已经找到通往真理的唯一道路。激进的“市场主义”者急切地要通过“理性设计”改变现行市场的不完美，同时绝对的“现实主义”者宣称已经找到人类历史上最完美的制度构架，无论是哪一种观点，都不过是“致命的自负”在不同意义上的表述。

市场经济不是一个封闭的静态过程，而是一个开放的集体学习的演变过程。到今天为止，我们对于如何在一个全新的情况下建立市场经济仍然知之甚少。我们所知道的这样那样的理论和观点，都只是代表了我们对历史和未来的某种理解。太过执拗，其实是忽视了我们对于历史和未来的无知。如果我们肯正视自己的无知，那么我们也许能承认，“摸着石头过河”所代表的世俗理性其实比“顶层设计”的精英理性要来得实在、可靠。当形形色色的学者专家凭空畅想种种“政策走向”，提出关于“土地制度改革”“户籍制度改革”“金融体系改革，解决小微企业贷款难问题”的建言时，成都的“地票”改革早已跨过了土地流转的门槛，而以支付宝、余额宝、蚂蚁小贷开启的“互联网金融”已经一骑绝尘，渗透千万寻常百姓家，并以细雨微风之势，润物细无声地改变着中国金融业的版图。

事实上，底层的实践者总是比顶层的设计者要更早、更快摸到石头。如果领导层真的践行他们承诺的“实事求事”和“群众路线”，他们会发现，社会生活的实践远远比我们所知道的要丰富和深刻，在现实世界里发生的一切问题差不多都可以在现实世界里找到答案和解决办法，领导层所要做的，不过是对众多底层实践进行去粗取精的筛选，并将其纳入合法化的框架内。这正是历史告诉我们的：成功的改革，其实是最朴素的世俗理性原则——“百姓日用即道”——的适用。

改革，不一定要宏大的框架。最需要的是顶层对基层突破性甚至挑战性的尝试、摸索等生动实践的宽容和认可。改革，是一个自下而上、再自上而下的渐进学习的过程。这个开放系统的学习过程一旦停止，再宏大的设计也终会镜花水月，缘木求鱼。

不算结语

在《变革中国——市场经济的中国之路》中，百岁的罗纳德·科斯写道：

> ……由于中国独特的文化传统和政治体制，中国的市场经济一定会保留中国特色……然而这并不意味我们对现行的中式市场经济无条件地捧场，它仍有太多的缺陷和不足。但与此同时，我们应当抵制我们自身排斥异己的人类本性。开

放的社会因多元化和包容性而繁荣发展。自我强加的制度划一和组织僵化曾经将看似强大、不可阻挡的社会主义列车陷入泥潭。如果我们能从社会主义的历史中学到经验的话，那就是应该鼓励和颂扬多元化，而不是警惕和怀疑它。

未来是不确定的，谦卑是更好的学习。鉴于这个民族已经凭借实用主义的精神走过了千年，鉴于我们的执政党在“世俗理性”上有过的成功经验和失败教训，也许我们可以谨慎地乐观期待未来。科斯看好中国，我们当然希望他是对的。

从张謇到袁庚：所有的传奇都是时代的传奇

回望历史，不仅仅是为了铭记，更是为了前行。或者，袁庚留给我们的，远远不是几个企业、一个开发区所能概括的。历史走得越久远，我们越能了解“伟大”和“传奇”的真正含义。

2016 年 1 月 31 日下午，前两天还颇有几分暖意的江南突然下起雨夹雪，噼噼啪啪地打在车的顶篷上，然后又转成大片的雪花，被冷风吹得斜斜地飘下。天色昏暗，颇有点“明月不归沉碧海，白云愁色满苍梧”的凄凉。

当天所有的头条都被“袁庚”这个陌生又熟悉的名字占据。仔细玩味一下，这个被官方媒体（《人民日报》）尊称为“中国改革开放具有标志性的先驱者、探索者之一”的老人，身份颇有几分特殊之处。

说他是官员吧，在官方的排名体系中，他只是“副部级”（严格说是享受副部级待遇）。他的正式官衔是（交通运输部下属）香港招商局副董事长和（招商局下属）蛇口工业区总指挥——要戏谑地换算，也最多相当于五品官员。说他是商人吧，他虽然主持创建了招商银行、平安保险等系列著名股份制企业，但是他既不拥有股份，也不曾直接管理经营企业。

似官非官，似商非商，非权倾朝野，非财倾天下，却拥有极高的政治和社会声望。这在中国“官本位”的历史文化体系中，确是一个异数。然而翻看历史，却总是能发现似曾相识的影子。每次读到关于袁庚、深圳蛇口工业区、招商银行、平安保险的历史资料时，我总是不由自主想起另外一个“似官非官，似商非商”的伟大灵魂。

1926 年 8 月 24 日，广东的袁庚 10 岁。而在长江三角洲，一个叫张謇的海门人病逝于南通，出殡之日，南通万人空巷，百姓悲泣于道路两侧，这个人此时的身份，是中国千年科举历史上的末代状元，是一家风雨飘摇的棉纺企业——大生棉纺厂的所有者，是南通城的城市规划者、筹资建设者，也是长江三角洲系列西学学校的缔造者。

1853 年，张謇生于江苏海门，自幼聪颖，遵父命投身科举之路。22 岁中秀才。1882 年（光绪八年），朝鲜发生“壬午兵变”，日本乘机入侵，清政府应朝鲜请求出兵援朝。29 岁的张謇投笔从戎，入朝平叛，并发表系列政论文章，主张对日强硬政策，因此得到著名的“清流”、南派首领翁同龢的赏识。作为光绪皇帝的老师，清流是朝廷中的“拥（光绪）帝派”，理所当然为慈禧不喜，张謇政治上也颇受排挤。他虽有“才华横溢”之美名，科举之路却并不平坦，屡战屡败了 20 多年。

直到1894年，41岁“高龄”的张謇第26次参加科举，终中状元，以六品翰林院修撰入闱。尽管中了状元，但科举的多年庸碌蹉跎使得他的思想开始转变。恰逢当时“洋务”兴起，张謇开始向往“实业救国”。一开始他仿效招商局（盛宣怀），以“官招商办”“官商合办”的模式，创办了大生纱厂。期间几经波折，几乎弹尽粮绝，张謇以状元之尊，在上海四马路卖字，赚取一点儿从上海返回南通的旅费，沦为迂腐士子们的笑柄。幸而他内心强大，无惧一时之毁誉，坚定不移地抛弃了陈腐八股，继续自己的实业梦想。

1898年，“百日维新”失败后，翁同龢被慈禧罢官。张謇深感仕途之险恶，“实业救国”的念头更加坚如磐石，破釜沉舟压上全副身家，借高利贷维持纱厂运营，九死一生。幸而天意成全，当年棉纱价格猛涨，大生纱厂有惊无险地活了下来。

之后，张謇在创业的道路上一发不可收拾，先是在吕泗、海门交界处建成纱厂的原棉基地；随后又在南通唐闸创办了广生油厂、复新面粉厂、资生冶炼厂，建成了一个轻工业产业园，之后又兴建天生发电厂，投资了多家公司。为了方便集团企业之间的运输和沟通，张謇又开通公路，进行城市规划，先后建设了南通电灯厂、大聪电话公司、（南通）气象台、南通更俗剧场、南通博物馆等系列企业。南通普通百姓的生活快速地迈入了现代社会。1920 年，南通唐闸人口近万户，近 5 万人。通扬运河沿岸工厂林立，商业繁荣。当年海外发行的世界地图上，中国许多大城市都没有被标出，却在南通方位赫然印着“唐家闸”三个字。

从 19 世纪末到 20 世纪初，南通张謇、连云港沈云霈、赣榆许鼎霖并称苏北三大实业家，为长江三角洲的轻工业打下了坚实基础，“商办”（或者说“民办”）的基础设施投资也是当时主流。[说句题外话，回看历史，我们现在讨论的基础设施公私合营模式（public-private-partnership，PPP）在历史上并不是无迹可寻。]

在办厂做实业的过程中，张謇痛感西学（现代科学技术）的重要，遂开始操办“兴学”一事。他以纱厂几年的收入，加上多方集资，终于成立“通州自立师范”（中国师范教育的开端）。1905 年开始，张謇和马相伯在吴淞（上海）创办复旦公学（复旦大学前身）、倡建通海五属公立中学（江苏省南通中学前身）、南通医学专门学校和南通纺织专门学校（后合并为南通大学）、南通河海工程专门学校（河海大学前身）、江苏省立水产学校之一、吴淞水产专科学校（后两者皆为上海海洋大学前身）等一系列学校。

不夸张地说，直到今天，长江三角洲叫得出名字的高等院校，或多或少都和张謇有着割不断的历史渊源。他以一己之力，打下了长江三角洲高等教育的基石。

和所有中国的传统士子一样，张謇笃信的是“家国天下”，其政治抱负远超过经商热情。但是他的政治思想并不顽固僵化，从清王室的保皇党，转变为立宪派，再转为民国的民主派（反对袁世凯的复辟），其路径虽长，却可以归结为简单一句：“民生”为第一要务。凡是能让老百姓过上好日子的政府、政策、举措都是可以权宜处理的。

从 1904 年开始，张謇历任清政府的（三品）江苏咨议局议长、中央教育会长、江苏两淮盐总理，（孙中山）南京政府实业总长，北洋政府农商总长兼水利总长等职务。因袁世凯复辟称帝，他于 1914 年愤而辞职，以布衣之身奔走江湖，实践他“实业救国”和“教育救国”的梦想。

作为“由官而商”的一个实业家，张謇虽然没有学过现代经济学的所谓“代理问题”，却对这个问题有着特别清醒的认识。在担任农商总长期间，他说原来的“国有企业”（部办企业）因为“‘无导民兴业之心’，卒之糜费而乏效果。今后部办企业，概行停罢，悉听民办”。

纵然以匹夫之力，也要扶（国家民族）大厦之将倾，挽狂澜于既倒，这是张謇一生的梦想。戎马也罢，入仕也罢，从商也罢，无不为此。然而时局大势颓废，民族工业式微，张謇也终究没有能扛过时代车轮的碾轧。

1921 年，由于扩张较快，又以企业之力行社会之事（办学等公益事业）耗资甚巨，大生纱厂出现负债过高的苗头。1922 年，棉纱市场突然变向，棉贵纱贱，大生陷入债务危机。这是一场席卷全国的棉纺织业危机，大部分中小棉纺企业纷纷倒闭。在这个过程中，北洋政府没有为民族企业提供任何帮助。而隔海的日本棉纺企业，也在20世纪初遇到过类似的困境，但是日本政府迅速为企业提供贷款援助，企业得以快速复苏和扩张。趁着1922年的危机，日本纱厂在中国市场占据了主动，“东洋纱”打败了“国产纱”，大生未能幸免。1923年，大生几乎停工，1924年到1925年，大生已经在破产边缘，被迫进行债务重组，包括多家银行、钱庄在内的债权人接管大生。

1926年，面对内忧外患，张謇心力交瘁，终不能支，勉强撑到了8月，病逝在南通。一代民族工业的拓荒者、立宪运动的领袖，安静地离开了人世。如今近百年，多少帝王将相已成尘土，而未曾登顶权力巅峰，未曾富可敌国的张謇，却在历史上镌刻下了不朽。

和张謇相比，袁庚一生中得到的浮名更少，70多岁才拿到的“五品”（副部级），在体制内的金字塔中几乎可被忽略。和张謇一样的是，袁庚的政治理想坚定，但不僵化顽固。他青年时代戎马倥偬，中年时期从事外事和情报工作，为共产主义的新中国奉献，“文革”中被关入秦城监狱，58岁出狱，仍不改信仰。60岁后再跃马扬鞭，以一个坚定的老共产党员的身份，冒天下之大不韪，突破姓“资”姓“社”的意识形态的限制，在一片荒凉的泥泞之地上，留下中国改革最传奇的拓荒之地——深圳蛇口工业区。他以自己的政治生命为抵押，率先在蛇口推行股份制，留下中国最有活力的企业——招商银行、平安保险。90年代之后，老先生从容地隐身于历史大舞台的一隅，沉默地让历史评说。

从张謇到袁庚，近当代鸿儒皆重实务，求新求变，不变的是家国情怀和“为天地立心，为生民立命，为往圣继绝学，为万世开太平”的崇高使命。20世纪中国八九十年代的改革，是南风北渐的历史，而这段历史的核心，就是深圳、蛇口所代表的务实、勇气、担当和从善如流的开拓精神。在这种精神映照下的故事，就是所谓的“中国奇迹”，是一个占世界人口五分之一的大国从贫穷萧条转变为最富活力的市场经济体之一的奇迹。

回望历史，不仅仅是为了铭记，更是为了前行。或者，袁庚留给我们的，远远不是几个企业、一个开发区所能概括的。历史走得越久远，我们越能了解“伟大”和“传奇”的真正含义。

历朝商界风云，何处安放马云？

从春秋战国开始，漫漫数千年间，中国商业环境、政策和商人地位始终未尽如人意。究竟要怎样的时代，才能安放我们的马云？

一个周末，我正窝在家里看历史闲书，掩卷之余，忽然有个奇怪的想法：假设马云穿越到古代，会成为什么样的人？琢磨了一下，我就开始后背冒汗，替马爸爸[①]着急了起来。这万一不小心去错了地方，就麻烦大了。他失踪不要紧，万一淘宝、天猫受影响，好几亿中国女性还不得哭倒长城？

要是马爸爸不介意吃素食杂粮，穿素色衣服（那年代庶民的主食是黍稷豆类，染料业也非常不发达），到春秋战国其实挺好。整体上而言，那个时代的商人在历史上有一席之地的。《史记·货殖列传》里面就记录了17个当时的著名成功商人。

你看人家范蠡，帮越王勾践雪耻之后，怕功高盖主，改了名字，带着美人西施云游四海（“乃乘扁舟浮于江湖，变名易姓”），

---

① “马爸爸”指马云，为网友对马云的昵称。——编者注

最后定居在山东定陶（属于齐国）。做国际贸易，把越国的蚕桑、秦国的铁器、赵国的木器在各国之间低买高卖，赚取差价（“诸侯四通，货物所交易也”），发了财之后做做慈善，最后青史垂名（“故言富者皆称陶朱公”）。

除了范蠡，《史记·货殖列传》“富豪榜”前三甲还有子贡和白圭。子贡是孔子门生，也是中国历史上“政、商、学”三界通吃的最伟大代表：富比陶朱，治国外交方面被誉为“贤于子尼”，越王勾践为了见他“除道郊迎，身御至舍”，身后还能余荫子孙。来自洛阳的白圭是孙武的弟子，也是战国时期著名的经济谋略家和理财家。他认为真正的商人不应该唯利是图，而应该具有“智、勇、仁、强”四种秉性，方可成就大业。

富豪榜前三甲，皆有善名，且皆得善终。从《史记·货殖列传》来看，当时的商业环境是很宽松的，各国诸侯林立，无不开垦农田，鼓励贸易，吸引百姓，增强国力。整个时代的商业气氛很浓厚，所谓“天下熙熙，皆为利来；天下攘攘，皆为利往”。人们对于商业的评价也很高，认为商业流通是财富的源泉之一（“农不出则乏其食，工不出则乏其事，商不出则三宝绝，虞不出则财匮少”）。

看起来，马爸爸去了春秋战国，依照他的辩才无碍加经商天才，估计登上千古富豪榜（《史记·货殖列传》）毫无难度，而且还能周游各国，过一把当朝卿相的瘾。

唯一不能去的是商鞅改革后的秦朝。商鞅崇尚法家，重农抑商，商人到了那儿估计没啥活路。秦灭六国后，马爸爸就更不能去了。秦王朝短命，君王暴虐。店没开起来，估计就被直接送去修长城了，他那瘦小的身子骨，估计也抗不过朔北的寒风。

汉朝进入大一统时代，开始“罢黜百家，独尊儒术”。“士、农、工、商”的排名从此之后不可撼动，商人敬陪末座。尤其是汉武帝之后，经济上全面国有化，从此行政权力和商业流通纠缠的“官商混合体”就成为我们两千年王朝更替中的一道特殊风景。马爸爸搞的是“淘宝”这样的民间生意，不能“官山海”[①]，估计是不合朝廷胃口的。

三国时期有点乱。那魏晋南北朝呢？马爸爸也不能去——那是什么年代？大伙儿不洗澡，宽袍大袖方便抓虱子，炼丹嗑药，热爱豢养花样美男，豪门世族占据着绝大部分的社会资源。在这个年代，平民出身、长相奇特的男同学，断然没有出路，建议也不要乱入。

再往后看，元明清都不太好。元朝搞种族制度，淮河以南这些原来南宋辖区的汉人被统称“南人”，是社会最底层，政治经济文化上都处于被玩死的地位（一等蒙古人，二等色目人，三等汉人——指淮河以北那些较早被征服的汉人）。明朝皇帝一个比一个奇葩，极度抑商，后来还搞海禁。你看大富商沈万三，巴巴地自己掏钱替皇帝修城墙，最后还是被抄家完事。

清朝也不咋地，官商勾结的胡雪岩逃不过政治风云诡谲。山西晋商商帮倒是生意兴隆，财倾天下，不过在正儿八经的历史上就是留不下名字。你看，536卷的《清史稿》中，晋商的名字仅

---

① “官山海”是春秋时期齐国管仲提出的一项政策，即对盐和铁实行专卖。——编者注

有范毓宾一人，被记录在案也是因为替朝廷运送军粮。雍正十五年，清军平息青海叛乱，深入草原后补给困难，范毓宾主动承担了军粮输送任务，后来军粮被劫，范变卖家产140万两白银，买粮补运。后传为佳话，并得到了朝廷特许与西北游牧民族贸易，遂成巨富。

这么一算下来，就剩下唐宋两朝。唐朝开国以后，吸取前朝被世族控制政治经济命脉的教训，对豪门有所约束，也放开了一些国营垄断，整个国民经济欣欣向荣，万邦来朝。有诗为证，李白说“日本晁卿辞帝都，征帆一片绕蓬壶”，杜甫更是追忆似水年华地感叹“忆昔开元全盛日，小邑犹藏万家室。稻米流脂粟米白，公私仓廪俱丰实”。

开元年间的首富叫王元宝。唐朝有胡人血统，果然连起名字都这么直白酣畅。这位兄弟原名叫王二狗（不是开玩笑，就是叫

王二狗），以贩卖琉璃起家。琉璃是贵重建筑材料，也用来制作精美的器皿和装饰品，所以王二狗算是建筑商和珠宝商。

总之，王二狗天纵奇才，贩卖琉璃成了巨富，就改名叫王元宝。因为富，两次受到唐玄宗的亲切“接见”。二狗也比较高调，爱炫富，说自己的钱可以挂满山上的树，不，树上全挂满了，钱还有剩余（原话是“臣请以一缣[①]系陛下南山一树。南山树尽，臣缣未穷”）。不过玄宗心眼大，哈哈一笑，还挺高兴。和范蠡一样，元宝也是个慈善家，乐善好施，终得善终。直到现在，民间还有很多和财富相关的小习俗都和他有关。比如说，元宝特别热爱财神，他的商号每年初五开张，都要大肆拜财神、接财神。他的粉丝们也纷纷开始模仿，这么流传下来，现在初五接财神就成了习俗。还有，元宝特别喜欢吃发菜（一种有点像海藻的食物），这么一传十、十传百，发菜就成了“四季发财，生意兴隆”的象征。现在广东潮汕一带和海外华人中，过年的时候没发菜就意味着来年不能发财，那可是大大的不吉利。

宋朝的商业环境也挺宽松。宋太祖就颁布过系列“恤商”的法令，宽待商人。比如说严禁各个政务部门乱收税赋（“榜商税则例于务门，无得擅改更增损及创收”“自今除商旅货币外，其贩夫贩妇细碎交易，并不得收其税”）；允许商人从政，鼓励商业发展（“国家开贡举之门……如工商、杂类人等……亦许解送”）。此外商人还能参政议政，太宗时期，三司使陈恕（有点类似我们的发改委主任）在制定茶法时就邀请了很多茶商共同协商（大家

① 缣：双丝织成的细绢，古时多用作赏赠酬谢之物，亦用作货币或纸张。

不要大惊小怪，茶叶在唐朝年间被传入中国，到宋朝成一时之风尚，茶业和盐铁业一样是国家经济的命脉之一，有专门的法律不奇怪）。更妙的是，最后朝廷居然还采纳了茶商们的很多意见，制定出一个“公私兼济”的法律。

这么说来，除了春秋战国，马爸爸还能去的地儿并不多，就唐宋两朝。而且还得选时间。唐朝“安史之乱”以后社会动荡，民间财富骤降；宋朝的“靖康耻”（徽钦二帝被掳）之后，也是一蹶不振，偏安一隅，这两个时间段都不是做生意的好光景。更令人不悦的是，即使在这最开明的两朝，商人也被视为“贱类”，是登不得大雅之堂的。其实从《史记》以后，正史里商人的影子就几乎为零。宋史中妓女留的名字比商人还多。以玄宗的开明，元宝那么厉害，他的光辉事迹也只能零星地散见于《太平广记》《独异志》这样的稗官野史和民间传奇，不能在唐正史中留个位置。

想来想去，马爸爸要像现在这样在《时代周刊》和《新闻联播》中成为万众偶像、主流鸡汤，除了穿越去春秋战国，还真是别无选择。所以说，穿越有风险，大家千万小心。

危机过后，韩国是怎样走出低谷的？

20 年前，亚洲金融危机蔓延到韩国。韩元贬值 70%，股市重挫，大量银行破产，企业倒闭……“汉江奇迹”下的盛世竟危如累卵。10 年后，韩国经济凤凰涅槃，成功转型。韩国是如何走出危机的？以史为镜，可以知兴替。在中国经济遭遇漫长寒冬的当下，不妨以他人的杯酒，浇自己的块垒。

盛世之谶

1993 年，经历 30 年的两位数高速增长之后，韩国从世界上最穷的国家跻身“亚洲四小龙”之列，人均收入从 82 美元上升到 8449 美元。[①]经历了多年政府高度集权主导和要素投入拉动的经济高速增长之后，腐败、财阀垄断、政府隐形担保、金融抑制等病灶开始在韩国社会蔓延。从 1992 年开始，韩国经济增速连续两年创下 1981 年以来的新低（分别为 5.8% 和 6.3%）。

---

① 做个简单的对比，1963 年，韩国和朝鲜的人均收入分别为 82 美元和 253 美元。中国 2015 年人均收入为 8016 美元。数据来自中国国家统计局及世界银行。

这一年，通过民选上台的金泳三政府雄心勃勃，决心要根治这一系列“韩国病”。[①]他的药方包括政治和经济两个维度：政治上整顿吏治，公布官员财产，实施财产和不动产实名制，政府简政放权，由军事独裁转向民主政治；经济上则大力推行以市场为导向的改革，提出了“新经济五年计划”，包括利率市场化、国企私有化、财税体制改革、调整产业结构、鼓励高新科技产业等核心内容。

1994年，著名的美国经济学家保罗·克鲁格曼（Paul Krugman）发表了一篇《亚洲奇迹的神话》（*The Myth of Asia's Miracle*）的文章。他的观点是东亚国家的经济增长和苏联并无二致，主要靠的是要素投入（如密集劳动、高储蓄、高投资等）增加，而不是科技进步。因为要素投入总是有限度的，而且边际产出递减，克鲁格曼认为这种“奇迹”难以持续，做出了“亚洲无奇迹”的大胆论断。

就在1994年，韩国经济增速猛然加速到8.8%（外贸出口增加了17%，其中对中国的出口增加了20%），韩元贬值幅度下降到–0.1%，研发费用占GDP的比重上升到2.32%，遥遥领先于其他“四小龙”。1995年，韩国继续保持高增长势头，人均收入首次突破1万美元，贸易自由化继续加深，并作为创始国加入WTO。1996年，韩国加入经济合作与发展组织（OECD），进入“发达国家”行列。

这一时期，包括“四小龙”在内的整个东亚地区呈现出一片繁荣景象。克鲁格曼的“预言”看起来遥远而陌生。

---

① 在金泳三之前，韩国经历了靠政变上台的全斗焕政府和卢泰愚军政府。

危机重重

然而历史总是在不经意间露出嘲弄的微笑。

1994 年开始，人民币汇率并轨，官方汇率从 5.8 大幅贬值到 8.7，中国庞大的市场和廉价的劳动力吸引了大量外资，世界开始进入“中国制造”时代。东南亚的吸引力逐渐下降，各国的出口显著下降，经常账户开始恶化。然而在泡沫的繁荣中，无人觉察日益累积的风险。

风起于青萍之末，浪成于微澜之间。1997 年 1 月，泰国的未回收贷款占到了国内生产总值的 135%，泰铢贬值压力剧增。5 月，国际炒家开始攻击危如累卵的泰铢，泰国政府被迫消耗大量外汇储蓄（约合 150 亿美元）维持汇率，在国内经济难以迅速改善的情况下，泰国政府于 7 月 2 日放弃固定汇率，当天泰铢暴跌近 20%。国际投机资本一招得手，迅速转战菲律宾、印尼、马来西亚……东南亚各国的汇率市场呈现出多米诺骨牌式的崩溃，货币大幅贬值，股市狂挫，银行出现兑付危机，房地产泡沫破裂，大量金融机构和企业一夜清盘。

韩国终究未能幸免。随着 30 家大财阀中的韩宝、起亚等 8 家破产倒闭，金融机构不良资产大幅增加，市场开始恐慌。1997 年 11 月 24 日，韩元兑美元价格到达 1139 ∶ 1，股市暴跌 70% 以上，创出 488 点的十年新低，资本疯狂外逃，外汇储备迅速下降到 200 亿美元以下（实际可用外汇储备仅有 79 亿美元）。穆迪等评级机构大幅下调韩国国债的信用等级。12 月 12 日，韩元兑美元暴跌到 1891 ∶ 1，在不到一个月的时间，韩元贬值了 66%。泡沫全面破灭：韩国33家银行中，5家破产，10家被卖，剩下18家；1984家券商、基金、信托等金融机构中，关停并转了400多家。

对于韩国民众来说，经过了30年的高速稳定增长，国家能力有着至高无上的权威和信用。面对几乎失控的经济残局，整个社会的信心经受了一次严重的挫折。

1997年12月19日，韩国与国际货币基金组织（IMF）达成协议，接受IMF 195亿美元有条件的紧急援助。IMF的协议包括：（1）韩国全面开放资本市场，外国公司（个人）可以拥有上市公司的股份从26%（7%）上升到50%；（2）韩国加快产业结构调整和金融改革，企业必须使用国际会计原则，金融机构必须接受国际会计事务所的审计；（3）韩国中央银行必须独立运作、实现完全资本项下的货币自由兑换，以及规定具体的经常项目赤字和经济增长速度等条款。

这个看似苛刻的援助条款一经曝光，韩国民众哗然，甚至有媒体宣称这是“国耻”。1998年，金泳三黯然下台，反对党领袖金大中上台。

痛定思痛

> 今而思之，如痛定之人，思当痛之时，不知何能自处也。
>
> ——韩愈《与李翱书》

和大部分接受IMF援助的国家不同，金大中政府并不敌意解读和抵触这些“乘虚而入”的条款，而是首先开始严肃反思前30年的“汉江奇迹”究竟有哪些短板和硬伤。

现代经济体中，良好健康的企业是国家竞争力的体现，而公平畅通的融资渠道是企业发展的必要条件。而韩国经济积弊的关键之一就在于官办金融。所谓官办金融，就是指国家掌控金融资源，设立和管理金融机构，并依据国家经济发展和产业发展战略，决定信贷规模、资金成本和资金流向。在经济发展的最初阶段，这种“集中力量办大事”的金融模式能把有限资本投向国家扶持的产业部门，起到引导经济增长的作用。[①]但是随着经济规模扩大和复杂程度加深，这种金融模式的后遗症越来越明显，造成了一系列的问题。

首先，金融体系的市场属性非常弱，是国家宏观经济计划和产业政策的工具。这就决定了银行资金会往国家扶持的产业和企业倾斜。韩国早期的军政府大力扶植大企业，形成“政经共舞”“骨肉相连”的局面。为了“大而不倒”，企业纷纷“多元化”，到 1997 年，韩国前 30 大财阀企业平均每家参与 20 多个行业，所辖企业 27 个——这些企业从银行取得大量廉价资金，肆无忌惮地在国家信用的隐形担保下继续扩张，造成了整个韩国经济高负债运行，国内贷款利息畸高的状况。90 年代中期，韩国国内贷款利息比国际市场大约要高出 10%以上，中小企业的利率甚至能达到 30%以上，很多企业只能依赖于海外借债——1996 年，韩国前 30 大财阀平均债务比例达到 500%以上，制造业负债率超过 300%，其中很大一部分外债面临着巨大的汇率风险敞口，为后来危机的

① 关于韩国官办金融模式的作用是有争论的，但是由于韩国早期经济增长强劲，支持者也不在少数。

“星火燎原”埋下隐患。[①]

其次，在国家控制金融资源、隐形担保和刚性兑付大行其道的环境下，股市缺乏透明度，债市也发展不起来——这造成直接融资市场乏力、银行一家独大、大企业盲目低效投资、银企关系不良，以及金融资源的配置效率低下的后果。从20世纪80年代进入中等收入国家行列后，韩国一直讨论“产业升级”的问题，但在国家强势主导的增长模式下，企业依赖于规模扩张增加收入，技术进步乏力，产业结构调整姗姗来迟。

此外，官办金融和大企业病还衍生出另外的问题。比如僵化的劳动力市场——就业率和稳定是政府追求的目标函数，受惠于政府扶持政策的企业因此“投桃报李”，再加上较强的韩国工会力量，形成事实上的终身雇佣制度，而缺乏流动性的劳动力市场最终伤害到企业的活力和创新力。

这些病灶都和韩国长期威权政府主导的经济增长模式紧密相关——这种模式下是一种跛行的市场经济，政府“闲不住的手”在市场上无处不在，妨碍了“自由竞争”和“开放”的基本市场精神，其结果则体现为官办金融下的隐形担保和高负债、政经勾结、大企业病、迟缓的产业结构调整，以及僵化的劳资市场等。

痛定思痛之后，金大中的结论是，1997年的亚洲金融危机只是韩国危机的导火索。究其根源，在于随着社会的整体进步，

① 数据出自杨翔和李卫华的《危机后韩国的金融改革》一文（《国外财经》2001年第3期）。

国家要素禀赋的变化，曾使大韩民国走出贫穷的外延增长模式已经走到了尽头，危机的病根早在20世纪80年代已经埋下。而改革的步子却一直被对“高速增长”的迷恋所桎梏。因此，韩国要真正走出危机，必须重塑政府职能，实现增长阶段从高速到中高速、中速的转化，实现经济结构的转化，培育出真正成熟的市场经济。

国家和人生一样，最难的是面对自己的错误。经历了崛起世界民族之林的盛世沉醉，大韩民族在泡沫退去之后有点迷惘失措。幸而金大中政府当机立断，对症下药，提出了“民主主义和市场经济并行发展”的纲领，借危机倒逼，对韩国政治经济刮骨疗伤。

刮骨疗伤

1998年，在韩国国民的支持和国际机构的帮助下（例如，韩国民众主动募集200多吨黄金兑换给央行；IMF将韩国的短期外债转换成中长期外债，在国际资本市场发行外汇平衡基金债券），韩元汇率在年中基本趋稳，同年韩国出口快速反弹，经常账户出现三年以来首次盈余，海外直接投资上升。

经济基本面的好转为金大中政府下一步改革提供了必要条件。金融部门、劳资部门、企业和公共部门四大领域相继开始了“刮骨”式的手术。

手术从利益最大，也最艰难的金融部门开始。首先是确立金融监管的制度性框架，修改银行法，确保银行能独立执行货币政策。同时改变以往各个金融机构各占山头的局面，成立隶属于总理的金融监管委员会（FSC），对银行、保险、证券以及其他金融机构进行统一监管。在制度性改造的基础上，打破刚性兑付，让经营不善的金融机构破产重组，截至 2000 年 8 月，韩国超过 20% 的金融机构被关闭或者重组。此外，大力开放国内金融市场，引入国际竞争，提高金融业的经营水平。韩国第一银行、外汇银行等银行相继引入外资，改善银行的资本结构，务必在加强监管的基础上加快金融自由化和金融业的市场化。金大中力图通过这些措施切断金融机构和政府职能之间"剪不断，理还乱"的混乱关系，让金融业回归市场属性，恢复为企业融资的正常功能。

这些改革都是从制度层面对整个金融业做结构性调整，触及很多人的利益。同时大量不良债权的处理也别无他法，只能通过财政资金的支持进行剥离，以政府（全民）买单的形式消化。因此每一步都走得困难重重。幸而当时危急关头，整个韩国社会对改革的渴望处于高涨期间，金大中的"大手术"得以进行下去。到 2000 年年底，韩元兑美元的汇率稳定在 1300 ∶ 1 的水平，外储达到近 1000 亿美元，22 家商业银行的资本充足率超过 10%。

随着金融行业的改革，韩国政府对企业部门的痼疾也开始做出调整，一是要求各个财阀集团改变"八爪鱼"式的多元化扩张，转向专业化经营，同时修改会计准则，大力提高企业的财务透明度，改善其公司治理结构，并限制财阀集团的产业资本对金融体系进行渗透，以维持金融行业的完整性和独立性。这些措施的实施使得银（行）政（府）不分、银（行）企（业）不分的局面有所扭转。改革初见曙光。[①]

劳动力市场的改革也于1998年启动。劳动力市场缺乏弹性，企业没有活力，而过高的失业率又是社会最大的不稳定因素——金大中政府努力在这两者之间寻找一个平衡点。1998年修改劳动法，放宽了企业解雇员工的条件，但另一方面，政府大力增加失业保险、医疗保险、养老保险、职业培训等社会福利开支，到2000年实施了覆盖全民的最低生活保障制度。

与不断扩大的全民社会福利开支配套的，是政府公共部门的简政放权和缩减开支。从1998年开始，韩国进行机构改革，两年间共清退近15%的中央政府工作人员，废除了50%以上的规章制度，对30%以上的国有企业（包括著名的浦项制铁、韩国重工等企业）进行私有化，并实施减免税收政策，让利于民，将政府的权力逐步转移给市场，逐步转型为"小而美"的服务型政府。

另外一个改革的重头戏落在产业结构的转型上。在进入中等收入国家行列后，要素投入的边际回报率下降很快，廉价劳动力的优势不再，民众对于社会福利、政治民主方面的要求也在不断增加，外延扩张型的高增长模式难以为继。科技创新和文化成为21世纪韩国发展战略中的"立国之本"。

和20世纪80年代的以政府规划和管理的科技发展战略不同

① 人们普遍认为企业部门的改革是相对不彻底的。尽管韩国政府力图降低财阀集团的垄断地位，但是全球经济一体化的发展反而加大了韩国财阀集团的垄断地位，到2013年，仅三星集团一家的营业收入就占韩国GDP的20%以上。韩国出现了真正的国际企业巨头。这种现实究竟是忧是喜，至今尚无定论。但是不可否认的是，经过改革，企业利用政府的隐形担保，肆无忌惮地从银行获取低廉资金，从而导致超高负债率的大环境被改变。目前的垄断，更类似于市场化的垄断。

(例如，设立专门科技创新部门，增大研发投入，国家资助科研创新课题，等等)，金大中政府的科技文化兴国战略仍然遵循着“市场化”的导向，坚定地“去行政化”，政府支持而不干涉，和市场保持“一臂间隔”的距离。

在科技方面，金大中政府鼓励企业成为科技创新的主体，在政策上大幅向创新型的中小企业倾斜，以改变大企业研发一统天下局面，加强高科技行业的竞争度(例如，免除科研人员兵役，提供贷款资金和财政补贴的支持，部分政府购买，税收优惠等)。

在文化方面，韩国政府一方面在资金政策上大力扶持，在总体预算增加不到5%的情况下，将文化部门的预算增加40%，加大对文化行业的基础设施建设的投入，培养电影、卡通、游戏、广播影视等产业高级人才；2004年，韩国软件振兴院投资构建网络全球测试平台，为韩国中小游戏企业进军海外市场铺路。另一方面则进一步放松早期威权政府的文化产业政策，提升自由创作环境，加强知识产权保护。1998年，韩国取消电影的“剪阅”制度，代之以国际通行的分级审查制度。改变规则后，电影电视题材大为放宽，电影人获得巨大创作自由，创作开始热情高涨。一场席卷全球的“韩流”开始酝酿。

凤凰涅槃

2001年，韩国提前三年还清了IMF 195亿美元的紧急救助贷款，告别IMF的监管时代，外汇储备达到1200亿美元，失业率创出3.1%的新低，经济增速换挡为中速的4.5%。2002年，韩国主权债信用评级从1998年1月的B-回到A，成为最早从危机中走出的东亚国家。[1]

不仅如此，危机倒逼的全面改革后，韩国实现从高速增长向中速增长的平稳过渡，基本完成产业结构升级，从要素投入型的发展中经济体逐步转化为创新驱动型的成熟经济体。从1998年到2001年，韩国信息技术产业附加值的年增长率达到16.4%，远远超过同期4%左右的经济增长率。2009年，韩国宽带普及率和互联网人口百分比已经跃居世界前列。2011年，韩国研发费用占GDP总量的4.03%，居全球首位。手机、汽车、数码家电、特种船舶等一大批新兴产业快速成长，行销全球。

硬实力是软实力文化输出的基础。从2000年开始，"韩流"席卷亚洲乃至全球。韩国影视剧大热，从《大长今》到《蓝色生死恋》再到《来自星星的你》，韩剧在中国的流行度可以和20世纪八九十年代的港剧、日剧媲美（如《上海滩》《射雕英雄传》《血疑》《东京爱情故事》等）。大批韩国明星成为和当年的成龙、周润发、张国荣、山口百惠、滨崎步一样的亚洲乃至国际巨星。从金喜善，到全智贤、李敏镐，再到林允儿、EXO男子团体……不同年龄层次的韩星像磁铁一样吸引了几个世代的亚洲年轻人。2012年，鸟叔的一曲《江南Style》在Youtube视频网站更是创下逾4亿的点击量，包揽英国、美国、比利时、巴西等35个国家iTunes单曲榜第一名。

到2004年，韩国文化产业已经成为仅次于汽车制造业的第二大出口创汇产业。2015年，文化产业出口更达到50亿美元，占

① 采用的是惠誉评级（Fitch Rating）的数据，该机构为全球三大国际评级机构之一。——编者注

韩国GDP比重的15%（同年，中国是4%左右）——《大长今》播出后韩国泡菜和烤肉风行一时；男星Rain的机场街拍捧红了皮具品牌MCM；韩剧中那美丽善良的女主使用三星手机，潇洒痴情的男主开现代汽车，带动了三星电子产品和现代汽车在全球的销量。据统计，在文化产业出口中，每100美元的输出就有461美元的产业拉动，其中包括395美元的信息技术产品（手机等），35美元的服装和化妆品，31美元的食品和其他产品。最新的数据分析认为韩国有51.9%的企业销售额都或多或少受到“韩流”的影响。在可见的将来，热衷于粉丝经济的“90后”和“00后”将逐渐成为消费主体，文化“韩流”所带来的经济影响甚至政治影响更加不容小觑。

近年来，韩星一骑绝尘地引领着亚洲时尚偶像天团，朋友圈里常有“迷弟迷妹们”晒韩国欧巴的演唱会。算一算，这些年轻的韩国偶像们，刚好是出生在90年代——20多年过去了，曾经危如累卵的“汉江盛世”，在经历了痛定思痛的反省、釜底抽薪的改革后，经济危机的阴影已经逐渐散去。

在中国经济遭遇寒冬的当下，在中国改革步入深水区的今天，我们不妨以史为镜——凤凰涅槃，终究要经历怎样的烧灼和疼痛？

历史有张相似的脸：A股市场 20 年波动记忆

从 1995 年的“327 国债事件”后的市场剧震，到 2015 年夏天惊心动魄的股灾、救市，时代在变，一切都在变，然而却又什么都没有变。在泛黄的故纸堆里，在喧闹的自媒体中，我看见历史嘲弄的脸，竟然和现实如此相似。

因为在写一本关于资本市场的书，这段时间一直在查资料，将A股市场的数据整理了几张表出来。上证指数从 1990 年 12 月 19 日 99.98 点开始，起起伏伏，高高低低。25 年之后，在 2016 年的 8 月 5 日停在 2976.70 点这个位置。

有时候觉得数据是个又理性又残酷的东西，就这么一条蜿蜿蜒蜒的曲线，不过几千个简单的数字，却包含了多少企业的沉浮跌宕，多少普通人的命运悲欢，甚至是整整一个时代的风云变幻。

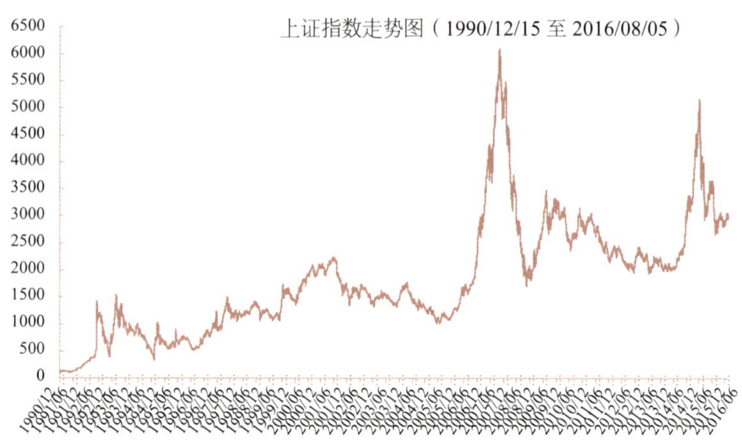

1990 年 12 月至 2016 年 8 月上证指数走势图

1992 年闷热的夏日——深圳“810 事件”

1990 年的 11 月 26 日与 12 月 1 日，上海和深圳分别开始证券交易所的试点。中国的证券市场从此开始了“摸着石头过河”的发展历程。在黑白影像的历史资料中，证券交易所门庭若市，车水马龙。那个时代，虽然没有多少人明白“股票、股市、上市公司”这些新鲜名词背后的含义，但是“股票上市”动辄上几十、上百倍的涨幅让穷怕了的中国人看到了一夜暴富的希望，“炒股”成为一时之风潮。1992 年，上交所的上市股票已经从 1990 年的 8 只（老八股）上升到了 232 只。

在第一代的中国股民中，不少人曾亲身经历过 1992 年认购新股的狂潮。这一年，8 月的深圳特区炎热潮湿，来自全国的数百万人通宵达旦地等着认购一张薄薄的纸——这张有魔力的纸叫“新股认购抽签表”，一共发售 50 万张，一张身份证可以认购 10

张，每张100元（在1992年，这不是个小数目，中型城市一个普通白领的月收入也就100元左右），中签率为10%，一旦中签，每人可购买新股1000股。因为新股那几十、上百倍的溢价，在普通人眼里，这张表犹如点石成金的魔杖。上百万人带着发家致富的梦想，拎着、背着搜集来的身份证，像潮水一样涌入深圳。

后面的剧情发展就像一场拙劣的剧本编排——由于各个销售站点出现舞弊行为，成千上万没有购买到抽签表的投资者既悲且愤，在8月10日的晚上开始打出“要公平，要股票”的口号，向深圳市政府方向开始游行。事态越演越烈，开始酿成暴力事件，混乱中出现打砸抢劫和人员受伤，最后当局只得用催泪弹和水炮驱散人群。为了平息民愤，当晚深圳市政府召开紧急会议，最后决定第二天增发50万张抽签表，而新股发售量不变——这意味着每张抽签表可认购的新股数量下降到500股。

幸好中国一直都是“不患寡而患不均”的社会，抢购到抽签表的人虽然不悦，但也还是接受了这个妥协的安排。轰动一时的“810事件”被平复下来，但是“股票”引起的群体性事件引起了中央的极大关切。同年10月，中国证券市场的最高机构——证监会紧锣密鼓地成立了。12月，深圳市委市政府宣布了对“810事件”中舞弊者的调查处理情况，清查出内部截留私买的抽签表达10万多张，涉及干部职工4000多人。

这算是中国股票市场“野蛮生长”的开端吧——股票带来的风险，第一次真切又深刻地烙在了政府管理者的脑海里。从此，“防控风险”一直被视为股市监管最首要的任务。

历史那张相似的脸——20 年的波动记忆

1993 年 8 月之前，股票发行仍处于“试点”阶段，仅局限在沪深两个城市的少量企业。到 1994 年年底，中国A股的上市公司数目也才缓慢增长到 287 个，体量极为微小，财务和交易数据也都残缺不全[①]。所以严格说起来，从 1995 年到 2016 年的 20 余年，才算是中国A股市场脱离襁褓，开始蹒跚学步的阶段。

A股市场的波动，大体分为两个阶段：1997 年之前（上证A股股指）波动率大约是 1997 年之后的 5 倍以上。这种大起大落在金融市场的蛮荒丛林年代并不鲜见——市场上证券数目不多，个股涨跌幅也没有限制，单日涨跌幅常常能在 100%以上，导致指数上蹿下跳。但是对于在计划的笼子里长大的管理者来说，跌宕起伏的市场意味着“不可控”和“不确定性”，实在是生命难以承受之乱。

在《荣辱二十年：我的股市人生》一书中，中国A股市场最早的拓荒者阚治东回忆说，20 世纪 90 年代初上海出现股票热潮，当时负责股市筹建的领导特别担心股市“暴涨暴跌”，一直试图寻找某种机制来“稳定市场”——正负 3%的涨跌停板和T+4 的交割制度就曾被纳入微观制度设计的范畴，不过这个涨跌停制度后来被上交所总经理尉文渊弃用。直到 1996 年，对于股市过热的担心让证监会重新设定了 10%的“个股涨跌停板制度”（规定A股及基金在一个交易日内的涨跌幅度不允许超过 10%），从此延续至今。

具有反讽意味的是，我们A股市场这么多年来一直以“防范过度市场波动”为一个重要的监管目标，很多条例、举措都围绕

① 因为数据噪音太大，一般在做研究的时候都排除这一段时间的数据。

着这个目标来制定实施。但现实情况是，A股市场却常有激剧波动，并不如愿“平稳”。我们将1995年到2015年的A股市场波动率和同期美国市场（没有个股涨跌停制度）做个简单比较，就会发现这一时期上证指数的月度波动率是1.604%，而同期道琼斯指数的平均月度波动率为0.995%左右，我国A股市场波动率几乎是美国市场波动率的1.6倍。用深证指数和美国纳斯达克做比较，结果还是这样，纳斯达克的平均月度波动率为1.376%，而同期深证指数波动率则是1.756%，深证指数比纳斯达克的波动率高出近30%。如果再仔细探究市场巨大的起落背后的故事，我们就会发现“国家意志”的影子总是时隐时现。

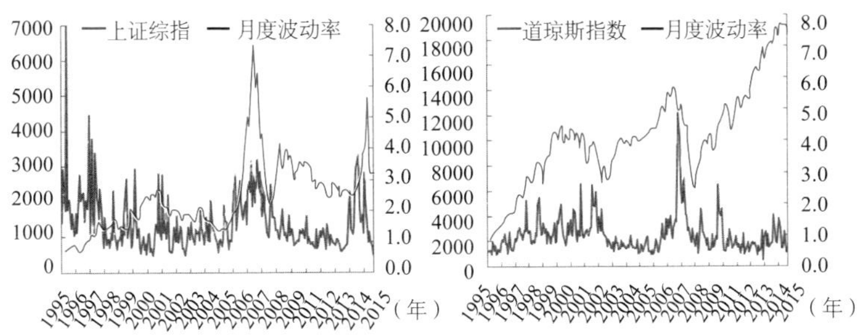

图1　上证综指及其月度波动率　　图2　道琼斯指数及其月度波动率

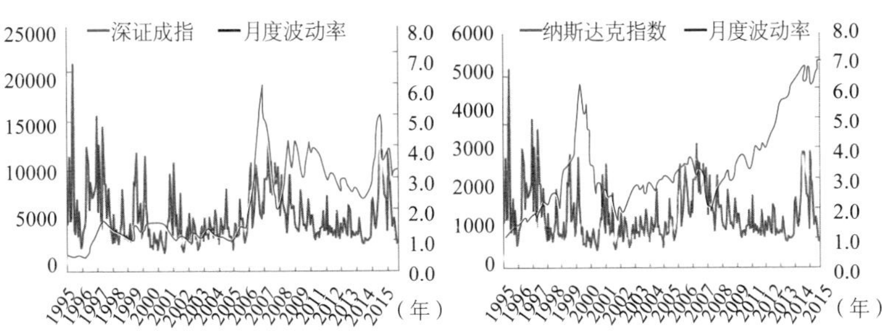

图3　深证成指及其月度波动率　　图4　纳斯达克指数及其月度波动率

在图 1，我们可以看到，1995 年的 5 月，股指的剧烈波动达到历史新高。在此之前，中国证券史上最惨烈的一幕——“327 国债事件”刚刚落下帷幕。[①]5 月 17 日，政府宣布暂停国债期货交易，巨量的资金一下子全部涌入股市，当天沪市 A 股跳空高开，一日涨幅达到 30.99%。然而市场兴高采烈了没有几天，1995 年 5 月 22 日，国务院证券委又宣布当年新股发行规模将在二季度下调——在新股发行配额制的年代，这个消息和“关门放狗”差不多是一个意思——果然，沪指应声回落，瞬间跌去 147.12 点，跌幅达到 16.39%。其后随着日益紧缩的货币政策（经过 1993—1994 年的恶性通货膨胀，央行从 1995 年开始紧缩），A 股市场陷入极度疲软的状态。

中国证券市场的监管部门是世界上最操心的单位。股市跌了急，要救市；涨了还是急，要抑制投机。1996 年年初，宏观经济面好转，股市开始回暖。仅 1996 年一年，股市扩容了 243 只，创下历年之最。1996 年年初的上证指数为 550 点，到下半年的时候，上升到 900 多点。[②]突如其来的“暴涨”还是让管理层忧心忡忡。

① 1995 年 3 月 2 日是“327”国债到期的日子。当时市场上多空双方对于当天市场空头的预判落空，万国证券陷入巨亏。为了反败为胜，万国利用当时的市场机制设计漏洞（没有保证金制度），在收盘前 8 分钟之内大规模透支，疯狂做空，彻底扭转了多空局面，一时间整个市场腥风血雨，监管层被迫出面干涉，当天晚上上交所宣布当日最后 8 分钟的交易无效——这个 8 分钟至今被人们称为中国证券市场最黑暗的 8 分钟。到头来，这是一场没有赢家的战役：上海滩的金融“教父”管金生锒铛入狱，上交所创始人尉文渊黯然下台，国债期货从此被关闭了 17 年，一直到 2013 年 8 月才解禁。

② 同期的深成指从年初的 1000 点上升到 3000 点，涨幅达到 300%。

1996年10月26日，证监会发布了《证券经营机构证券自营业务管理办法》，对证券机构的交易行为给出各种限制；12月16日，《人民日报》发表了题为《正确认识当前股票市场》的特约评论员文章，称“最近一个时期的暴涨则是不正常和非理性的……各地方、各部门不能自行其是……要与中央保持一致……保护好本地的市场秩序和社会稳定”。文章发表当天，沪市跳空低开105点，大部分的股票都收在跌停板；深市当天则跳空低开423点。

也就是在这个时候，中央和地方对于沪深两市的控制权的博弈开始隐隐露出水面。经过几年的摸索试错，一个活跃健康的证券市场对于地方经济拉动提升的效果已经非常明显，沪深两地政府对于本地证券市场的发展都跃跃欲试，雄心勃勃。但是在中央层面则更在意“稳定”和“秩序”。特约评论员文章刊出后，《上海证券报》和深圳《证券时报》一反常态拒不转载。这个姿态引得证监会大怒，以“不及时刊登《人民日报》重要文章”为由，对两家报纸进行严厉处罚。至此，金融市场的监管权力逐渐从博弈趋向集中，市场也从此一蹶不振，陷入又一次的长期低迷之中。

经过了两年多的熊市，跟随着美国的高科技狂潮，1999年五六月份A股市场忽然出现一波大行情。从5月19日开始，以网络科技股为龙头，沪深两市开始井喷：市场上证指数每天攀升100点，不断创出新高。到23日达到上证指数1600点，成交额270亿，一周后的29日，上证指数攀上1700点。也就是在两周时间内，股指涨幅达到70%（媒体将其称为“519行情”）。面对大涨，《人民日报》再次发表特约评论员文章，但是和上次完全不一样，这次的标题叫《坚定信心，规范发展》，重申股市是恢复性上涨，要求各方面坚定信心。

仔细琢磨一下，特约评论的出台都有很深刻的宏观背景。20世纪90年代中期后，大面积的国企破产逐渐转化成银行系统的定时炸弹，中国经济面临着脆弱又危险的时刻（“中国崩溃论”就是2000年前后开始流行的），国企改革因此被迫进入了快车道。1998年国企改革开始“抓大放小”，小的被关停并转，大的则要做大做强。为了解决融资问题，中央要求一批国有企业进入股市。然而，从市场行情来看，1999年上半年股市持续低迷，不到一年下跌25%，新股发行困难，不利于企业筹集资金。在这样的背景下，股市上涨是符合中央诉求的。（1999年）9月9日，国有企业、国有资产控股企业、上市公司等3类企业获准进入股市。同时，证监会向国务院提交《关于进一步规范和推进证券市场发展的若干政策的请示》，国务院批准6项政策，对股市的发展提供支持——毋庸讳言，从源头上看，政府放开股市是为了解决国有企业的融资问题。在此之后的这一轮国企改革中，确实有一大批国有企业通过上市完成了“解困”的任务，也的确做大做强了国有资产。但是，中国股市“扭曲”和“错配”的根源也就此种下，“圈钱”和“与民争利”的诟病之声从此不绝于耳。

《人民日报》的“加持”并没能留住春天，“519行情”的好光景持续不长。2000年5月，随着美国科技泡沫的破灭，上证指数从2245点下挫到1341点，下跌40%。2002年1月，证监会宣布国有股减持的“阶段性成果”，结果1月28日星期一，股市两指狂泻（上证综指当日下挫92点，跌幅6.33%；深证成指当日下挫194点，跌幅6.70%）——那一天，被称为A股市场的黑色星期一。股市的反应证明了股民“用脚投票”，表达对“阶段性成果”的不认可，监管层面临着巨大的压力。6 月 24 日，国务院决定停止在国内证券市场减持国有股，并且提高公司增发门槛，2002 年 7 月，证监会制定《关于进一步规范上市公司增发新股的通知》，避免进一步稀释小股东的利益。

2003—2004 年的A股市场就像久病的老人，政策面频频出利好，却怎么也没法挽回市场的疲弱之态。《关于进一步加强资本市场中小投资者合法权益保护工作的意见》（为“国九条”）出台，扩大融资面的中小板设立，允许企业年金入市……所有的利好消息都像昙花一现，转瞬即逝。2005 年年初，在中国GDP已经比 1995 年翻了一番的经济基本面下，上证指数却险些跌破 1000 点的大关，一夜回到了“解放前”。所有的目光都指向了最根本的股市顽疾——当年股票市场试点是在“姓资姓社”的疑虑中开始的，是为国有企业解困而生的，是不能触犯“国有产权”这个壁垒的。也正因为这一点，中国股市一开始就有浓厚的计划经济色彩，其中最典型的就是上市企业的“非流通股”——21 世纪初，许多国企通过股份制改革，产生了大量的国有股和法人股。这些代表着“国有产权”的股份在企业上市后不允许流通，因此形成了实际上股权分置的格局。

在巨大的争议和怀疑中，2005 年 5 月股权分置改革的试点拉开序幕，三一重工等 4 家上市公司进入股权分置改革首批试点程序。9 月 4 日，中国证监会发布《上市公司股权分置改革管理办法》；9 月 5 日，全面股改开始步入操作阶段。此后一系列政策的出台使A股市场长达 4 年的沉闷局面终于被打破。

2006年7月5日，中国银行在上交所挂牌，掀开大型国有商业银行国内上市的序幕。10月27日，（当年）全球最大首次公开募股（IPO）中国工商银行在沪港两地同时上市。金融股开始成为上证指数的主力军。与此同时，中国宏观经济持续向好，股权分置改革全面推动，中国的资本市场终于向“市场化”迈出了一大步。A股开始持续升温。

A股的温度总是降得快，升得也快。2007年年初，市场狂欢已经进入高潮。那时候我正在国外读金融学博士，每天和家人通电话，隔着大洋都能感受到扑面而来的狂热：最永恒的话题是“买或者不买”“买哪只”。4月份回国时更是身临其境，“涨停板”和“买买买”的声浪已经完全主宰了整个社会，餐桌上高谈阔论的都是股票，出租车司机、小区修空调的师傅、保姆阿姨……股神俯拾皆是。作为金融专业的博士，我的懵懂无知遭到了很多人的唾弃：“什么？你不是学金融专业的吗？不知道这个股票能不能买那你们学什么？”

收益率在一路狂奔——上证指数从2716点狂涨到了6124点，涨幅高达225%。2007年前10个月，有9个月份的收益率均为正。财富来得如此容易，整个社会陷入了近乎狂热的情绪。回头看数据，其实当时尽管收益率惊人，但波动率也已经变得很大。2006—2007年两年间的波动率已经到了10年以来的新高——上证指数在1998—2007年间的平均月度波动率为1.392%，但是这两年间的（月度）波动率已经达到1.725%。高收益与高波动如影相随，只是在一路上扬的亢奋情绪中，这点波动像是蜻蜓拂过水面，丝毫没有引起涟漪。华尔街有一句老话，大意是说当理发的师傅都和你谈论股票的时候，也就是该抽身的时候了。2007年的中国城市，凡有井水处，皆谈股票。风险，其实已经在酝酿之中。

泡沫的破灭终究会有一个导火索，和以往一样，操心的监管部门再次充当了这个角色。2007年5月底，股市热潮已经引起了市场的不安，坊间开始传言财政部将要上调交易印花税，增加交易成本，为炙手可热的股市降降温。在市场的半信半疑中，财政部公开辟谣——近期无上调证券交易印花税的计划——不明真相的吃瓜群众安心了，继续在韭菜地里蓬勃生长。5月30日凌晨，财政部突然宣布，即日起将证券交易印花税税率由千分之一上调至千分之三——清晨醒来，世界突然变了颜色。这个被市场人士称之为“半夜鸡叫”的举动被视为监管层重拳出击股市的开始。在中国“政策市”的现实下，一石掀起千层浪。当天收市，有900多只个股跌停，大盘指数当日跳水282点。虽然之后股指继续上扬，但是一直为正的（月）收益率曲线被打破，市场进入一个拉锯式上升的过程。

2007 年 11 月以后，受美国次贷危机的影响，A股市场连续下挫，一周多时间下跌了 19%，跌幅超过千点。以中石油等垄断企业为代表的权重股更是首当其冲。刚操心完“抑制股市投机”的管理层又面临着“平稳市场”的命题。世界上没有无缘无故的爱恨，也没有全无风险的高收益率。但是一直听国家的话，听党的话的中国股民对于“风险和收益”的理解有些不一样——我们习惯于将满腔的希望寄托在“监管当局”上面，而当局也总是不负众望地担负起“救市”或者“抑市”的神圣使命。在 2008 年节节溃退的市场波动中，监管层“救市”的态度非常明显，两次下调印花税，规范股改限售股的解售，还有要求“基金要讲政治”……然而这一切行政和监管上的努力终于没能敌过市场之手，随着国际金融形势恶化，中国 A 股市场探底到 1664 点。从 6124 点到 1664 点，不到一年的时间里，A 股缩水 70%。财富的翻云覆雨手，成为是中国股市最深切的记忆。

2008 年后，“4 万亿”时代开启，之后跟随着的信贷宽松，导致一大波房地产的热潮和股市的回升。2009 年的新增信贷量累计达到 9.2 万亿元，超过 2008 年（4.8 万亿）近一倍。股市也随之有了些起色。但相对于热得发烫的房市而言，A 股的波动其实并不激动人心。这个时候，聪明的资金开始拼了命地往楼市里跑。在北京、上海这样的一线城市，人们通宵达旦地排队购楼，炒房的热情比之当年买新股认购抽签表毫不逊色，房价像长了翅膀一样地开始飞。2009 年年底，一系列打压调控房地产的政策出台：

12 月 14 日，国务院发布“国四条”[①]，要求遏制部分城市房价过快上涨的势头；12 月 17 日，财政部、国土部等五部委发出通知，要求实施“首次缴纳比例不得低于全部土地出让价款的 50%”的规定等等。

最令人啼笑皆非的政策大约就是这样吧，要托起的托不起来，要抑制的抑制不下去。在 2011—2014 年的房价调控中，中国商品房平均销价上涨了 26%，北京商品房售价上涨了 37%，但是房地产股票却陷入低谷。随着作为股市风向标的地产股下挫，A 股市场的资金流入、交易活跃度、收益率、换手率都再次陷入历史低点。在庙堂之上看市场江湖，犹如雾里看花，容易产生一种虚幻的全局控制观。击出的组合拳，往往偏了锋芒，成了七伤拳。

写到这里的时候，理所当然地，我想起了 2015 年的夏天。历史的面目总是令人难堪的相似。2007—2014 年，A 股市场已经低迷了 7 年之久，连财经类节目的收视率都一而再，再而三地创下新低。随着 2014 年 4 月的沪港通启动，11 月的降息放水，A 股在 2014 年年底开始复苏。和每次“启动”一样猛烈，到 2015 年 4 月初，上证指数已经半年翻番，从 2000 多点上涨到 4000 点。大概人类的记忆只有 7 秒吧——半年的上涨过后，7 年前的痛苦回忆被荡涤殆尽。换了一茬韭菜，2007 年年初的景象再次重演——全民为股票痴狂，官方和非官方的媒体声嘶力竭地为“万点 A 股”的梦想唱赞歌。无独有偶，2015 年 4 月 21 日，人民网雄文《4000 点

① 指 2009 年 12 月 14 日温家宝同志在国务院常务会议上，就促进房地产市场健康发展提出的增加供给、抑制投机、加强监管、推进保障房建设四大举措。——编者注

才是A股牛市的开端》面世，称“这轮牛市有别于2007年的市场行情，背后的原因是中国发展战略的宏观支撑以及经济改革的内在动力……中国梦会在资本市场有真实反映”。

时代在变，传播媒介在变，然而A股市场和A股监管的逻辑没有变。2012年之后，两位数的经济增长速度成了明日黄花。4万亿的负面效果越来越多地显现——钢铁、煤炭等基础行业的产能过剩，地方政府和企业部门杠杆率飙升，银行的利润率急速下滑，不良率急速上升。大量企业面临破产风险，尤其是杠杆扩张迅猛的国企。在这样的背景下，作为中国最大的资金储蓄池的股市进入庙堂的视野。能否重演历史，利用股市帮助企业脱困？ A股市场又开始了一场狂风暴雨般的梦。

实体经济下行，投资机会减少，资金匆忙地找出路；场外配资市场在没有监管的灰色地带被撕开口子，星火燎原；银行信托面临着经营压力，明栈暗道地通过理财等各种方法进入股市；监管分割下出现大大小小的监管真空……太阳底下没有新鲜的事情，新瓶装旧酒，还是熟悉的配方和味道：股市暴涨——监管层出手整肃——市场暴跌——监管层救市。2015年6月15日开始，以证监会清理场外配资为起点，A股市场巨幅振荡，经历几轮惨烈下跌，多次千股跌停，指数屡次刷新历史单日（周）最大跌幅。7月8日，超过一半的上市公司停牌，市场流动性趋于枯竭，券商濒临破产，基金面临巨大赎回压力，很多投资者一生积蓄灰飞烟灭。市场风声鹤唳，一片哀鸣。在巨大的恐慌中，政府出手强力救市，金融期货被押上断头台示众。然而救市过程沉渣泛起，无间道盛行，再后来，为了进一步地“稳定市场”，2016年年初推出熔断等新型武器。当然，和每一次稳定市场的努力一样，A股市场进入更加步步惊心的时刻。年初市场熔断了两次，监管层被迫叫停了熔断制度。

有一首冷门的歌曲叫《过山车》，歌里唱道：

> 爱你就像过山车，为何心里痛苦还要装快乐。耐得住寂寞却经不起诱惑，你为何非要伤害我。我爱你就像过山车，你给我的爱总是大起大落，不知道这样下去是福是祸，我难受得好想下车。

从 1995 年走到 2016 年，20 年也不过弹指一挥间。时代在变，然而似乎什么都没有变。在泛黄的故纸堆里，在喧闹嘈杂的自媒体中，我看见历史嘲弄的脸，竟然和现实如此相似。

卷二

金融市场之乱花渐欲迷人眼

监管的眼泪在飞

2015 年 9 月 15 日的“韭菜绿”和 9 月 16 日的“鸡血红”是两个男人之间的博弈。这两个男人，一个叫“证监会”，另外一个叫“银监会”。2015 年的夏天，我们这个统一的金融市场在监管上的“分而治之”，已经从暗流变成了汪洋。

2015 年 9 月 16 日下午，我坐在咖啡厅看书。14 点 59 分的时候，我顺手点开手机上的万得资讯，还真不敢相信自己的眼睛：绿油油的韭菜地忽然变成了红彤彤的艳阳天。创业板指数竟然是 7.17%的涨幅。心下嘀咕，不知道这抽风的A股又吃了什么药。

很快就传出了消息，确认今天的大涨是由于“配资清理放缓”。传闻中是为了避免信托、券商和客户之间说不清的官司，国务院副总理马凯召开紧急会议，协调清理配资一事。在 9 月 8 日的时候，就发生了中融信托和华泰证券之间的交锋，另外多家信托公司也表示要向银监会申诉。不管传闻有几分可靠度，在一个如此狂乱的“市场”上，反正什么事都是新常态。而证监会在

9月14日晚上表示，“所有场外配资账户都要在9月30日之前清理完毕”，第二天（9月15日）就马上上演了千股跌停的“好戏”。

故事到这里已经清楚了，2015年9月15日的韭菜绿和9月16日的鸡血红是两个男人之间的博弈。这两个男人，一个叫“证监会”，另外一个叫“银监会”。2015年的夏天，我们这个统一的金融市场在监管上的“分而治之”，已经从暗流变成了汪洋。

先说点背景信息。大家都知道金融市场的监管机构叫“一行三会”，包括央行、银监会、证监会和保监会。银监会主管所有的银行、信托和其他金融机构的相关业务，证监会主管券商、基金等机构的相关业务，保监会主管保险机构相关业务。由于银行业在我国金融市场的垄断地位（举个例子，2014年年底，银行业金融资产是172.3万亿元，是所有保险公司和证券公司资产总和的12倍），其实际监管范围非常广泛。这些年证监会被老百姓关注得特别多，不是因为它特别强大，而是因为股票市场的喧嚣。

本来呢，你走你的路，我走我的道，我们各监管各的，也该相安无事。可是，奇妙就在这里，监管是分割的，但是资本市场不是。资本这个唯利是图的小人总是朝着利润最丰厚的地方奔去，拦都拦不住。尽管有各种各样的法规条文禁止银行业资金进入股市，但每次牛市的时候，总能发现银行资金的影子。尤其从2014年年初以后，利率市场化加速利润率下降，经济下滑导致不良率攀升，银行也压力山大。

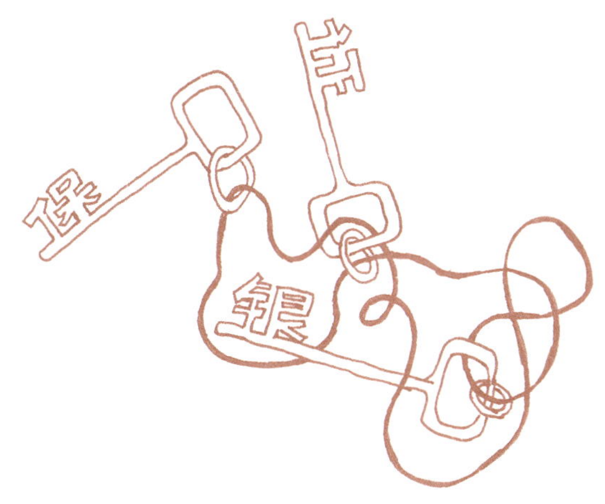

而信托公司本来就是我国金融市场的一个有趣的存在，它似乎什么都不做，却又什么都能做，特别有弹性。这种情况下，银行业资金通过很多渠道进入冲天的股市，比如说委托贷款、伞形信托、收益互换、股权质押、银行系基金公司信托等等。信托是其中的主力通道之一。2015 年股灾中闹得沸沸扬扬的场外配资，很多都是通过信托投资计划进入市场的。

2015 年 7 月，我一直纳闷，为什么证监会前期对配资盘的超高杠杆不闻不问，等到泡泡吹大了突然来个急刹车，搞得人仰马翻？后来仔细查资料，我发现也不是这么回事儿。证监会曾经分别在 2015 年 1 月和 4 月发文要求清查场外配资，然而并没有起什么作用。究其原因，就是因为一查就会涉及银行信托，而银行信托压根儿不属于证监会这个堂口。你青木堂的命令凭什么叫我洪顺堂的人听？到了 6 月，估摸着有总舵的协调，才能真正对配资盘开杀戒。问题是，证监会也不是很清楚场外配资究竟有多少，更没有科学地估算一下每千亿配资盘可能产生的价格冲击和市场后果。也正因为此，清理配资清出了个“大杀器”，本来是要廷杖十下，结果把市场给腰斩了。而7月6日之前的“救市”，基本上也看得出是证监会的独角戏。

证监会和银监会的监管分而治之其实不是新闻更不是特例。实际上，“九龙治水”的监管结构是一直我们政府运行中很让人头大的问题。这种分而治之的监管造成的问题，在一个统一的金融市场上，尤其显得突出。

举个例子。债市在现代市场的直接融资中扮演着重要角色，而我们国家的债市，尤其是为企业融资的信用债一直发展滞后。这里面当然有很多原因，不过监管的复杂和分割是不可忽视的问题。我们的信用债包括企业债、公司债、资产证券化产品、短期商业票据，以及中小企业集合债等品种。

其中企业债的发行是有配额的，主要针对国企，所以监管部门，包括国资委、发改委、央行等，发行出来的企业债可以在银行间市场和交易所市场交易（绝大部分在银行间市场），而这两个市场分别对应着银监会和证监会的管理。你数一数，发个企业债有多少“婆婆”？少说是5个！一般家庭有一个婆婆一个媳妇就头痛欲裂，5个就真不知道要怎么处理这么复杂的关系了。

再比如说，资产证券化产品又分为信贷资产证券化产品和企业资产证券化产品两种。信贷资产证券化是银行等金融机构发行的，理所当然由银监会监管，在银行间市场交易。而企业资产证券化是由企业发行，被划归证监会监管，在交易所市场发行。前些年，就发生过不愉快——信用卡公司通过券商在交易所发行企业资产证券化产品，而信用卡公司理论上属于银监会管，两边都觉得自己挺冤的。

说实在话，我在整理中国债券市场的结构的时候，每天都被不同品种债券的发行、交易上的复杂监管弄得头昏脑涨，深深钦佩我国金融从业人员的头脑之清醒，逻辑之严密。

其实还有更多的例子，比如这次股灾中被千夫所指的股指期货归中金所（中国金融期货交易所）管，而股票现货交易均属于上交所、深交所的管辖范畴。事后公安部队在股指期货上频频出击，斩获不少，就有人问，为什么没有一个事前关于期货和现货账户的联动监管呢？还有人问，为什么期货T+0、现货T+1这么明显的制度套利不改掉？两边交易所都很委屈，虽然同属证监会，却也是分家的兄弟。谁会让别人看自己家的保险箱？

我给这系列的现象起了个名字，叫“监管分割”（英文Regulation Segmentation）。金融学文献中常常会讨论的“市场分割导致套利机会”和市场分割造成套利机会的逻辑一样，在一个融合的、统一的金融市场里，分割的监管也会导致监管套利。

在正要结束这篇文章时，手机上又推送即时消息，分别是华尔街新闻和万得的推送，说是证监会主席助理张育军涉嫌严重违纪，接受组织调查。先是中信证券的总经理，国家队主力队员的头儿，后又是我资本市场最高监管机构高管……“三观”要怎么摆呢？

喝口水压压惊，考虑一下要不要去南京申请办理一个“急性短暂性精神障碍”的患者证呢？

错乱的手：泛亚悲剧的背后

泛亚悲剧的背后，是错乱的手。不是每个独臂者都叫“神雕侠”，也不是每个四只手的生物都是小妖王胡巴。地方政府也罢，监管的职能部门也罢，总要学会管住自己“闲不住的手”，也要做该做的事情，摆正自己“缺失的手”，让“凯撒的归凯撒，上帝的归上帝”。

我相信大家都曾被“泛亚”的事情刷屏。涉案资金430亿，涉及22万人，平均每人19万元的资金。也就是一个普通中国人近7年可支配收入的总和（按照国家统计局公布的数据，2014年中国人均可支配收入为2.88万元。可支配收入最高的城市是上海和北京，分别为4.77万和4.39万元）。

泛亚的事情，琢磨一下并不算复杂。掀开什么“稀有金属交易”的高大上外衣，归根结底，就是个庞氏法则的民间集资案件。[①]投资人通过泛亚交易所将资金借给交易商，获得高达13.88%的年

① 庞氏法则又叫“庞氏骗局”。1919年，一个叫查尔斯·庞兹的意大利人利用当时人们金融知识的匮乏和巨大的信息不对称，设计了一种“投资（接085页）

化收益——这样诱人的收益只有两种渠道可以实现。

第一种，这些交易商可以获得远远高于这个收益率的投资回报，也就是他们所交易的有色金属（这次出事的产品叫铟，其实任何产品都一样）必须价格持续疯狂上涨。如果铟的价格下跌，那么这些收益就只能来自第二种途径——泛亚用后面投资者的钱去垫付前面投资者的利息，俗称“接盘侠”。一旦交易商品的价格剧烈波动，或者接盘侠的资金流入减少，就会发生资金链断裂，然后挤兑、破产、跑路……变成多米诺骨牌式的坍塌。这样击鼓传花式的“集资”案件，从20世纪80年代开始就穿着各式各样的皇帝的新装在神州大地此起彼伏，处处开花。随便查查，什么蚁力神、亿霖木业、万里大造林等，大多属于此类，举不胜举。

风险和收益是一对拆不散的CP[①]

作为一个以教金融学为生计的人，我所理解的现代金融学就是研究不确定环境下人类最优投资决策的学问。不确定也就是我们俗称的“风险”。金融学最基本的原则是：回报和风险从来都是唇齿相依。金融学中说“没有无风险的收益”，翻译成大白话就是“天下没有免费的午餐”。举个例子，在一个相对稳定的市场里，

（上接084页）产品”，号称90天有40%的回报。他在美国波士顿兜售这种产品，为了给投资者“眼见为实”的证据，他用新进入投资者的钱去支付对最初投资者承诺的回报，借此吸引大量投资者涌入。一旦投资者进入速度变缓或者枯竭，资金链就开始紧张直至断裂。从此之后，“庞式骗局”就成了一个专门名词，意思是用后面投资者的钱给前面投资者回报。

① 英文Character Pairing的缩写，表示配对关系，近年来在网络上盛行。——编者注

国债利率（无风险利率）在3%左右，如果有一个回报为20%的金融产品，我们要明白，在追逐这个回报的同时意味着自己承担了与此相适应的不确定性，即风险。

现实世界里这样的例子比比皆是。婚姻市场上，是安安稳稳找一个暖男（低风险—低收益），还是承受遭遇失败或者背叛的风险追逐高富帅（高风险—高收益）？金融学的知识告诉我们，这两种选择的风险调整后期望收益率一定处于相对均衡。否则，就会有一类男生发生极大的供不应求而导致价格暴涨。

那“风险管理”是干什么的呢？风险管理就是根据你的个人偏好（比如是“颜控”？是“宅腐”？）和资金约束（长相、身高、学历、收入等），做出对你来讲风险最小（成功概率比较大）和收益最高（根据你的人见人爱程度所能找到的“最高最富最帅”）的选择。这叫作“理性选择”。

如果你告诉我，你就是“土肥圆”，可是你的人生理想就是找一个谢霆锋、吴彦祖。那我能怎么说？我不能因为不忍心你“掉入火坑”，就规定身高1米6以下、体重50公斤以上的不允许追求高富帅（这叫作“过度监管”）。我只能告诉你，这事儿概率低。你成功了，我替你高兴（高收益得以实现）；你失败了，回家哭完再收拾旧山河（风险自担）。

泛亚的悲剧究竟“悲”在哪里？

话说到这儿，可能有人会问，那泛亚的投资者就是活该倒霉？倒了血霉简直是一定的，而定论是否“活该”之前则先得问几个问题。最重要的问题是，为什么泛亚有如此之大的魔力，能在短时间内席卷几十万人口、几百亿资金？撇撇嘴简单地说一句“因为贪婪”或者“动物精神”恐怕是不够的。我在一路查阅资料的过程中，看到的是“政府公信力”的影子在泛亚巨大而丑陋的架构之后若隐若现。

2010年，泛亚作为昆明市重点招商引资项目由政府批准设立，并于同年成立了由分管金融副市长任组长的专门监管委员会，对交易所进行监管。这是很奇怪的事情。为什么？因为泛亚的董事长单九良的履历表极其“丰富多彩”。2006年，单九良在上海成立了一个叫“考尔煤炭电子交易公司”的企业，和泛亚的模式几乎如出一辙，仅有的不同，就是煤炭换成了更加稀里糊涂的“稀有金属”。4年之后，也就是2010年，“考尔”遇到资金兑付危机，考尔的负责人被处以4年有期徒刑。而单九良作为“考尔”的法人代表，却毫发无损地从上海滩来到了春城，再次大展“宏图”。

在一个有“信用记录”的社会，我很难想象这样污（pi）垢（gu）还没揩干净的人能迅速地开张一个更大的赌场。念书的时候，我有个来自摩洛哥的同学，因为几千元的信用卡违约被列入黑名单，7年才能“信用重建”。他博士毕业当了三年教授后，月薪是两万加元，银行仍然拒绝给他发放信用卡。他只能带着现金到处跑。而单九良如此迅速“凤凰涅槃”，不能不令人感叹，在我们这个市场上，有时候“信用”和“节操”一样，会碎一地，不值钱。

一只闲不住的手

2011—2015年的4年中，云南省政府不断地为泛亚“加持”，进行“信用增级”。随便举几个例子，为了防范金融风险，国务院办公厅在2011年发文要求各地清理整顿乱象丛生的交易所市场。奇怪的是，2013年，经过“联合检查验收”，云南金融办、证监局、银监局、昆明市政府等机构居然给出了泛亚交易所合规经营的验收报告。而在2013年，铟的现货价格已经从2011年720美元一吨下降到了615美元一吨，也就是下降了13.88%（很讽刺，恰好是泛亚承诺的“保本无风险收益率”）。这种情形下，交易商怎么可能向投资人（交易所）支付接近20%的利息？唯一的可能性就是泛亚在拆东墙补西墙，击鼓传花式地继续着“集资”游戏。

抛开官商勾结这样的诛心之论，我一直在想，为什么地方政府要这样不遗余力地为泛亚站台？除了极个别的涉案人员外，也许地方政府的动因没有那么复杂，从我的角度看，一是无知，二是急切。

无知是对于现代金融知识了解的匮乏。术业有专攻，本来也不应强求每个地方官员对金融风险有足够的认识，但是“金融监管部门”对于这么明显的模式漏洞视而不见，就比较令人费解了。急切则是对于“地方经济飞速发展”的强烈渴望。这些年“地方GDP锦标赛”（北大周黎安教授语）使得政府在“招商引资”上绞尽脑汁，出尽百宝。像云南这样的西南边陲省份，对“大项目”的渴望更是到了望眼欲穿的地步。泛亚顶着“金融创新”“全球最大贵金属交易所”这样光彩夺目的帽子，实在容易闪花人的眼。更何况，按照地方上的口径，“泛亚为国家直接纳税3.6亿元”——一个“创新”的金融机构，短短几年成为纳税大户。这么一个既有面子，又有里子的“项目”，地方上当然不愿意花时间去想：华美的袍子下是不是全是虱子？

说实在话，民间集资这种事情，本来压根儿是没法管的。一人想借，一人想贷，本是两厢情愿，融资者违约，投资人只能自认倒霉。但是如果第三方出面协调背书，那就是隐形担保了。我们这些年一直说政府要和市场有“一臂间隔”，就是说别乱掺和。政府一掺和，就无形中动用了“政府公信力”来增信担保。出了事，投资人当然会找到担保人头上。我们很多政府部门，这些年因为越俎代庖，也经历了不少惨痛的教训。许多集资案件闹出的群体事件背后，其实都曾有政府那只“闲不住的手”的魅影闪现。

另一只缺失的手

这边厢是地方政府“闲不住的手”，那边厢却又是监管“缺失的手”。泛亚能辐射如此之多的投资者，与它的销售模式和销售渠道有莫大的关系。这次出事的泛亚产品主要集中在一款名叫“日金宝”的产品，而这款产品有很大部分是以银行理财产品的名义销售的。我们能看到的公开资料显示，泛亚的合作银行包括中国银行、工商银行、招商银行等大型国有（股份制）银行。据报道，其中中行新疆分行还尤其激进，销售了几十亿元的“泛亚理财产品”（基金）。最近已经有严肃的研究证明，这些年以来，银行理财产品是我们国家影子银行的最大来源。

银行是自负盈亏的商业机构，追求表外利润本来无可厚非，但是作为专业的金融机构，银行在为理财产品做通道的时候，是应该对产品的“风险—收益”有详细分析和研究的。考虑到中国国情，在中国老百姓，尤其是中小城市稍微年长的老百姓心中，“国家的银行”是有至高无上的信用度的。这种信用一旦被滥用，即使是个别机构的行为，最终伤害的也会是整个金融体系的信用。而“信用”，是一个国家和地区金融市场得以稳定持续发展的最核心要素。从某种意义上说，金融市场就是信用的市场，没有了信用，所有的金融行为和金融产品都不过是镜花水月罢了。

此外，泛亚的监管究竟“花落谁家”，其实一直是个解不开的谜题。理论上，“交易所”是证监会管辖的范畴，因此对应着云南的金融办（证监局）等监管部门。而泛亚注册在云南省昆明市，财税、工商等手续又和市里面有着千丝万缕的联系。在2010年泛亚成立伊始，确实也是昆明市方面成立了由副市长领头的监管小组。“一个和尚挑水吃，三个和尚没水吃”——地方政府和中央职能部门之间的博弈造成了监管上的套利空间，再加上泛亚以交易那些名字都念不太清的“小金属”为主（在泛亚之前，估计能把“铟”字准确地读出来的人不算太多），巨大的信息不对称使得监管的灰色地带更加无限度地延伸开去。

金融监管的职责是什么？是金融市场的微观制度设计和基础设施建设——这些制度设计和建设的目的，乃是最大可能地消除市场上的信息不对称，维护市场交易的公平、透明和公正，以及对潜在的风险进行防范。

像泛亚这样明显的“庞氏风格”的交易制度设计，却能在一个号称高度金融管制的市场上风光无限地生存了4年多。连中国最权威的官方媒体——中央电视台——也是它最忠实的盟友。从泛亚开业时的密集报道，到CCTV财经频道全天候的滚动播出“泛亚价格指数”，到泛亚和CCTV财经频道合办2014年泛亚“全国巡回投资报告会”（其实也就是产品销售推介会），央视财经频道的品牌自始至终在为泛亚“信用”背书。

屈指算算，我们的新闻管理部门真的不算少，中宣部、文化部、国家新闻出版广电总局、国新办……管理也可谓十二万分的严格，却怎么会在面对泛亚这并不复杂的庞氏交易模式时被悄悄蒙上了眼睛？

看起来，泛亚悲剧的背后，是错乱的手。要知道，不是每个独臂者都叫“神雕侠”，也不是每个四只手的生物都是小妖王胡巴。地方政府也罢，监管的职能部门也罢，总要学会管住自己“闲不住的手”，也要做该做的事情，摆正自己“缺失的手”，让“凯撒的归凯撒，上帝的归上帝”。

虎兕出于柙，谁之过？

——光大证券“816 事件”之问

2013 年 8 月 16 日上午 11 点左右，光大证券公司发生交易系统错误，引发了市场剧烈波动。在短短几分钟之内，巨额买单涌入多只权重股，导致其瞬间封停，带动整个股指和市场上涨，股指在 3 分钟之内涨了 5.96%。中午有消息称是光大证券自营盘出了问题，随即被光大董事会秘书否认。中午光大出公告，宣布停牌。下午股指迅速回落。下午收盘后 4 点 27 分，证监会通气会上承认是光大证券自营盘的异常交易导致了市场的剧烈波动。这就是著名的光大乌龙指事件。

和所有充满张力的戏剧一样，2013 年 8 月 16 日的光大乌龙指事件具备了一切悲喜交集的要素：70 多亿元的巨额资金，数百亿的跟风盘，33 只权重股涨停的短暂市场狂欢，不同版本的传言，阴谋论，谎言，躁动，峰回路转的“真相大白”，一泻千里的市场，闹哄哄的围观人群，讳莫如深的当事人……

中国A股市场酝酿已久的负面情绪忽然找到一个闸口，以决堤之势喷涌而出。首当其冲的是两个生僻的金融专业术语——“量化投资”和“程序化交易”。有媒体直指程序化量化交易是光大事件的“帮凶”。一时间，有搭台唱戏的，有围观看戏的，好不热闹，量化算得上猛于虎也。

然而，当我们从情绪的狂潮稍微平静下来，以理性的姿态重新审视这场持续发酵的市场风波时，首先要追问的是，究竟谁是始作俑者？

非“量化交易”之罪

在光大“罗生门”中，量化和程序化交易被诟病主要基于两个理由。第一，光大策略投资部是在执行一个量化交易策略（ETF[①]套利交易）时出现乌龙指[②]。第二，光大72.7亿元的巨量委托买入触发了许多券商程序化交易的开多仓的交易指令，导致近300亿元的资金流入市场，引发了令人瞠目的26秒市场暴动。

区别于基于基本面分析的传统交易策略，量化交易策略主要基于对高频数据（或者复杂的数学模型）的计算和分析。由于其核心是通过海量数据分析，寻找“错误定价”导致的套利空间，在现代信息技术的交易环境下，市场机会稍纵即逝，如果通过人工下单的交易方式来完成套利交易的操作，其效率和成功率一定会大打折扣，所以很多量化交易策略的执行会通过程序化的交易系统来完成——将事先确定的投资模型编成软件，设置好认为可靠的参数（比如是否可以自动撤单和自动补单、折溢价率大小、套利价差大小、市场容量考虑盘口等），只要触发交易条件，

---

① 交易型开放式指数基金，又被称作交易所交易基金（Exchange Traded Funds，简称ETF），是一种在交易所上市交易的、基金份额可变的一种开放式基金。——编者注

② 指股票交易员、操盘手、股民等在交易时不小心敲错了价格、数量、买卖方向等事件的统称。——编者注

电脑就会按照指令自动下单，随着市场变化买进卖出、止盈止损。

随着金融市场容量的快速增长，金融产品的日益增多，以及现代信息技术的推广应用，捕捉信息反映时滞将越来越难，而这些由强大的计算机系统和复杂的运算所主导的高频交易可以即时获取信息，并将价格波动的细节放大化，更加敏感地抓住趋势，以避免信号产生的滞后性。这些交易行为在庞大数据处理的复杂交易环境中，有着高效和低成本的显著优势，因而注定会渐渐成为互联网金融时代的主导者。以美国市场为例，到 2012 年为止，有 73% 左右的市场交易来自这些在毫秒之间完成运算下单的高频交易，而且仍然呈现出稳步上升的趋势。

量化程序化也罢，高频也罢，这些伴随着金融衍生品和互联网信息技术而生的金融创新产品，由于与“高科技”和“巨额财富”密切相关，更容易被放在聚光灯下，接受关于“道德血液”的拷问。然而，从对市场制度设计和市场监管提出新挑战的角度来说，它们和所有的创新并无二致。

从威尼斯商人的个体借贷行为到华尔街的庞大金融帝国，从山西票号的古老柜台到指尖上的银行，是人类的金融创新活动不断创造了更广阔的金融市场。然后市场设计、市场制度和市场监

管应运而生。创新总是在制度和监管的前面，就像没有水流，就不会有水坝和水闸。

其实光大这样的事件并非中国特色。2010 年 5 月 6 日下午 2 点 42 分，美国道指 5 分钟内狂泻 9.16%，8 只股票盘中一度出现了价格为零或者接近零的异常情况。传言中的乌龙指以及其触发的程序化交易一度被认为是“闪电崩盘”的肇事者。在收市后两小时，纳斯达克在确认其交易系统没有问题之后，根据纳斯达克上市规则 11890（b）条款，取消了下午 2 点 40 分至下午 3 点之间执行价格的涨跌幅度超过此前最后一笔成交价 60%的所有交易，共涉及 294 只股票。为了防止类似事件重演，美国证交会提高了信息披露要求，规定交易所以及经纪商向新创建的统一系统提供交易报价、下单和执行的全程信息；同时在标普 500 指数试实施“个股熔断机制”，即标普 500 指数中的任一只股票只要在 5 分钟内涨跌幅度达到 10%，该股在所有交易所内都必须暂停交易 5 分钟。

风控之痛

市场从来不惧怕错误，惧怕的是盲目。弄清楚错误的原因和根源，才有可能对症下药，从错误中学习成长。可惜的是，在光大乌龙指事件后，光大的公告和发布会都“犹抱琵琶半遮面”地语焉不详。我们只能通过基本的观察来解剖事实的肌理。

据光大证券在乌龙指事件发生两天后（8 月 18 日）一份“简明扼要”的公告称，8 月 16 日 11：05：08 到 11：05：10 的两秒钟之内，光大的策略交易部在做 ETF 套利交易时交易系统发生问题，生成了 26082 笔预期外的市价委托单，这些委托单被送至上交所，累计申报买入234亿元，实际成交72.7亿元。234亿元的大量乌龙买单在瞬间以市价买入，拉升股市暴涨，随即触发了A股市场多年不见的集体涨停奇观。黄粱一梦后，市场重归颓势。

根据历史经验，当A股市场指数以百点的速度飙升时，在我们这个散户占据79.5%的股权和95%的交易量的噪音市场上，对于总是在雾里看花的中小投资者来说，跟风和羊群行为差不多是没有选择的选择。更何况，相比起成熟的发达市场，中国金融市场稳定性较差、市场周期短，导致量化模型参数调整频繁。而且中国市场的金融产品非常有限，除了最基本的股票和债券外，只有寥寥可数的几种产品，如ETF、股指期货、商品期货等。复杂的定价模型套利工具在如此单一的市场结构下颇有些“屠龙宝刀，无龙可屠”的尴尬局面，再加上高额的手续费等原因，目前量化交易在中国其实还处于蹒跚学步的状态——真真假假的被称为“量化”的基金体量有限，内容基本还局限在比拼成交速度的“抢帽子”或者低门槛的交易策略上。从理论上讲，风险暴露并不大。从这些层面上说，指责程序化交易跟风涌入市场，造成市场剧烈波动其实是个伪命题。

那么真命题究竟是什么？是乌龙指背后的整个市场的风险控制机制和运行机制。

首先要追问的是，光大这234亿元（26082笔）“预期外”巨单是怎么通过自己的风险校验的？程序交易都有完整的风险校验，包括资金是否充足、最大下单数量、最大风险暴露头寸①、最大亏损金额，以及最大亏损比例等一系列风险控制指标。如此超出光大自己自营账户资金的委托，如此顺利地通过这么多的风控节口，

① 头寸指投资者拥有或者借用的资金数量。——编者注

是风险控制后台全面瘫痪，还是为了追求交易速度，根本没有将这一部分交易纳入其风险控制环节？

另外，在一个相对看空的市场，作为一个中等规模的券商，光大如此异乎寻常的巨额多头，怎么能悄无声息地在上交所的交易系统中被迅速撮合成交？上交所是带有国家意志的证券交易平台，在官方公布的《证券交易所管理办法》中，上交所的职责中最重要的两条包括“组织监督交易”和“公布市场信息”。所谓“组织和监督”也就是说上交所有权利和义务对各个交易的过程进行审核把关。234亿的市价委托买单大约会对指数造成什么样价格冲击，券商和交易所都应该非常清楚。什么样的价格冲击会触及交易系统的预警红线？或者压根儿就没有红线？

2005年日本瑞穗证券在东交所乌龙指将J-COM公司股票以超低价格卖出多手，东交所的交易屏幕曾三次显示警告。交易员最终没有理会，导致J-COM几乎崩盘。事后瑞穗证券被判决赔偿投资者407亿日元损失。尽管东交所在乌龙指令出现时发出了警告，但由于没有及时帮助瑞穗证券取消指令，其最后仍被判决承担70%的赔偿金额。

由此可见，交易所的“监管”并不只是单方面的权利，与权利相适配的是义务——帮助实现交易的公平公正和风险控制。从光大的“主动跳跃式”的风控程序到上交所“被动缄默式”的交易系统，我们真正要忧心的恐怕不是一个70亿元的乌龙指，而是指尖下被忽略的整个交易后台的风险控制机制。

问责的板子该打在哪里？

金融市场的本质是“不确定性”和“预期”。信息的透明有利于减少市场上的信息不对称，使得价格更准确地反映价值，从而更有效地指导资源配置。这也是为什么所有的金融市场都在强调“信息披露”的重要性。

从“816 事件”发生的上午 11 点 05 分开始，所有的官方信息披露都表现得非常“言简意赅”甚至自相矛盾。根据事后的官方公告，在当日 11 点 07 分，上交所已经发现了光大的异常指令并责令其核查，然而，中午 12 点光大董事会秘书矢口否认公司有乌龙指的可能性，上交所微博同期发布消息称交易系统正常——在这种情况下，市场的正常反应是什么？猜测！而猜测的后果又是什么？信息噪音增大，直接影响到投资者的预期。投资者认为极端事件（也就是俗称的“黑天鹅事件”）的可能性增大，最后表现在市场价格上就是剧烈的市场波动。另外一个引发激烈争论的是光大午盘后增持的 7023 手股指期货空单。对于乌龙多头造成的风险敞口做对冲，这是正常的市场行为，也不需要用“阴谋论”来做无端揣测。然而问题的关键在时间节点上：11 点 07 分左右光大已经知悉出错，12 点由董事会秘书发布“一切正常”的信息，下午 1 点到 2 点建仓空头，下午 2 点 38 分公布乌龙指消息——从这些时间来看，无论如何，光大都没法逃避用虚假信息和延迟信息披露误导投资者的责任。

我们为信息披露已经付出过太多高昂的代价了。从“老鼠仓”到“虚假报表”导致美国市场中国概念股血流成河。在我们这个市场，信息不透明几乎形成一个新的均衡状态。

问题是，为什么严厉的监管条例不起作用？为什么大会、小会、人大会、证监会铿锵有力的表态不起作用？常见的说法就是一句笼统的“法律制度不健全”——那么，究竟法律制度不健全在什么地方？

其实，我国证券市场的相关法律法规中关于信息披露的相关规定和法律条文并不算少，规定得也非常细致。然而在对于虚假片面或者延时信息披露等行为的处罚中，主要追究行政和刑事责任而忽视民事责任，这使得投资者的合法诉讼权和财产权得不到保护。比如，在《中华人民共和国证券法》（以下简称《证券法》）中涉及行政责任的有30多条，涉及刑事责任的有18条，而涉及民事责任的只有两条。这种证券立法中民事责任少，刑事、行政责任多的市场立法结构下，即便投资者采取民事诉讼，也往往会因程序复杂、成本大而难以达到预期结果，使投资者的利益难以得到更有效的保障。监管的根本目的是保护投资者的利益，然而在实践中当投资者的利益因为不当信息披露行为受到损害时，其所经受的损失并没有与之相对应的赔偿机制。

20年来，我们不止一次听到、看到监管部门对肇事者"严厉的批评""限期整改"，或者"处以高额的罚款"，甚至不顾殃及池鱼地进行"行业整顿"。可惜的是，政府不是上帝，不可能事必躬亲、事无巨细地监管到位。一两场暴雨改变不了整个土地的干涸，只有当交易主体由于不当信息披露行为造成的损失可以得到有效认定和赔偿时，对于信息披露的监管才会从片面到全面，从无序到有序，从滞后到及时，从被动到主动。

结算制度难辞其咎

光大一个乌龙指事件带出了市场交易平台的系统性风控问题和市场信息披露的制度性问题。然而，就到此为止了吗？大部分投资者还没有明白，其实这还不是最令人胆战心惊之所在。我们应该庆幸，这次乌龙指事件“仅仅”只有70亿元。对于一个中型的证券公司来说，70亿元还是一个可以承受的资金底线。即使账上没钱，通过自有资金、变现部分证券类资产等措施，也可以保证交易正常清算交收，待风波过后，各自收拾残局，清点损失，等风头过去，再战江湖。

然而，假设这次的乌龙指事件（系统出错也罢，故意操纵也罢）导致700亿元的资金入场呢？结局会一样吗？

在猜测故事的结局之前，我们需要先了解下故事的背景：之前我们提到过，我国证交所会员的股票交易采用的是证券T+0交收、资金T+1交收的方式。通俗地说，也就是今天取货，明天付钱。这也就是为什么平时中小投资者卖出股票时会即时看到账面资金的数字变动（证券数目减少，现金增多），但是一直要到交易的次日这笔资金才能使用。也就是说，机构投资者们在证券交易时候使用的是虚拟头寸。最令人惊奇的是，在证券与资金交收的时长达一天的时间差内，几乎没有任何交收担保或信用保证（唯一的风险管理是对不同等级的券商，采用不同的最低结算备付金制度，但是结算备付金率如此之低，基本不能形成对风险暴露的

有效控制）。一旦一方结算参与人在交易日收到证券后的次日资金不足，登记结算机构就必须被迫垫付资金，如果登记结算机构资金不足，那么整个交易涉及的证券就需要被迫停盘。

到这里，这个故事的结局已经浮出水面了。根据光大证券2013年一季报显示，该公司的货币资金为250亿元。即使到交易次日，砸锅卖铁也不足以结算700亿元的交易额，但是由于证券已在前日被交割，登记结算机构则必须承担所有的本金风险。一旦这个数额超过了登记结算机构的风险承受能力，那么涉及的180ETF就要被迫停牌，涉及的所有交易对手都面临着清盘的巨大风险。更令人不安的是，所有的标的证券（基本是权重股）一时间必将风雨飘摇，恐慌情绪蔓延，市场像多米诺骨牌一样倒下。那时候，将不是“闪电崩盘”，而是整个市场的全面崩溃了。

这不是霍格沃兹魔法学校里耸人听闻的预言。事实上，这种基于“信用”的结算制度所造成的巨大风险暴露已经被论证了无数次。国际上通用的结算制度是DVP制度，通俗地讲，就是在证券结算过程中“一手交钱，一手交货”。这是各国结算机构能够维持证券市场正常运转的基本制度，也是各个国际评估机构评价证券市场运行安全性、风险程度的重要指标。在这个机制下，交易者都必须“银货两讫”，不管是70亿元还是700亿元，必须账面有充足的资金才能下单。这样的话，不管是乌龙指、拈花指，还是金刚指，涉及的也只是个体，而不会扩散成系统性风险。

这就好像盖房子一样，打好地基最重要。房子越高，地基的承载力要越大。瓷砖开裂可以补，下水道坏了可以修，门窗坏了都可以换。但地基没有打好，建筑物就会直接开裂甚至垮塌。在现实的钢筋水泥世界里，我们已经经历过太多的“楼塌塌”和“桥垮垮”，以致有些麻木了。而金融市场的地基涉及的不是一幢楼、一座桥，这个巨大的系统性工程，牵一发而动全身。

历史总是被人遗忘得太快，所以历史一直都在不断重演。人们应该还依稀记得1995年的“327国债事件”——当天因为对市场空头预判落空，万国证券陷入巨亏。为了反败为胜，万国利用没有保证金制度的漏洞，在收盘前的8分钟之内大规模透支，疯狂做空。一时间整个市场血雨腥风。这是一场没有赢家的战役：上海滩的金融“教父”管金生锒铛入狱，上交所创始人尉文渊黯然下台。更重要的是，国债期货市场一关就是17年！市场和人生一样，经得起多少这样的蹉跎？

毫无疑问，以保证金制度为基础的交易结算制度正是金融市场架构的地基之一。随着金融市场的产品尤其是衍生产品的增多，市场容量的快速增长，楼越建越高，墙面越来越华丽，而地基是否足够坚实？是否可以与建筑拔高的速度匹配？这恐怕是所有市场参与者需要沉下心来严肃思考的问题。

在这次的事件中暴露的类似制度性问题还有很多，比如权重股对指数影响过大，几只权重股的暴涨暴跌便可以引发整个市场的剧烈波动；同时由于这些权重股流通股份较少，交投不活跃，少数资金便可操纵其涨跌。光大这一颗70亿的石子搅动A股市场22万亿市值的一池春水就是个最好的案例。

虎兕出于柙，制度之殇尔

雨过了，天却还没有晴。除了像过山车一样的市场价格外，一切事实真相都仍然在慢车道上。

证监会的公告告诉我们："证券监管部门和证券期货交易所要进一步加强和改进一线监管，完善监管制度和规则，确保市场安全有效规范运行，切实维护市场公开、公平、公正，维护投资者合法权益。"然而，如何加强、如何完善、如何确保，又如何维护都还是无解的谜题。

按照惯例，国务院、证监会也许会有一波整顿，问责光大证券的管理层，对光大进行罚款降级，整改各大券商的衍生品部门、量化投资部门和合规部门；甚或收紧各项金融产品尤其是创新产品的发行。然而，无论是市场的风险控制系统，还是信息披露机制，又或是无保证金的信用结算制度和不合理的指数设计——从光大乌龙指事件中我们看到的不是"偶然"而是"必然"。如果这个市场的基础架构设计不做调整，所有努力只不过和过去每一次一样，一场风暴过去，静静等着下一场风暴再来。

虎兕出于柙，谁之过？这一切，不过是制度之殇。

发生了大规模的交通事故和堵塞，不要忙着责怪车辆太多太快，不要义愤填膺地限号和摇号，而是要问一问道路设计是不是合理？路够不够宽？弯道角度是否安全？道路出口足够多吗？人车是否分流？红绿灯的设置地点对吗？时间安排合理吗？要问一问使用公共交通出行方便吗？地铁的线路合理吗？地铁口的设计方便吗？公交车准时吗？要问一问交通法规法则够清晰吗？更新够快能适应不断增长的城市人口和车辆吗？交通执法严格吗？只有当基础设施夯实完备了，当交通法规足够规范了，才有可能从根本上解决堵塞，或者即使发生了交通事故，才能将事故影响降到最低，避免引发更大范围的堵塞。

这是一个快速变化的时代，金融市场尤甚。美联储前主席格林斯潘说："有时昨晚的资产负债表，到上午11点钟就过时了。"这就是市场的魔力——唯一不变的，就是它永远在变。在充满不确定性的世界里，只有良好的制度建设才是唯一有效的药方，只有地基稳固的市场才能真正抵御风险。

光大乌龙指事件之后，是为记。

两年后

2015年年底，有报道说"上海二中院对8名投资者诉讼光大证券内幕交易责任一案做出一审判决，其中6名投资者胜诉，获赔共计29.6万元"。这则不起眼的新闻很快就湮没在噪音的汪洋中。然而，有证券业和法律界的人士在唏嘘感叹，这个判决在中国证券民事赔偿案件历史上具有划时代的意义，对于《证券法》的修订，以及相关配套司法解释的修改和制订同样具有重要意义。

重读两年前在自己情绪发酵中写下的文章，忽然意识到，历史其实离我们一点儿也不遥远。当年在文章中不无激烈地问责："……证券立法中民事责任少，刑事、行政责任多的市场立法结构下，即便投资者采取民事诉讼，往往会因程序复杂、成本大而难以达到预期结果，使投资者的利益难以得到更有效的保障。"这就是所谓的"虎兕出于柙，谁之过？一切不过是制度之殇"。

幸运的是，我们曾亲历历史，也记录过历史。中国证券业的民事赔偿终于起步，即使只是微不足道的一步。因为这些小小的光，我仍然怀着希望。骐骥一跃，不能十步；驽马十驾，功在不舍。

"A股韭菜周年祭"三部曲

二之日凿冰冲冲，三之日纳于凌阴。四之日其蚤，献羔祭韭。九月肃霜，十月涤场。朋酒斯飨，曰杀羔羊。跻彼公堂，称彼兕觥，万寿无疆。

——《诗经·豳风·七月》

"献羔祭韭"是《诗经·豳风·七月》最后一章中所描述的场景。《七月》是西周初年豳地的奴隶所作的诗歌。[①]一个"苦"字贯穿全诗——从年初到年终，奴隶们从种田养蚕到打猎凿冰，从事日复一日的高强度劳作，到年末了还要献羔祭韭，为权贵们庆贺祝寿。

早在西周，我们的祖先就有祭韭（用韭菜献祭）的习俗。作为祭祖用品，韭菜寓意生生不息（俗称"割了又长，长了又割"）。这种古老的习俗一直延续至2016丙申年，其寓意得到进一步升华，更多地适用于祭祀重大股灾。而在A股市场上攒动的散户们被亲切形象地称为"韭菜"。

---

① 豳地在今天的陕西栒邑县、邠县一带。

2015乙未年初夏，A股市场突起风云。杠杆被定义为邪器，金融江湖由此翻滚起了血雨腥风，牛熊厮打肉搏，各路消息滚滚而来，撩拨着韭菜们紧绷的神经，一时间流动性灰飞烟灭，“恶意做空势力”被押上了断头台。

正当众帮派六神无主之际，苍天“开”了眼，“证金王”[①]神龙现首，豪气万丈。弱水三千，王只取一瓢饮，后宫佳丽三千，羊车望幸。理想是丰满的，现实是骨感的，美好的“多头意愿”结果成了“善意的空头力量”。

眼看证金王大势已去，韭菜们吟唱着《诗经·豳风》的悲歌翻了年。翻年却迎来了磁吸王，仅存的韭菜们终于死在这熔断不息的战场，终于领悟了“没有踩踏就没有卖，没有卖就没有伤害”的道理。

一周年过去，上证综指跌了四成，10多万亿元市值化作青烟，MSCI[②]仍然是个遥远又心酸的话题，而收割码齐的韭菜早已被放在股灾的灵牌前。

夜雨剪春韭，新炊间黄粱，回看昨日，人事茫茫，道阻且长。写下关于“流动性危机”“证金王救市”和“熔断”三个故事，不为别的，只为了那些忘却的纪念。

---

① 中国证券金融股份有限公司，简称“证金公司”，被戏称为“证金王”。——编者注

② 美国著名的指数编制公司，其推出的MSCI指数广为投资人参考。——编者注

中国股市2015流动性危机反思录

——三部曲之一[①]

2015年的A股市场上，“杠杆”“流动性螺旋”“流动性危机”这三个陌生的名词，主演了一部癫狂的财富片和一部恐怖的灾难片。

我终将遗忘梦境中的那些路径、山峦与田野，遗忘那些永远不能实现的梦。

——普鲁斯特《追忆似水年华》

2015年的A股市场，注定要被铭记和反复提起。春天狂欢，夏天混乱，秋天肃杀——不到一年的时间，中国股市从癫狂的财富喜剧演变成恐慌的灾难片，最后幻化成惊悚的谍战片。

① 本文部分内容基于两个实证研究。一个是2015年7月我们北大股灾研究小组所做的“2015年中国股灾的传导机制和系统性风险应急研究”（成员包括唐涯、陈戴希、陈靖、王征、李江源、程坦、张玉龙、徐建国，同时感谢香港科技大学王鹏飞，多伦多大学杨立岩，华商证券潘莉，光大证券林念的参与支持）。另外一个是唐涯、徐建国、陈靖和陈戴希的学术论文“*Liquidity Spiral Crisis: Evidence from China Stock Market*”（《流动性螺旋危机》）。致谢所有的小伙伴，怀念我们一起不眠不休的很多个白天夜晚。

从2014年11月开始，中国股市走出了七年之痒的漫漫熊市，A股上证指数从2487点开始一路狂飙，到2015年6月12日达到5178点，短短半年上涨200%以上。神州大地上数以亿计的人在“万点不是梦”的财富狂想中醺然欲醉。

从2015年6月15日开始，以证监会清理场外配资为起点，股市巨幅振荡，经历几轮惨烈下跌，多次千股跌停，指数屡次刷新历史单日（周）最大跌幅。7月8日，超过一半的上市公司停牌，整个市场流动性趋于枯竭，不少券商濒临破产，基金面临巨大赎回压力，很多投资者一生的积蓄灰飞烟灭。市场风声鹤唳，哀鸿遍野。在巨大的恐慌中，政府出手强力救市，注入重金，证金公司成立，几大券商组成救市操盘先锋队。

然而，耗资巨大的救市行动一再被人质疑诟病。市场一而再，再而三地跌宕起伏。据统计，6月至9月，500万以上账户减少11.33万个，股市经历了16次千股跌停，6月以来股市波动率急剧上升。6月到9月的90天里历史波动率达到了1997年以来的高点，共33个交易日的日内振幅超过5%。市场惶恐、紧张、动荡。进入九十月份，越来越多的迹象表明，救市过程中出现了大量道德风险事件——从张育军到程博明，从梅雁吉祥到特力A，从伊士顿特大期货操纵案曝光到“宁波敢死队”徐翔被捕——内幕交易、市场操纵，甚至经济间谍案件陆续浮出水面。券商、基金、监管层几乎全数卷入，无一幸免。一时间，愤怒、声讨、疑虑、惋惜的声音如同海啸，席卷了整个市场。

狂风骤雨终于过去。冬天已经来临，春天隐隐可期。然而，遗忘从来不是良药，未来是历史的不断重复。站在年末展望和回望的路口，我们需要追问：2015 年究竟发生了什么？是什么让一个万亿级的市场如此躁动不安？在一个市场波动为常态的市场上，为什么 2015 年夏天的股灾尤其令人惊慌？到底是什么使得“这次不一样”？顺着时间的轴，我们往前回溯，去寻找这次股灾的关键词。

杠杆的故事

> 阳光下的泡沫，是彩色的。就像被骗的我，是幸福的。追究什么对错，你的谎言，基于你还爱我。美丽的泡沫，虽然一刹花火，你所有承诺，虽然都太脆弱，但爱像泡沫，如果能够看破，有什么难过……
>
> ——邓紫棋《泡沫》

2015 年，中国投资者遭遇了一个陌生的词语：杠杆。“杠杆牛”“杠杆市”“杠杆崩塌”的说法反复出现在人们视野。通俗地

说，股票的“杠杆化交易”就是指投资者通过借贷，进行投资的行为。杠杆的作用恰似放大镜，会将投资的收益和损失放大。

举个例子，你买1万元的股票，股价一天上涨10%，你赚了1000元。可是你会想，这不过瘾啊，要是买10万元股票，那岂不是一天赚1万？问题是自己手里没有钱，怎么办？可以想办法去借。假设你借了9万，现在投资额变成10万——这个10万元的投资就是有杠杆的投资，杠杆率就是总投资额和自有资金的比例（10/1=10）。现在股票又往上涨了10%，你发现自己赚了整整1万！本金1万，利润1万（假设暂时忽略借钱的利息的话），收益率变成了100%，恰好是原来收益率的10倍！也就是说，10倍杠杆使得你的收益率翻了10倍！听上去很美……但是，假定事情发生了变化，股票突然下跌了10%，你的投资从10万缩水成了9万。还掉借来的9万元后，你发现自己身无分文，也就是说，损失为100%，比没有杠杆时的损失同样放大了10倍。这就是杠杆的力量，它使我们的投资收益和损失都被扩大，杠杆率越高，这个放大的效果就越强。

在2014年之前，中国股市是一个杠杆率不高的市场。从数据上看，2014年下半年随着股市暴涨，杠杆资金有利可图，开始大量涌入股市，股市的杠杆率急速上升。其中杠杆资金来源主要又分为两种：场内融资和场外配资。

场内融资就是指投资者向券商融资（借钱）买入证券。为了提高市场有效性，2010年，国家开放了融资融券业务，但是规模一直较小。一直到2014年年初，融资余额才达到3448.09亿，到

2014 年 9 月也不过在 5000 亿左右[①]。在此之后，融资余额和股市指数同步快速上涨，到 2015 年 1 月，股指从 2235.51 点上涨到 3210.36 点，融资余额翻了一番，到了 1.13 万亿的规模。到 2015 春节过后，市场气氛越来越癫狂，场内融资规模增速也加快，到 6 月初已经达到 2.2 万亿的规模。也就是说，从 2014 年 11 月到 2015 年 6 月的半年之内，场内融资的杠杆资金上升了几乎 3 倍左右，同期，上证 A 股指数和创业板指数则分别上涨了 112.6% 和 154.9%。

场内融资属于券商业务，受到证监会监管，保证金率为 30%，杠杆率维持在一个相对温和的水平（不超过 3 倍）。场外配资市场的情况则要复杂得多。“场外配资市场”指没有被纳入监管的配资市场，它处于灰色地带，包括多种借贷业务模式：有信托对自己发行的结构化产品进行的配资，有商业银行对自己发行的结构化产品进行的配资，有券商对自己发行的结构化产品进行的配资，还有配资公司、股权质押等方式。

其实中国股市的配资市场由来已久。1995 年，一家名为“金桥大通”的配资公司在上海创立，为投资者提供买卖股票的借贷资金。但是市场规模一直不大，也主要集中在江浙等民间借贷发达的区域。2012 年，一些私募基金找到恒生电子开发 HOMS 系统，目的只是专业化地进行资产管理。大量股票、私募基金在 2013 年开始利用 HOMS 系统，因为 HOMS 系统一是可以将资金交由不同

---

① 融资是借钱买证券，通俗地说是买股票。证券公司借款给客户购买证券，客户到期偿还本息，客户向证券公司融资买进证券称为“买空”；融券是借证券来卖，然后以证券归还，证券公司出借证券给客户出售，客户到期返还相同种类和数量的证券并支付利息，客户向证券公司融券卖出称为“卖空”。

的交易员管理，有完整的评价、风控机制，二是可以灵活地分仓。随后，一些配资公司和P2P[①]公司发现HOMS系统可以灵活分仓，进行风控，完全简化了以前的手动操作过程，于是大量资金开始悄无声息进入股市，配资业务渐成气候。2013年，随着各种配资软件及电子分仓技术的发展，大量资金"悄无声息"地进入股市，配资业务也渐成气候。

除了大量民间资金以外，由于利率市场化加快，经济下滑，不良率和坏账率上升，银行利润空间被挤压，银行、信托资金也加入了这一浩浩荡荡的配资大军。2014年下半年开始，股市火爆，配资市场的井喷更有燎原之势。但是由于缺乏透明度，场外配资的具体规模一直说不清道不明。根据华泰证券的研究报告，中国股市场外融资的总体规模预计在1.1万亿到1.5万亿之间，其中银行理财资金约占股市配资的一半。

除了规模外，场外配资的杠杆率也一直是个谜。以恒生电子的HOMS系统为例，作为一个互联网投资管理平台，HOMS系统允许母账户拆分出多个完全独立的子账户，并分配相应的资产，这使得场外资金可以重复加杠杆。[②]著名的伞形信托[③]，更是高杠杆的典型例子。这些资金很多是从银行出来，进

---

① P2P是peer-to-peer的缩写，即个人对个人。——编者注

② 根据中国证券业协会统计，通过恒生HOMS、铭创软件以及同花顺为渠道的配资规模总额接近5000亿元，其中HOMS占比最高，达4400亿元，铭创软件和同花顺分别为360亿元和60亿元。私募基金、P2P等其他途径的配资量则没有官方相应统计说明。

③ 伞形信托指一个信托产品中包含两种或两种以上不同类别的子信托，形成一个伞状的结构。

入配资公司，以 1∶3（甚至 1∶5）的比例流入信托公司通道，通过层层转配，最高能达到 1∶9 的比例。

这种层层叠加的配资结构，和当年美国市场上的次贷产品通过金融工程层层打包加杆杠的原理是类似的。次贷产品的标的是次级贷款，而这些配资的底层标的物就是股票价格。对我们投资者来说，高达数倍的杠杆意味着什么？意味着我们对价格波动的敏感度更高，财富效应更大。在市场快速上涨的时间，杠杆很容易造就财富神话——2015 年 3、4 月平均 15.86%的（大盘）月度收益率，如果使用 3 倍杠杆，就是一个月财富涨 1 倍。很多创业板上的小票动辄连着几个涨停，有不少“胆儿肥”的投资者（尤其那些财富初始值小的），很容易实现财富几何级数的递增——这种财富效应一方面会刺激投资者更加激进地使用杠杆，另一方面会有示范效应，成千上万连“杠杆”究竟是什么都不知道的小散户也加入到浩浩荡荡的配资大军中。杠杆放大市场收益率，令人瞠目结舌的收益又吸引了更多更激进的杠杆资金入场，两者互相作用，不断加强——终于形成了 2015 年春节后那全民沸腾的“杠杆牛”。

实际上，从 2015 年 3 月到 8 月，融资余额和上证综指的走势几乎是完全趋同的，其相关性达到 0.904！（当然，其实股指下跌和场外配资的相关性更高，遗憾的是由于缺乏详细有效的数据，我们无法对其相关性做准确估算。）

一个叫“流动性螺旋”的陌生名词

资产价格猛然下跌造成杠杆投资者爆仓，资金链的断裂导致市场流动性枯竭，再度引发市场价格狂泻。如此循环，在杠杆的作用下，市场流动性下降和价格下降形成了一个互相加强的“螺旋”。

在市场上涨的阶段，杠杆会放大收益。同样的，在市场下行的阶段，杠杆会放大损失。尤其因为杠杆资金的使用牵涉到保证金和补仓的问题，市场价格快速剧烈下跌容易触发杠杆崩塌，引发连环市场反应。

还是回到我们前面的例子吧。杠杆的使用使我们的收益损失放大。假定我们有自有资金 1 万元，觉得不过瘾，又从配资公司借了 9 万。市场涨 10%，我们赚 100%（扣掉利息也蔚为可观）；但是一旦市场下跌 10%，我们就亏损 100%，本金一分不剩，真可谓“风吹鸡蛋壳，财去人安乐”。

可是，到这里故事完了没有呢？并没有。在借钱（配资）的时候，我们通常还要付出一定的保证金。假设保证金率是 10%。也就是说，在任何时候我们的抵押品的市场价格不能低于借款额的 10%（在这个例子中，就是 9000 元）。在市场平稳的时候，我们的 1 万元自有资金和 9 万元借款额相比，比例为 11.1%。假设股票价格突然下跌了 5%，我们的总资产就变成了 100000×0.95=95000 元，自有资金剩下 5000 元，远远低于了 10% 的保证金率（此时我们的保证金比例为 5000/90000，大约在 5.6% 左右）。这个时候，你会接到借款方的电话（专业术语叫补充保证金通知），要求你赶紧补钱进去，否则就要将你账户“平仓”。

好了，现在问题来了。在那么大的牛市里，大家都倾其所有投入股市，手里没有剩余资金，没钱又必须补仓，怎么办？要么再借，要么赶紧将手里的其他资产卖出。卖出的需求一大，价格就开始下挫（尤其在数量很大的情况下），这时你很难以自己初始的价格将资产卖出，只能再压低价格，资产市场价格就会进一步下跌。这一下跌不要紧，你的保证金缺口更大，需要卖出更多资产来填补缺口，从而引发资产价格更快下跌。越跌越卖不出去，越卖不出去越跌。

这个故事，大家是不是听着很耳熟呢？2015 年 6 月至 7 月初，随着配资盘的崩塌，市场价格急速下滑，大量杠杆交易者被“强平”。大量股票开盘就被钉死在跌停板上，投资者想卖也卖不出去，从而引发更大恐慌，大家慌不择路地要逃跑，市场开始出现“踩踏”，野草和麦子一块儿给割了。而上市公司为自保，不得不采取停牌措施。

这一幕，估计不少投资者还心有余悸，记忆犹新。然而，太阳底下没有新鲜事情，类似的情形曾经在 2007 年美国的次贷危机中发生过。当年次贷产品风险暴露，标普 500 指数崩盘，导致大量杠杆投资者爆仓，资金链的断裂导致市场流动性枯竭，再引发市场价格狂泻，如此循环。在杠杆的作用下，市场流动性下降和价格下降形成了一个互相加强的“螺旋”，导致市场恐慌，最终扩散成危机。

这就是在美国金融危机后，普林斯顿大学的学者马库斯·布伦纳迈尔（Makus K.Brunnermeier）和拉斯·哈吉·佩德森（Lasse Heje Pedersen）提出来的“流动性螺旋”。其逻辑就是初始损失一旦造成投资者资金流动性出现问题，如果得不到资金补给，投资者将持续减仓，加重损失，最终造成投资者缺资金、市场缺流动性的流动性螺旋陷阱。在这个螺旋中，高杠杆既是触发器，更是放大器。资产下跌引发杠杆坍塌，迫使资产被快速贱卖，引发更大规模价格下跌。[①]

从流动性螺旋到流动性危机

2015 年 7 月 6—8 日三天的场景至今让很多人“梦觉尚心寒”。连续的开盘跌停，大面积的私募清盘和公募基金赎回，场内融资盘开始摇摇欲坠。停牌公司的数量在几天之内翻番。7 月 8 日，停牌公司达到 1477 家，一半以上的上市公司停牌。

中国A股市场 7 月初的股灾，就是带有“流动性螺旋”特征的一次股灾。

杠杆梦、财富梦、4000 点是牛市开端的梦……当绝大多数人还在这甜美的梦中徜徉沉醉时，另外一个关于杠杆的黑梦已经悄然开启。

6 月 12 日，场外配资开始正式收紧。[②]回头想，这个点上强行彻底清理配资有点像急刹车，而且是在一条质量堪忧的高速公路上。一辆超载的破车已经被激发到了 120 公里的时速，突然在

---

① 虽然流动性螺旋理论的提出在 2009 年，但是实际上，同样的事情早在美国 1987 年 10 月的黑色星期一股灾中就发生过。在 20 世纪 80 年代前期，美国股市经历了一波牛市，配资规模一度高达 440 亿美元，当黑色星期一股市价格突然出现下挫时，配资规模骤减，要求配资户追加保证金的通知数目也达到了创纪录水平。

② 具体而言，中国证券业协会发布《证券公司外部接入信息系统评估认证规范》，明确规定证券公司不得接入 HOMS 系统及任何电子交易系统。

前方100米处摆上巨大的路障，要求强行急刹。破车、超载、高速、急刹，这几项加起来，怎么看都像是要翻车的征兆。

6月15日开始，股价从5178点高点开始迅速下跌时，首先触及的是场外配资盘。许多配资盘要求股票价格下跌10%就要进行补仓。当这一部分配资盘跌至警告线时，出现了第一波的强制平仓。这一波下跌浪潮引发了一连串连锁反应：由于出现大量卖盘，股价被进一步拉低，更多配资盘被强制平仓，市场信心开始动摇。多头急着平仓，空头入场，进一步导致股价如决堤洪水般狂泄。（当时的数据显示，每日股价常常在上午10点30分和下午2点30分时出现大幅跳水，而很多股票常常被天量的卖单钉死在跌停板上。而这些特征正是由于程序化强平交易所导致的[①]。）

一般来说，金融证券的流动性指的是证券的变现能力，流动性也是衡量一个市场健康程度的重要指标。然而此时，市场的下跌开始导致市场流动性，特别是小盘股流动性急剧下降，许多股票呈现无量跌停状态。强制平仓程序在这种情况下本身又会贴出巨量跌停价卖单，使得跌停板更难打开。

价格下跌——大量卖单——价格进一步下跌——流动性开始下降——更大平仓（补仓）压力，这个恶性循环正是我们开始所阐述的“流动性螺旋”。为了证明我们的观察，事后我们估算了从6月15日开始每一天的市场流动性（用了包括Amihud Measure在

① 很多配资公司使用的程序化交易就是以市价（无论是否跌停）打出所有需要强平的股票的卖单。

内的很多流动性指标），所有的数据都显示，随着股指下挫，杠杆资金崩塌，市场流动性也急剧下降，7 月 8 日的市场流动性比 6 月股灾前的平均流动性下降 76.7 倍。

当“流动性螺旋”开始之后，它有一个自我加强的过程，同时整个过程又会造成市场信心的全面丧失。市场价格和市场流动性开始交替下跌，股指一而再，再而三地跌破市场心理价位，市场预期转向极度悲观。当投资者预期股价将进一步下跌时，赎回基金开始成为“止损”的必然选择，然而，市场流动性的萎缩（公司开始大量停牌，很多股票被钉死在跌停上，卖单过多导致无法成交）使得基金无法迅速交付，投资者们不得不出售手中还未跌停、质量相对较好、流动性相对较高的股票。当时市场上不断有基金赎回的消息，就是基于此。

这个过程，我们称之为“基金挤兑”（fund run）。它的原理，和“银行挤兑”也有几分类似。挤兑（bank run）是在市场信心崩溃下的典型金融危机。美国学者戴蒙德和迪布韦克银行挤兑模型（Diamond-Dybrig model，1983）显示，大量的银行客户因为金融危机的恐慌或者相关影响同时到银行提取现金，而银行的存款准备金不足以支付时，挤兑银行现象产生，这会使银行陷入流动性危机，进而破产倒闭，影响实体经济。美国 1929 年的经济危机、1948 年国民党政府经济危机的基本原理都在于此。

与银行挤兑类似，基金挤兑导致市场的跌停浪潮向原本相对优质的个股扩散开来。许多刚刚公布利好消息的次新股盘中瞬间由涨停变为跌停，就是这个原因。这种不计好坏强弱的大面积跌停现象进一步导致市场信心瓦解。我们用百度指数将关键词“股灾”作为市场恐慌情绪的代理变量，7月8日这一指数飙升至28421，而在其他时间这一指数的搜索频率仅为200。

市场价格继续下跌，私募基金大规模平仓，市场流动性进一步衰竭，公募基金开始出现挤兑，市场惶恐开始蔓延，任何“利好”或者“救市呼吁”都无济于事。螺旋不断自我加强，速度加快，到7月5号的时候，由高杠杆崩塌引发的流动性螺旋已经造成了整个市场流动性的枯竭。

估计现在有的投资者回想起7月6—8日三天的场景时，还有点儿“梦觉尚心寒”的感觉。很多券商已经弹尽粮绝，连续的开盘跌停，大面积的私募清盘和公募基金赎回，场内融资盘摇摇欲坠。公司停牌数目在几天之内翻番，7月6日整个市场接近20.1%的股票（581只）停牌，到7日和8日，停牌公司分别达到1351家和1477家，停牌公司比例高达51.2%，一半以上公司停牌——这绝对是世界金融史上的奇观。一个全球市值排名第二的市场，一半的公司以各种奇葩的理由停牌。

如果我们把市场流动性看作一个大蓄水池，每只股票都是一股水流，7月初的情景就是大部分的水闸都被关上，剩下的水流大部分也细若游丝（都趴在跌停板上），市场流动性几乎枯竭殆尽。金融市场的流动性枯竭意味着资产存在无法变现的风险（通俗地说，就是“炒成了永久股东”），这种巨大的不确定性会使得市场陷入更大的恐慌，导致投资者不计成本地出逃。

如果不及时切断这个不断自我加强的螺旋，一旦涉及的面积过大，市场信心完全消失，市场风险厌恶达到极致，流动性危机就可能快速蔓延。而解决流动性危机的关键，就是非常直接干脆地在流动性枯竭的地方注入流动性，中断螺旋。这也是为什么 7 月 8 日晚上的救市策略取得成效的原因——证金公司向 21 家快要断粮的券商提供 2600 亿元信用额度，直接灌水，市场当即就出现了企稳迹象。

这就是 2015 年 7 月股灾的真实面目，也是这次股灾和股市历史上的数次股灾的不同之处。一般来说，股市是现货市场，杠杆的使用较为保守。而从 2015 年上半年的中国股市来看，由于失控的场外配资和过快的场内融资，把现货市场玩成了类衍生品市场。杠杆层层加码，底层标的危如累卵，流动性螺旋产生——从这个意义上看，这次股灾倒是与美国 1987 年的黑色星期一股灾，以及 2008 年的次贷危机颇有几分类似，层层加码的杠杆失控，导致流动性螺旋陷阱，引发流动性危机，也是“这次不一样”的症结所在。

为了更好地理解杠杆崩塌所形成的“流动性螺旋”和“流动性危机”，我们将A股市场 2015 年 8 月的剧烈波动和 6 月股灾做一个对比。经过一个半月的快速“去杠杆”，8 月场外配资几乎消失殆尽，场内融资盘也差不多下降了一半，“杠杆市”特征消失。8 月 11 日，人民币主动大幅贬值，7—8 月外汇储备接连下降，经济指标连续下滑，在汇率贬值和经济下行的预期中，股市又经历了一次连续下挫的股灾，8 月 24 日股指更狂跌 8.49%，触底 2927 点，刷新 8 年最大单日跌幅，超过 2000 只个股跌停。

然而，和 7 月的股灾相比，8 月股灾的单日指数下挫要更加剧烈，股票跌停数目更多，但是市场、监管部门，以及政府的反应并没有那么强烈。为什么？有人说是“死猪不怕开水烫”，其实不然。

从数据上看，7 月 8 日和 8 月 24 日上证综指跌幅分别为–5.9%和–8.4%，从单周跌幅来看，8 月也不比 7 月初温和。然而，由于没有了杠杆引发的螺旋，8 月的市场流动性没有急剧恶化的征兆。以Amihud Measure作为流动性指标，我们发现 8 月 24 日这一周的流动性仅仅是略微下降，和 7 月初流动性猛然下降的情形有很大不同；从停牌公司数目来看，8 月 24 日前后的停牌公司数目大体上和 4—5 月基本持平（平均 494），并没有发生像 7 月份那样一半以上公司停牌的流动性枯竭现象。尽管市场价格下挫严重，因为没有流动性问题，所以市场的恐慌性情绪也大为不同——为了证实这个猜测，我们用一些指标对比 7 月初和 8 月底的“市场投资者情绪”，发现 7 月初的市场恐慌情绪比 8 月底要高出一倍以上。比如我们用“股灾”“股票抛售”等相关词语进行百度搜索，发现 7 月 8 日的搜索量为 28421，而 8 月 24 日则是 12796，差了一倍多。有“螺旋”的股灾和没有“螺旋”的股灾，区别就在于此。

证金公司后来的“救市”行动其实和救流动性没有什么直接关系。它摇身一变，成了证金王，四处直接“临幸”各大公司。根据数据显示，A 股市场一半以上的公司是“王的女人”，这种直接“为国买票”的行为难免引发巨大的代理问题，难免成为内幕交易和市场操纵的温床。在“王的女人们”那些欲说还休的恩爱中，市场不停揣测、投机、反复、波动。有王的临幸，就有后宫的争宠，2015 年王的救市，也真是上演了最奇幻的一场宫斗大戏，这也算是 2015 年中国股市浓墨重彩的一笔。

风雨如晦，鸡鸣不已。既见君子，云胡不喜？

不管还有怎样千奇百怪、跌宕起伏的传奇故事，市场最混乱和最手足无措的时刻算是过去了。流动性危机蔓延的势头在 7 月中旬已经被遏制住了，对于年轻莽撞的中国股市来说，这一次也许算是成长的代价。然而，我们可能要问，为什么我们的市场对于杠杆，对于价格和流动性互相影响的机制会如此一知半解，雾里看花？为什么我们从 6 月下旬开始“救市”却救出了一场危机？为什么我们的市场会一而再，再而三地经历惊魂时刻？每一次“灾后重建”需要的不仅仅是灭火救灾，更重要的是要找到引起灾害的根源，防微杜渐。

第一，从6月股灾的整个过程来看，说是“人祸”应该不为过。在整个事件的发展过程中，金融市场上的监管分割已经从暗流成了汪洋。

大家都知道6月证监会严查配资是股灾的起点，仔细琢磨这个时间点的选择，其实很有意思。首先，2015年前5个月杠杆资金以几何级数增长，而且场外配资市场透明度极低，规模大小不知，杠杆率高低不明，当然也无从估算出配资清理对市场的影响，以及由此引发的流动性风险。其次，6月是传统上资金最紧张的月份。每年6月底，商业银行面临存款准备金率、存贷比等监管指标的考核和半年报数据出台的压力，一般都会加大揽储的力度，这导致市场资金周期性紧张。而2015年股票市场的火爆和新股发行规模的扩大，冻结的大规模打新资金，也对银行间资金分流影响巨大。更雪上加霜的是，2015年6月央行总体资金投放收紧了4550亿（MLF[①]净回收5400亿，逆回购释放了850亿）。资金面如此紧张，融资盘数额巨大，市场的弦绷得如此之紧，一颗小石子下去都可能引发大浪，更何况是严查配资如此巨大的炸药包。

此外，令人纳闷的是，为什么前期配资盘的超高杠杆没能引起证监会重视，要一直等到泡泡被吹大才猛然戳破？细究原因，就是因为配资盘中大量资金的来源是银行和信托，而银行信托

① 中期借贷便利（Medium-term Lending Facility），是由央行提供中期基础货币的货币政策工具。——编者注

属于银监会的监管范畴。证监会查配资，如果没有更高行政力量的协调，查到这里就只能无疾而终。这好比是天地会中，一个青木堂，一个洪顺堂，各有各的堂口，陈近南不出面，谁也不会理会谁。

监管是分而治之，而市场却犹如相通的海域，海底任何一个板块的动荡运动，都会扩散、传播到整个水域，甚至引起海啸。随着整个金融市场的发展，如何解决监管分割带来的监管空白将是政策制定者们面临的迫切命题。

第二个要反思的是金融市场有它自身的运行逻辑，国家意志不能代替市场规律。我们可以看到，在这次股市快速杠杆化的“疯牛”过程中，国家意志的影子若隐若现。从2015年年初开始，部分官方媒体和业界人士开始频频使用“国家牛”这样的词语，不断强化“牛市”和“国企改革”之间的关系，更不要说以人民网的平台放出诸如“4000点是牛市起点”和高层领导频频力挺股市发展这样的舆论——不要先忙着责怪老百姓容易被忽悠。要承认的现实是，在很大程度上，各级官媒的态度在普通百姓心中是国家和政府意志的风向标（实际生活中也确实存在这样的现象），是有“国家信用”在后面作为支撑的。这一切，无形中都在将市场情绪从热切推向癫狂，使得全社会陷入了快速致富的幻觉之中。

然而，国家意志无法取代市场规律。中国股市自出生之日起，就肩负着“为国企解困”的重担，然而，市场毕竟有其自身的逻辑和规律，无论是拔苗助长还是控制生长节奏，都只会破坏市场运行，制造混乱。中国股市的波动幅度之大是众所周知的事实。我们曾经将A股市场20多年的波动率画出图表，然后在图表上找到那些波动幅度最大的点，比如1995年5月，1996年12月，2000年5月，2005年4月，2007年5月……然后我们发现，每一个剧烈的波动（无论涨跌）背后，都有“国家政策”或者“国家意志”的手。20年过去了，证券市场已经从蹒跚学步开始走向青壮年时期，我们这些“闲不住的手”也该渐渐退出历史舞台。

第三，对于灾后的重建，政府要做的是什么？这次股灾中，我们金融市场微观制度设计上的薄弱和扭曲被放大得格外明显。制度设计上的漏洞、监管分割上的套利空间、立法上的滞后、投资者教育的落后……每一个都像哈哈镜，照出这个市场的群体怪相。

回顾这次股灾，起因在于失控的杠杆；直接导火索是巨大信息不对称下的行政化快速去杠杆；传导机制则是清理配资（去杠杆）过程中的流动性螺旋所导致的流动性枯竭，流动性枯竭又造成市场信心崩塌，挤兑苗头出现。而在这些乱象之下，我们看到根源则是金融混业经营背景下金融创新层出不穷，监管滞后和监管分割带来的巨大信息不对称，是国家意志对市场规律的干涉，以及我们市场薄弱扭曲的微观制度设计。

然而，无论中国的股市历程多么坎坷曲折、风雨兼程，我一直坚定地相信，证券市场仍然是我们国家最像市场的地方，这是历史的馈赠。20世纪90年代我们开放证券市场的时候，完全从零开始，一切无迹可寻，因此开始了向成熟发达资本市场“照猫画虎”的学习过程，虽然有种种法制环境、制度背景上的大差异，难免“橘到淮北则为枳”，但是，和很多积弊重重的“市场”相比，由于没有历史包袱，证券市场一开始就流淌着“市场”的基因和血液。

是的，我们有种种不如意：内幕交易、投机盛行、坐庄成灾、无知跟风……我们为这个年轻而莽撞的市场不断地付出高昂的代价。但是，未来仍然可期。我们期望的是，在每个创伤之后，我们都能继续往前走。

2015 年年末，资本市场隐隐又出现了回暖的迹象。在灾后一地的瓦砾碎石之上，但愿我们能反思，不要让经历过的痛苦成为廉价的谈资。但愿我们的市场在“风雨如晦，鸡鸣不已”之后，能“既见君子，云胡不喜”。

羊车望幸：证金王救市的故事

——三部曲之二[①]

现实市场上，买和卖是决定市场价格的力量和机制。任何一环被限制，都会对价格和交易造成巨大伤害。从2015年的各式各样的救市策略上，我看到的是，在“维护市场秩序”的善意背后，正常的市场交易行为被限制，美好的“多头意愿”结果成了“善意的空头力量”。

证金王御驾亲征救市，至今结局迷离。但我们要记住的是，金融市场有其自身内在的逻辑和规律——这是任何的王都无法预测和控制的。

尽管我们知道再无任何希望，我们仍然期待。等待稍稍一点儿动静，稍稍一点儿声响。

——普鲁斯特《追忆似水年华》

① 本文部分内容基于唐涯、徐建国、陈靖的学术论文*The China Security King Redemption*（《证金王的救赎2015》）。感谢陈靖在成文过程中的助研工作。

不知道还有多少人记得2015年7月初那些心慌的日夜？A股市场第一次由高杠杆引发流动性危机，一时间市场风声鹤唳，韭菜们或者仓皇踩踏出逃，或者被困守高位。

后来，救市的主力军“证金王”就横空出世了。2015年7月3日，证监会召集21家证券公司（以上市券商为主）召开紧急会议，决定各券商按2015年6月底净资产的15%出资，合计不低于1200亿元，用于投资蓝筹股ETF。这1200亿在7月6日11点前到位，开盘由证金公司垫资入市。一场声势浩大的“证金王御驾亲征记”，就此拉开序幕。

证金王刚出征时，市场真是一呼百应。在7月6日出手前，投资者的期许已经被放到了最大。投资人翘首以盼，上市公司望眼欲穿。下面是2015年7月4日和5日的两份问卷调查，由此可见，当时韭菜们对证金王的向往已经是爱如潮水，一发不可收拾。

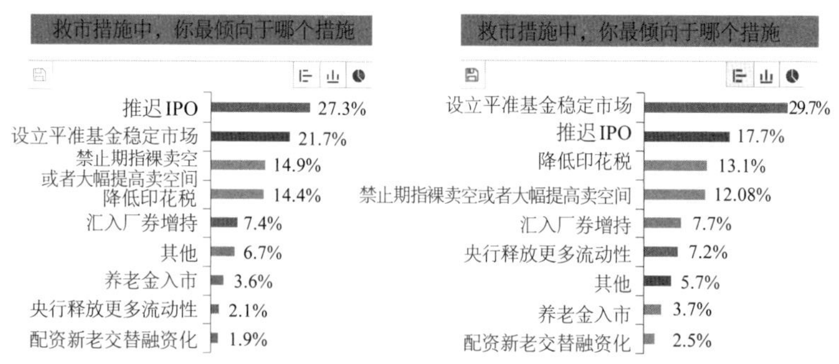

7月4日调查结果　　　　**7月5日调查结果**

来源：华尔街见闻、陆家嘴沙龙和复旦大学货币金融研究中心（筹）联合进行的问卷调查

王终于来了！后来呢？

后来的故事大家都不陌生。王来到市场，带来了雨露，“王的女人们”或欲说还休，或热情奔放，秀得一手好恩爱——这让我想起了一个叫“羊车望幸”的故事。

话说三国之后，司马炎（就是那个中了“空城计”的司马懿的孙子）先逼魏元帝禅让，建立晋朝，又灭了东吴，把全国统一了，顺便也将曹魏孙吴的后宫也统一了。但是这哥们儿是个“妻管严”，好不容易等到老婆（皇后杨艳）死了，才迎来明媚蓝天，开始下诏“禁天下嫁娶”来充实后宫。这么一来，后宫差不多有了一万人，要临幸哪个真成了难题。

怎么办呢？司马炎聪明地想出了一个办法——弄一辆羊拉的车，羊拉着小车，停在哪儿就在哪儿就寝。为了争取临幸机会，有个妃子想出了对策。羊爱吃带咸味的草，她就在草地上洒点盐水，一直洒到自己门口。羊果然一路奔着自己来了，皇帝也就留下了。连着好多个晚上，皇帝都就寝此地，这当然会引起其他妃子不满。（看过电视剧《甄嬛传》的人都知道，后宫里的复杂，跟A股市场一样烧脑。）一来二去，这妃子的小伎俩就被曝光了，所有的嫔妃们都开始洒盐水或者变着法子吸引羊，所以就叫作“羊车望幸”。①

好了，故事说完了，还是回到我们证金王救市的主题吧。

---

① 故事出自《晋书·胡贵嫔传》：“时帝多内宠，平吴之后复纳孙皓宫人数千，自此掖庭殆将万人。而并宠者甚众，帝莫知所适，常乘羊车，恣其所之，至便就寝。宫人乃取竹叶插户，以盐汁洒地，而引帝车。”

我们先来想想，证金王出动的逻辑在哪里？之前我们说过，流动性就是指资产变现的容易程度，而流动性枯竭的一个表现就是资产卖不出去：7月初天天开盘跌停，股票根本没法卖出去，连续千股跌停，近千家公司停牌，市场没有交易量，A股市场一片死寂，就是流动性枯竭的表现。

股价的急速下跌，给市场带来了恐慌性抛售以及大量强制平仓。由于配资、股权质押、两融（融资融券）中大量运用杠杆，急跌中去杠杆，使得情况更为糟糕。市场上所有人都在卖卖卖，比谁卖得早，卖得快。流动性枯竭造成市场信心崩溃，引发更大的市场动荡。

7月6—8日的时候，我们北大一个股灾研究小组，曾经熬了好几个通宵，通过详细的理论和数据分析，出了一个研究报告，明确指出当时“流动性螺旋”已经形成，A股市场“流动性危机”开始，建议以注入流动性的方式，避免市场更大的波动——但是我们的观点很明确，是救“流动性”，而不是救指数，更不是救一两只股票。

第二个问题是，2015 年证金王御驾亲征救市究竟有没有成功呢？我和我的博士生在一篇学术文章中，用个股高频数据测算了市场每日流动性（以Quoted Spread为指标），如下图所示。这个指标越高，说明市场流动性越差，越低说明市场流动性越好。6 月中下旬到 7 月初，由于杠杆崩塌，A股市场出现恐慌式的下跌，市场流动性受到毁灭性打击。7 月 8 日流动性飙至最高。为了避免市场多米诺骨牌式的下跌，证金王出手，向市场注入资金，阻止了流动性危机的蔓延，市场流动性迅速恢复。从这个意义上讲，证金王的救市不算失败。

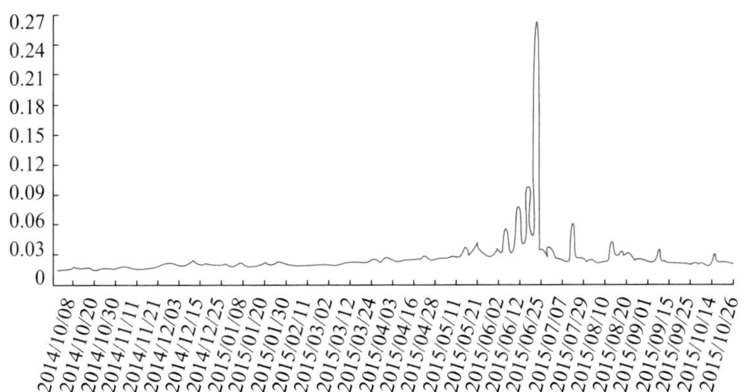

2014 年 10 月至 2015 年 10 月市场日内流动性股高频数走势图

资料来源:Ya Tang, Jing Chen, Jianguo Xu and Daixi Chen, Margin Trading, Sudden Stop, and Liquidity Spiral: A Natural Experiment, Working paper.

但是，别忙着下结论。证金王出马是为了“平稳市场”的——可是 2015 年 7 月以来A股市场的最大特征是什么呢？衡量股票的波动率有个名词叫“日内波幅”，是指股票当天最高价格和最低价格之间的差价——这个差价越大，证明股票在当日的波动越大。我们将沪指和创业板指数 2015 年 1—8 月的日内波幅画出来，发现这 7 月之后的市场波动是前面几个月的 2~3 倍。具体地看，从 6 月到 9 月的 100 多个交易日中，上证指数的日内波幅超过 5%的有 26 个交易日，创业板指数日内波幅超过 5%的有 36 个交易日。很多交易日的日内波幅都在 8%~9%，真的是比过山车还“步步惊心”。

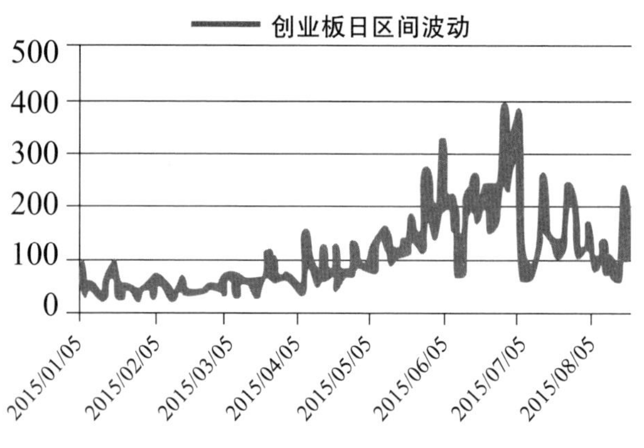

创业板日区间波动

沪指日区间波动

那么第三个问题就来了，为什么日内波幅这么大？为什么证金王御驾亲征后后宫就不得消停呢？其实，政府在救市时，从来都是面临着两难的选择。不恰当的救助，会产生极大的道德风险问题。此次的救市行动中，从一开始就隐现了这个问题。7 月 6 日，众人翘首盼来证金王 11 点入场——证金王是国家的王，聪明的投资者们都明白，王要救的是“国家的股票”。所以很多人赶个大早，买入银行、中石油、中石化等股票，就等着证金王入场拉指数，跟风赚钱。果然，一边证金王疯狂临幸中字头股票拉升指数，花了 29 亿元买入中石油股票，一边创业板等小票狂跌不止，被套牢的投资者仍不幸被强平，市场仍然在跌宕起伏之中。更有意思的是，证金王也是个“耿直”的任性王，所有的动作都明明白白给市场一个预期——我就是要拉指数！经过一段时间观察，大家发现，王对于指数有个心理价位，大约在 3500 到 4000 之间，聪明的投资者们又笑了。

王直接干涉指数的行为给市场提供了做波段的机会。一个摆明了有价格上下限的市场，投资者们当然会好好地利用这个套利机会。更多的人开始做波段，导致市场波动越来越大，而波动越大，就吸引更多人做波段——这样一个逆向的效应不断加强，所以救市救出了过山车一样的市场。

此外，证金王直接买股票，不可避免要出现“代理问题”和“寻租问题”——众多上市公司巴巴地要当“王的女人”，投资者一心想炒作“王的女人”这种题材，而各家券商也难免在其中浑水摸鱼。8 月 3 日一个叫梅雁吉祥的公司发布公告，证金公司成了梅雁吉祥的第一大股东。作为名副其实的“王的女人”，梅雁吉祥股价飞一般地飙升，在接下来的10个交易日内，暴涨152%，被迫连发三次股价异动说明。然而，好日子不长，8月19日开始，梅雁吉祥又演了一出暴跌神剧，4个交易日连续跌停，股价从10.8元暴跌至4.99元，跌幅超过50%——被市场斥之为第一“妖股”。接着市场上“妖股”迭出，一片混乱。再后来，果然爆出各种“监守自盗”的丑闻，监管部门和救市机构中大批高管被卷入，市场从混乱走向肃杀。

其实直到一年之后，大家仍然提心吊胆于证金王“退出”和“如何退出”的议题。截至2016年一季度末，证金公司出现在了483家上市公司十大流通股东名单中，合计持股680.75亿股，一季度末市值为5335.14亿元。如此庞大的体量，王是打算做长期投资者慢慢退出，还是短线操作追求利润——迄今为止，王的任何一点儿风吹草动，市场立马草木皆兵。

在回顾2015年救市之路的时候，还产生了一个特别有趣的词语，叫作打击“做空势力”。梳理了一下7月10日以后监管部门的救市策略，从下面的表可以看出，证监会也是蛮拼的，天天在打击那些“做空势力”，不允许唱空，不允许随意“卖出”。听上去很美好——没有买卖，就没有伤害。没有卖单，股票价格就不会哗啦啦地往下掉了。

2015年7–8月管理部门推出的救市措施明细

日期	发布机构	救市措施
2015/7/12	证监会	证监会公告〔2015〕19号：关于清理整顿违法从事证券业务活动的意见

（续表）

日期	发布机构	救市措施
2015/7/13	证监会	对恒生电子股份有限公司开展核查工作
2015/7/20	证监会	《财经》杂志关于证监会正在研究维稳资金退出方案的报道不实
2015/7/27	证监会	否定“国家队”已经撤出，否定不再救市言论
2015/7/28	证监会	对 7 月 27 日股市异常下跌采取监管执法措施
2015/7/31	中金所	实施差异化收费，强化异常交易监管
2015/7/31	证监会	落实注册资本登记制度改革，修改相关规定的决定
2015/7/31	证监会	对疑似程序化交易的账户进行了监管问询，并对有异常交易行为特征的账户采取了限制交易措施
2015/7/31	证监会	加大对上市公司信息披露违法案件的处罚力度
2015/7/31	证监会	通报对违反规定和承诺减持上市公司股份行为的执法工作情况
2015/8/7	证监会	继续加大对内幕交易违法案件的打击力度
2015/8/14	证监会	开展证券期货经营机构信息技术专项检查
2015/8/14	证监会	向中央汇金公司协议转让一部分股票
2015/8/21	证监会	依法严厉查处上市公司大股东及实际控制人违法减持案件
2015/8/21	证监会	进一步扩大证券经营机构对外开放

可是，市场是这样运行的吗？投资者买股票是为了盈利，而不是收藏。如果股票的“卖出”有困难，投资者一定在“买入”上很踌躇。现实中的市场就是这样的，有卖才有买，买和卖是市场价格决定的力量和机制。任何一环被限制，都会对价格和交易

造成巨大伤害。从国家采取的各式各样的救市策略上，我看到的是，在“维护市场秩序”的善意背后，正常的市场交易行为被限制，美好的“多头意愿”结果成了“善意的空头力量”。

写到这里，我想起了美国1987年的救市。1987年10月19日，被称为美股历史上的“黑色星期一”。在没有太多基本面原因的情况下，当日道琼斯指数突然重挫508.32点，跌幅达22.6%。和我国A股2015年的暴跌类似，股价的下跌被程序化交易和杠杆交易放大，出现“股价下跌—抛售—流动性出问题—加速卖出—股价暴跌”的恶性循环。

为了迅速替市场止血，避免更大的市场波动和对实体经济的影响，美国政府出手救市。而这次救市，普遍被认为是比较成功的。1987年10月20日开盘前，美联储发表紧急声明，称美联储准备就绪，为支撑经济和金融体系提供流动性，支持商业银行为券商发放贷款，为上市公司提供回购股票资金。同时，

美联储通过大量购买政府债券的方式压低利率，提供充足流动性。10月20日，芝加哥商品交易所、期货交易所暂停交易，阻止股指期货、商品期货给市场带来恶性循环。美国政府、美联储、美国证监会、银行业的组合拳，使得市场恐慌情绪迅速得以缓解，市场逐步恢复，成为一个救流动性的典范。在这个范例中，我们可以看到隐形的市场流动性注入，却并没有看到美国版证金王的身影——也就是我们为什么一直强调"救流动性"并不等于"买股票+救指数"。

证金王巨大的身影还笼罩在A股市场上，御驾亲征的救市该如何评价。但有一点我是确信的，金融市场有其自身内在的逻辑和规律——这是任何的王，都无法预测和控制的。

"熔断"的A股奇幻漂流记

——三部曲之三

2000多年前的《晏子春秋》告诉我们："橘生淮南则为橘，生于淮北则为枳。叶徒相似，其实味不同。所以然者何？水土异也。"制度和物种一样，即使是好的制度，也只能生存在适合自己的环境下，换了土壤，结出的可能是不同的果子。

当一个人不能拥有的时候，他唯一能做的就是不要忘记。

——普鲁斯特《追忆似水年华》

2016年夏末，短命的熔断制度已成为历史尘埃，监管部门也早已换血新生。在季节转换中，我忍不住想起了2016年1月4日，就是中国股市仅存的韭菜被熔断收割的那个新年第一个交易日。

那天，我独自在操场游荡，呼吸着难得的PM2.5值仅有20的新鲜空气，遇见A君，前来问我道："香帅可曾为韭菜写了一点儿什么没有？"我说没有。他就正告我："香帅还是写点什么吧，韭菜生前就很爱看香帅的文章。"

那些被熔断的韭菜们，你们还好吗？离 2016 年 1 月 4 日 1 点 13 分已有许久了，忘却的救主早已经降临了吧，我也正有写一点儿东西的必要了。我将说一点儿关于“熔断”的故事，就将这作为正在生长的韭菜的菲薄的祭品，奉献于被割者的灵前。

熔断的前世今生

1987 年 10 月 19 日是美国股市有名的“黑色星期一”，道指下挫了 22.6%，纽约股市一天蒸发了 5000 亿美元的财富，逼得当时的总统和联储主席双双出面澄清，我们美国经济基本面杠杠的，很好很健康。这种异常的非理性的波动引起了监管层的注意，开始考虑要如何在市场过度波动的时候，给市场一个冷静期，防止盲目跟风和踩踏事件。

经过长达一年的研究、考察、准备，纽约证券交易所（NYSE）引入了一个叫“circuit breaker”的机制，当市场价格（如股指）的波动超过一定幅度后，暂停整个市场的交易。circuit breaker的中文翻译是“断路器”。中学物理课本告诉我们，这个装置的目的就是在电流超载或短路时熔断保险丝，切断电路，以保证用电安全。这种工作原理和“市场价格波动过大时，暂停交易”是完全一致的。因此，我们习惯于将这一机制翻译成“熔断机制”。

这个机制在美国引入时，也是有很多争议的。2013 年诺贝尔经济学奖得主尤金·法玛就认为“(同向)投资者会抢在熔断前完成交易，加速熔断到来”，另外一名芝加哥大学的特尔泽(Telser)也认为“(反向)交易者会为等待更好价格，延后交易，加速熔断到来”——这是后来被广泛讨论的熔断机制的“磁吸效应”。在 2016 年 1 月初的 A 股市场上，这个效应已经得到了很好的证明。

2015 年 12 月 4 日，中国三大交易所(上交所、深交所、中金所)宣布在保留个股涨跌停板的基础上，于 2016 年 1 月 1 日开始实施熔断机制。具体规则很长，简略地说，就是当沪深 300 指数(较前一交易日)上涨或者下跌超过 5%时，除国债期货以外的所有金融交易暂停 15 分钟。15 分钟后重新开盘。如果沪深 300 指数(较前一交易日)上涨或者下跌超过 7%时，全天交易暂停，大家各回各家，各找各妈。[①]

2016 年 1 月 4 日的情形是这样的：沪指早盘下挫 4%——这个下挫其实是在很多人预料之中；前期股指上涨较快，而经济基本面哀鸿遍野，全无支持；人民币汇率面临贬值压力；救市期间对于大股东和高管股份的锁定期将近，市场承压。

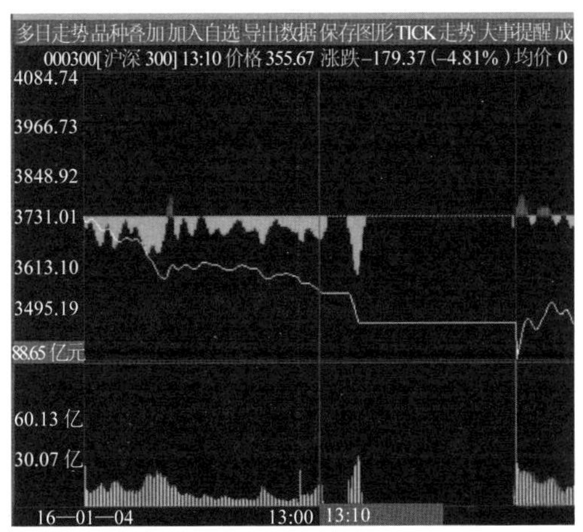

两次熔断间的断崖式下跌

① 三大交易所联合发布的熔断主要规则为：沪深 300 指数较前一交易日收盘首次上涨、下跌达到或超过 5%的，指数熔断 15 分钟，之后恢复交易；11:30 前未完成的指数熔断，延续至 13:00 后的交易时段继续进行，直至届满。14:45 至 15:00 期间，沪深 300 指数较前一交易日首次上涨、下跌达到或超过 5%的，指数熔断至当日 15:00。此外，沪深 300 指数较前一交易日收盘上涨、下跌达到或超过 7%的，全天交易停止。开盘集合竞价出现上述情形的，于 9:30 开始实施指数熔断。每日每级熔断最多仅触发 1 次。触发熔断时，上交所和深交所暂停全市场的股票、基金、可转债、可分离债、股票期权等股票相关品种的交易，具体熔断的证券品种以公告为准。股指期货所有产品同步暂停交易（包括沪深 300、中证 500 和上证 50 股指期货），但国债期货交易正常进行。

到10点多钟以后，关于“熔断”的信息（或者是噪音）开始像病毒一样在市场上传播。在一个整体市场情绪极度脆弱的环境下，本来用于“遏制恐慌情绪”的“熔嬷嬷”成了“小燕子们”头上巨大的阴影，下午开盘，抛售风起云涌，仅仅13分钟，沪深300指数即跌至5%，触发熔断机制。按照规则，市场交易被暂停15分钟。

可想而知，在这漫长而静默的15分钟内，投资者心里有多么忐忑不安。本来犹豫要不要卖的吓破了胆子，下定决心赶紧出手，本来犹豫要不要抄底买入的决定观望，不再买入……再考虑到中国A股市场的投资者结构，大量的散户和大量的像散户一样交易的机构，随大流差不多是唯一和最优的选择。15分钟后交易重启，大伙儿“卖”字当头，赴汤蹈火，万死不辞，立下决心，为“熔断”尽忠到底。

果然，重启交易后，被“磁吸”的卖盘以秋风扫落叶的架势占据了主动，整个市场呈现出几乎80度的一个下滑斜坡，仅仅6分钟后，沪深300指数就触发7%的熔断阈值，A股市场提早一个半小时收市。

至此，“熔断机制”“磁吸效应”这些晦涩的名词在中国A股市场得到了最广泛的认知。监管层的用心良苦，实盘操作，给中国股民上了一堂生动有趣紧张活泼的金融普及课。而所有“嗷嗷待发表文章”的“金融学者”们，也陷入了巨大的狂喜中，从2015年6—7月的流动性螺旋（股灾）到2016年的“磁吸效应”，A股市场一而再，再而三地为金融理论的实证研究提供肥沃的土壤，正所谓“国家不幸诗家幸”，我国的金融研究事业超英赶美应该有望。

橘到淮北则为枳：熔断的A股移植

在2015年的股灾之后，A股市场于2016年推出熔断机制，这和1987年股灾后，美国市场于1988年首次推出股指熔断机制看上去颇有几分类似。根据资料，美国市场在推出这一机制后，之后又对该机制的波幅计算做了4次修改，最终定下了7%、13%、20%三档阈值，触及前两档都是暂停交易15分钟，触及20%的阈值才会彻底停止全天交易。

从美国股市的历史来看，自1988年实施股指熔断机制以来，27年中，只在1997年10月27日正式熔断过一次——也就是说大概是6000个交易日出现一次熔断，妥妥的是“小概率事件”。[①]

基于这样的历史经验，有很多人认为“熔断机制有效地防止了大规模股灾的发生”，尤其在中国股市经历了2015年股灾后，对于“防止股市过度波动”的渴望再度熊熊燃烧，监管层面临着巨大的压力，也正因为此，2015年9月7日，三个交易所就发出了关于引入熔断机制的意见征求稿，并在不到三个月后的12月4日，正式推出了这一机制，规定从2016年1月4日起实施。从引入到设计，再到实施，一共不到90天的时间，可谓神速。

国际先进经验固然是极好的，不过得先看看这经验产生的土

---

① 有两个相关的知识。（1）在2010年闪电崩盘中，有几只股票盘中一度下跌100%，鉴于此，美国在2013年引入了个股限制交易规则，规定当个股价格超过之前5分钟评平均价格的5%~20%时，暂停交易5分钟。这和涨跌停有显著差别。关于这一措施的具体信息可以在SEC网站上查到（https://www.sec.gov/investor/alerts/circuitbreakers.htm）；（2）纽交所有个Rule 48规则，当开盘市场出现大幅波动时可以适用这一条款实施临时性市场冻结。比如2008年1月22日，因担忧全球经济衰退，股票市场波动剧烈；2010年5月20日，欧洲债务危机导致恐慌购买和抛售；2011年8月至9月期间欧洲债务危机的担忧搅乱市场；2015年1月，大规模的暴风雪席卷美国，以及2015年8月24日，全球股市“黑色星期一”等情形下曾实施这一条款。

壤，否则难免碰见“橘到淮北则为枳”的困境。首先，作为星球上目前规模最大和制度相对最完善的资本市场，美国市场已经走过了上百年的路程，已经是一个标准的机构投资者市场，股票价格相对能充分反映市场信息，跟风交易行为相对克制，当然，也没有涨跌停板制度。

和年轻莽撞的A股市场相比，美国股市的波动一直较为平缓。比如说，在没有涨跌停板制度来“防止市场过度波动”的美国市场上，从1995—2014年之间，道琼斯指数的平均月度波动率为4.26%左右，而在有涨跌停制度的A股市场，同期上证指数则是8.36%，几乎是美国市场波动率的两倍。尤其从2015年以来，A股的指数波动，像心脏病病人的心电图一样跌宕起伏。

如果我们使用百度的高频数据来看，仅仅2015年6月29日到7月10日的两周内，盘中触及熔断就大约有10次。在高波动率的市场上，却定了个如此之低的熔断阀值，真是让人匪夷所思。结果，当然是A股反反复复地熔断。再加上磁吸效应和羊群行为，要实现从5%到7%的第二次彻底熔断，将是大概率事件。在接下来的几天内，果然熔断成了A股市场的“新常态”——这种混乱又难堪的局面一直持续到2016年1月8日监管层紧急叫停熔断制度为止。

看起来，怀着美好的“平稳市场”心愿的监管层忘了一些基本的金融常识。在金融学的术语中，有几个很重要的词语，一个叫“同步性”，一个叫“跟风”或者“羊群行为”。按照现代金融学的理论，一只股票的价格决定于这个企业未来的现金流。在一个有效的市场上，股票价格会迅速将这个企业未来现金流的所有信息反映出来。每个企业的情况千差万别，因此市场上形形色色的股票价格也会呈现出不同的走势和动态，也是说，股价的同步性较小。

反之，要是在一个不确定性很大的市场环境中，股价对于信息的有效反应能力稍弱，就会产生一种“趋同性”，投资者会在一个趋势产生的时候，开始模仿和跟随（想一想，这样的情形常会发生在我们自己身上——看到大盘跌，就急急卖出；看到大盘涨，就急急买入），因此市场所有股票，不分良莠，会呈现出一种“同涨同跌”的趋势。中国A股是全球有名的同步性最高的资本市场之一。

同步性意味着什么呢？意味着个股和大盘几乎是同命运共呼吸（想一想，千股跌停是否常常伴随着大盘5%以上的跌幅）。从这个意义上看，在A股市场上，大盘熔断机制和个股涨跌停制度实在是异卵的双胞胎，看着不一样，实则是相同的基因。[①]其起到的作用，用业内人士的话来说是“保险套+结扎”的双避孕措施，除了计生委的同志以外，一般人看不出这妙用何在。

此外，涨跌停一直被诟病的一点就是对于市场流动性的伤害。在2015年的股灾中，配资盘崩塌，股价下滑，因为有涨跌停制度，所以强平程序会在第二天一早直接将价格打到跌停，市场流动性受损。从目前的研究和实践来看，涨跌停制度对于我国市场波动和流动性的利弊至今尚无定论。而以5%和7%为阈值的熔断机制，在波动幅度上更严格，在范围上从个股扩大到了全市场。对市场流动性的影响，是毋庸置疑的。在一个机制尚存疑的情形

---

① 实际上，从金融学的范畴来看，熔断机制和涨跌停制度都是为了防止市场在非常态、非理性情形下的盲目跟风交易，导致市场的过度波动。也正因为此，涨跌停制度也可以被视为一种针对个股的特殊熔断。

下，贸然推出一个更激进的相似政策，一定是为“更好地”将市场波动控制在“较小的合理的”范畴内。可惜的是，理想丰满，现实骨感。

2000 多年前的《晏子春秋》告诉我们:“橘生淮南则为橘，生于淮北则为枳。叶徒相似，其实味不同。所以然者何？水土异也。”制度和物种一样，即使是好的制度，也只能生存在适合自己的环境下，换了土壤，结出的可能是不同的果子。

二胎、生育率和房价

根据美国中情局的《世界概论》(*The World Factbook*)的最新数据，按一个妇女平均生孩子的个数，全球倒数5位分别是中国台湾(0.9)、中国澳门(0.91)、中国香港(0.97)、新加坡(1.09)和中国大陆(1.22)。全球生育率倒数5位的，居然全部是华人国家和地区——为什么历史上讲究“不孝有三，无后为大”的炎黄子孙们，突然齐唰唰地不愿意生孩子了呢?

2015年11月最热的新闻毫无疑问是“全面放开二胎”。段子手们纷纷出动，最搞笑的一个说：上半年为国护盘，下半年为国生子，总之是不得消停。

网上的讨论形形色色，有些人认为全面放开二胎可以减缓中国老龄化趋势，最乐观的估算是对于GDP增速能达到0.5%的贡献率。但是更多的思考则认为，从目前来看，全面放开二胎主要涉及的是生于20世纪70年代和80年代初的这个群体，尤其是体制内的一批人。而这个群体，最小的也是三十三四岁，已经过了生育的最佳时期，再考虑到养孩子的成本，很多人其实已经“心有余而力不足”。

环顾世界各国和地区，有个非常有趣的事情。根据美国中情局的《世界概论》的最新数据，按照一个妇女平均生孩子的个数，全球倒数5位分别是中国台湾（0.9）、中国澳门（0.91）、中国香港（0.97）、新加坡（1.09）和中国大陆（1.22）。尽管中国大陆的数据一直存疑，但即使按照最乐观的情况估计，也不会超过1.8。

全球生育率倒数5位的，居然全部是华人国家和地区。这实在令人难以想象。维持人口总数稳定的“自然替代生育率”为2.1（这个可以想象，在普遍一夫一妻制的情况下，一对夫妇要生育两个小孩才能维持下一代人口总数基本稳定）。从全球范围来看，平均生育率为2.5，而华人地区的生育率是远远低于世界平均水平，就更不要和中东穆斯林地区相比了。

所以有人说，按照这种速度，再过几代，“华夏子孙”的数量会急剧减少，而那些生育率达到3甚至4的民族将崛起于世界之林。话听着不顺耳，但按照目前生育率的情况来看，可能也不是妄言。

我们大家都知道的一个事实是，生育率随着收入上升而下降。比如经济合作与发展组织（OECD）国家的平均生育率为1.7，就低于世界的平均水平。在我国各省市之间，这个趋势也非常明显。根据2000年人口普查的数据，上海、北京的生育率分别为0.68和0.67，即使说这10多年有上升趋势，最多也在1左右（环顾一下周围，我觉得1左右是较为合理的，有极少部分朋友生二胎，还有极少丁克，大部分是1个小孩）。

其实不用看太远，到日本去，大概就看到10年后的中国是什么样子了。走在大街上，白发老人比儿童要多。两边合作谈事情就对比更明显了，我们这边坐着的大部分是青壮年，对面日方人员清一色白发（花白头发）。人口一旦进入老龄化的通道，整个社会面貌就会很快被改变。（写到这里的时候，突然想起了日本非常流行的“萌系文化”，突然有脑洞大开的感觉，是不是因为大家都老了，所以会对幼嫩的青春有更强烈的渴望呢？）

中国GDP总量虽然是全球第二，但算起国民平均收入，那还远远没到经合组织国家“高收入”的水平，怎么就会“未富先老”呢？更令人不解的是，为什么历史上讲究“不孝有三，无后为大”的炎黄子孙们，突然齐唰唰地不愿意生孩子了呢？

这种事儿历来解释很多。每种解释自然都有其逻辑。不过，我看过一篇FT中文网的专栏文章《高房价压低生育率》，里面说，排在世界生育率末尾的5个国家和地区均经历过严重的房地产泡沫。日本、韩国和中国台湾都在20世纪八九十年代经历过严重的房地产泡沫。中国香港的房价自然不用说，有一次我在一个女生微信群里，有人说花980万港元才能在香港买一个37平方米的房子。有一次去地处沙田（大概相当于上海的南汇或者北京的大兴）的香港中文大学，有朋友说那边的房子也到了10万港元每平方米的价格。新加坡是公屋制度——地方狭小，按照现代人“娇养”的习惯，大概养好几个孩子也有点困难。

那篇文章引用了美国经济分析局的报告，说估算出来房价上涨10%，导致生育率下降1%。中国情形比较特殊，严厉的计划生育政策导致“80”“90”“00”这三代“独孩儿”的出现，从这个意义上，在这几十年中，我们国家的生育率是被人为设定在1

左右的水平。但是，在上海、北京这样的大城市中，远低于1的生育率也是令人费解的。

回头想，我国是从1998年房改开始的房价上涨，尤其一线城市房价疯涨，这和生育率之间是不是也确实有点关系呢？因为我所关注的领域和人口、劳动经济学这些没有太大关系，所以没有仔细算过各个地方房价和生育率之间的关系，但是直觉上好像是有点负相关的（当然严肃的学者会和我讨论内生性问题，房价和经济发展程度有关，经济发展程度又和生育率有关，这就不在讨论范畴了）。

我还记得有个知名的学者也写过一篇严肃的学术论文，探讨了房价和“丈母娘”经济之间的关系。这些年一胎政策的另外一个后遗症就是男多女少（虽然我个人非常仇视这样重男轻女的风气，但是考虑到农村风俗和劳动力的实际情况，农民更想要男孩也是可以理解的），这样就产生了婚姻市场上的不均衡，女方奇货可居，价格自然水涨船高（难怪说女孩是“招商银行”呢）。丈母娘也就提出更多条件，比如“先买房，后结婚”。没房的男生自然容易在婚姻市场上被淘汰下来——这么一来，婚房成了“刚需”，价格自然也就上去了。

说来说去，全面放开二胎好不好？你支持不支持？当然支持。可是，从目前实际情况看，大城市里房价这么高，生育的机会成本更是可观，即使放开可能还是没有实际效果。生育是人类的基本权利，全面放开就好。

为什么中国人那么关心股市？

对于中国老百姓来说，面对令人难堪的人口结构（老龄化社会）、丁吃卯粮的养老金体系、高企的房价和高昂的生育成本和医疗费用，未来存在巨大的不确定性，高储蓄几乎是唯一选择。而储蓄的保值升值，毫无疑问会是老百姓心头最痛的刺——除了已经热得发烫的楼市外，刚起步的理财产品和股市差不多是仅剩的选择。

A股市场的动向仍然是千万投资者最关心的话题。大家都知道，中国是世界上最大的散户市场。在一个体量如此巨大的市场上，有如此众多的个人投资者（持股占比大于60%，交易量占比大于80%），这在全球也算是罕见。

很多人一直纳闷，为什么中国普通老百姓会对股市有超乎寻常的热情和敏感度？不少人从历史文化背景分析，说“中国文化有赌徒心理”。我不是专家，当然不敢评判这种论断的对错。不过从我个人的角度看，这其中可能有其他更简单的逻辑。

最重要的原因是老百姓真的穷怕了。“90后”可能对物质的匮乏没有概念，但去问问“50后”和“60后”，或者稍微偏远地方长大的“70后”和“80后”，大部分人是有关于饥饿和贫穷的记忆的。今天的我们如此自信，但是其实我们离极度的贫困没有那么遥远——根据统计局公布的数据，就在1990年，中国城镇居民的年平均可支配收入为1510元，而农村居民的平均收入是685元！而最能代表“短缺经济”时代的粮票是在1993年才退出历史舞台的——不要以为今天“减肥”成了时尚，其实饥饿的历史离我们只有一步之遥。

对于一个常常怀着“匮乏”“短缺”“贫穷”这些恐惧心理的人来说，最可靠的办法是什么？肯定不是今朝有酒今朝醉，而是储蓄。中国老百姓的储蓄率一直是高居全球前列。2013年，中国国民净储蓄是20万亿，人均国民净储蓄为14000元，是美国的两倍，而同年我们的人均国民收入大约是美国的二十分之一。

在可见的未来，我看不到储蓄率大规模下降的可能性。有人说“‘80后’是月光族，‘90后’更超前消费”，我看这个论断有点早，从目前的情况来看，生于20世纪八九十年代的这一代人的储蓄率已经有大规模上升的迹象。原因无他，房子要买，车子要买，孩子要养，父母渐老……房价加教育加养老，这是每个“80后”和“90后”正在面对的真实世界。每一项都是巨大压力，如果不储蓄也不投资，除了啃老，恐怕就剩下打光棍一条路了。

千金散去还复来，那是成长的放肆。长大了，生活艰辛，立马明白要克制。

既然储蓄多，就得琢磨点儿财富增值的事情吧。放在银行或者买国债？那样差不多有3%的利率，扣掉通货膨胀率，大约就剩下1点多的投资回报率。一二十年下来，存款（投资）估计购买力被物价秒成了渣儿。买房子？房价已经涨得让人发颤，过去10多年间大约涨了10~15倍，2000年左右投资房市的人大多实现了财务自由，但世易时移，不管是人口结构（逐渐开始的老龄化），还是经济结构（下行的经济增速），中国都很难再现支撑过去10多年那样惊人回报率房市的大环境了。

那还剩下什么？就是股票市场。根据统计局数据，从2003年开始，中国城镇居民平均收入从9000元（9061元）上涨到3万元（29547元）。手里有点儿余钱，必然提高储蓄率。这10年间平均通货膨胀率为3%。低于3%的回报率就等于是看着储蓄缩水。百姓不指望股市，还能指望什么？

这么想下来，也难怪股市的起起落落牵动着千家万户的心。我们总是在讨论要"教育投资者"，不要去"投机"，要回归理性，要搞"价值投资"，可是，对于中国百姓来说，面临的是令人难堪的人口结构（老龄化社会）、寅吃卯粮的养老金体系、高企的房价以及高昂生育成本和医疗费用，他们的未来存在着巨大的不确定性，高储蓄几乎是他们的唯一选择。而储蓄的保值升值，毫无疑问会是老百姓心头最痛的刺。

看起来，资产管理市场在未来进一步扩大仍是极大概率事件，老百姓对股市和其他金融产品的着魔也只会更盛，不会衰退。

一半是海水，一半是火焰

我一路乘船、火车回家。穿过了广袤的国土。看到了稻田、鱼塘、水渠、绿树掩映下粉墙绰约村镇组成的田园风光；看到了一个接一个嘈杂拥挤、浓烟滚滚的工业城市；看到了连绵起伏的著名山脉，蜿蜒数千公里的壮丽大川；看到了成千上万、随处可遇的开朗的女孩子。

——王朔《一半是海水，一半是火焰》

2016年，全世界都面临着一个复杂的、冷热不均的中国。

中国目前最深切的痛苦是萧条下沉的传统经济。从2015年开始，中国经济去意徘徊。去产能、去杠杆的呼声不绝于耳。小人物的命运是时代大潮的反射。武钢人生活的起落，双鸭山煤矿人的挣扎呼号背后，是传统的钢铁、煤、水泥、建材、制造行业全面陷入泥沼的困境。

而另一面，尽管很多曾创造了“中国制造”奇迹的厂商度日如年，挣扎求生，但是和互联网技术、社交网络联系在一起的消费端却持续升温，淘宝、京东，携程、去哪儿，滴滴、快的，年轻人甚至开始为内容买单——目前最红的网红Papi酱一次视频的打赏金额就上万。这种蓬勃的力量已经下沉到三四线城市，而大城市里火热的“创业创新”也大多集中在这个维度。你若到中关村大街走一圈，估计打了鸡血的人们是不会感受到“老经济”衰退的萧瑟寒意的。

一半是海水，一半是火焰。看似不相容，但是仔细琢磨一下，在一片萧条的“旧经济”上突然崛起的“新经济”，其背后的逻辑其实并不复杂。

第一个叫技术进步。（移动）互联网在技术上的突破和应用，使得人们“交互”的成本（比如搜索和匹配成本）迅速降低。传统的劳动密集型行业和对地域依赖最大的服务业因此受益最多，业态融合过程中又产生新的服务行业。

而对于大部分制造业来说，这是个喜忧参半的消息。我曾经和一家大机械设备制造商谈过话，大意是部分企业如果能熬过寒冬，果断实施产业升级，转型智能制造或者另辟蹊径，则也许能实现凤凰涅槃。反之，就接受经济和产业生命周期的宿命，退出市场。这也是无可奈何花落去的现实罢了。

第二个叫城市化。从全球和本国过去30多年的经验来看，经济增长其实就是城市化的进程，也就是劳动力从低附加值的农业（第一产业）向高附加值的工业（第二产业）转移，继而向服务业（第三产业）转移的过程。今天的中国所面临的正是“城市化”的深化——这个“深化”既包括城市化率的扩大，更包括城市化进程中产业转移，也就是服务业的升级换代。

从1949年以来，中国所遵循的发展路径是以“企业”为核心的。在国有银行体系一支独大的环境中，巨量的居民储蓄以极低的价格（例如，被人为压低的存款利率）吸收，通过各种贷款的方式输送到国家要扶持的产业、行业和企业中去。与此相适应的，是被压抑和忽略的小微企业、个人消费，以及配套的服务体系。20世纪90年代以来，中国私营部门从石头中蓬勃生长，占据了中国经济的半壁江山。中国居民的人均GDP收入从1000多元上涨到50000元——随着经济结构的改变和整体社会财富的上升，曾经被抑制的需求（例如，消费需求、财富增值保值需求、金融服务需求等）如同野火，开始漫山遍野地燃烧。

这个宏观的大背景，又恰恰重合于技术以几何级数进步的年代，进而产生了氢气遇到氧气一样奇妙剧烈的化学反应。我曾看到一则新闻，说沃尔玛把零售额从0做到3万亿用了54年，而伴随着中国经济增长一路而来的阿里巴巴，实现这一零售额仅仅用了13年——城市化和技术进步的旋律，在中国这样一个从高度管制到逐步放松的巨大经济体中，如同“金风玉露一相逢”，才跳出了最神奇的舞步。

我的一位朋友，是个创业10年的“80后”，他在一个几乎没有人想到的“旧”行业——停车行业里做出了一片蓝海。他把最简单机械的停车场管理改变为智能化停车，实现了网上支付、停车费的资产证券化，以及城市停车场的PPP模式，甚至还衍生出一系列令人意想不到的商业模式。在哀鸿遍野的2014年和2015年，他的企业依靠着前10年深耕行业的笨功夫，和互联网技术、网上支付、金融资本突然（或者说是必然）相遇了，甚至擦出了火花。粗放的“旧经济”忽然华丽转身变成了精耕的“新经济”。仔细想想，估值600亿美元的蚂蚁金服其实是源自于古老的民间借贷、担保抵押；估值200亿的滴滴出行源自于被诟病已久的出租车行业；炙手可热的智能制造也不过是通信网络技术拥抱制造业的结果……

看起来，“旧”的并没有那么旧，“新”的也并没有那么新——透过被过度装饰的情怀梦想，一切“创业、创新”都源自“旧”，或者是对“旧”的改造升级，或者是补充延续。也许，冰冷海水的下面是岩浆，合适的条件下，“旧经济”也会迸发出巨大的能量。

那座工厂那座城的故事

庙堂上轻飘飘的一个词语，是底下多少普通百姓长长的一生。从 20 世纪 50 年代“开发北大荒”“支援新疆兵团建设”，到 60 年代备战备荒的“三线建设”……宏伟的战略背后，是几千万普通人以自己的离乡背井、婚姻家庭、子女教育为代价，默默承受着国家产业悲喜起落的命运。要永远感谢中国的百姓，他们的坚韧和乐观举世无匹。

对于很多政策制定者和研究者而言，“产能过剩”“供给侧改革”这样的词语其实只是一些抽象的概念。阐述得多么深刻激昂，也只不过是拂过脸颊的风，再冷再疼，一瞬间也就过去了。但是，对于那些在“石油城”和“钢铁城”中出生、长大、上学和工作的普通百姓来说，一座厂区就是头顶上的整个天空，不是所有的人都能够理所当然地成为鹰隼，搏击出另外的万里晴空。

庙堂上轻飘飘的一个词语，是底下多少普通百姓长长的一生。

从 20 世纪 50 年代“开发北大荒”“支援新疆兵团建设”，到 60 年代备战备荒的“三线建设”……宏伟的战略背后，是几千万普通人以自己的离乡背井、婚姻家庭、子女教育为代价，默默承受着国家产业悲喜起落的命运。

因为研究日照钢铁与五矿发展的混合所有制改革，我从 2014 年年底开始看钢铁产业的数据，搜集了 10 多万字的数据和文字，虽然没有最后成稿，但一直认为自己了解这个产业在中国兴衰起伏的历史变迁和经济原因。然而，读陈戴希的《那座工厂那座城》的时候，我几次鼻子发酸，才明白这身为“旁观者”的研究，不管有多少数据模型支持，仍然是肤浅和单薄的。

一代人，甚至几代人的命运和人生要怎么度量？我不知道。20 世纪 90 年代末的时候，中国曾进行过一场国企改革，几千万的工人下岗（其实就是失业），有的人走出来了，而更多的人，还有他们的子女则被卷入历史的洪流，滚滚而去。回看历史的时候，我们也许应该稍微抛开那些对“更高、更大、更强”的迷恋，试着从普通人生存的角度来讨论。

90 年代以前的大型国有企业的工人们，其实和企业之间有一种隐形的合同：极低的现金工资是和隐含的高福利（比如工厂的附属医院、教育、社保、住房等）相匹配的。以那样的收入水平，大部分“旱涝保收”的工人是不可能有太多储蓄的。在“剥离三产”、抓大放小的改革后，工人们一旦下岗，其实丧失的不仅仅是一份工资，而是整个家庭生活的基础，甚至整个人生的归属和尊严。这种代价，对于一个国家可能叫阵痛，可是对于一个普通家庭，却可能是绝症，不是当事人，永远不会理解那种挣扎的痛苦。

当年的改革非常幸运。1998 年的住房改革、2003 年的入世，再加上当年较小的经济体量、较低的城市化率和第三产业比例，中国开始了超高增长的一段时期，巨大的经济增量逐渐吸纳了大部分的青壮年失业人口，虽然有的个人和家庭陷入了贫困，但没有酿成社会性的巨大灾难。而今日的中国，已经面临完全不一样的情景：3000 多美元的人均GDP，连续下滑的经济增长率，因为计划生育政策而提前到来的人口老龄化，逐年上涨的劳动力成本导致的大批产业外迁……我们不可能再有 90 年代那样的发展速度和那样巨大的经济增量来容纳失业人口了。他们，以及他们子女的未来将要何去何从？这不是简单的成本计算可以解决的问题。

戴希走出了那座工厂那座城，可是川哥还留在那里。对于很多人来说，那是走不出又回不去的原乡。我想，对于庙堂之上的政策制定者来说，回望历史，不应该是简单的铭记，而是要改变。

附一

那座工厂那座城

陈戴希[1]

一座叫攀枝花的钢铁城

1990年，我和双胞胎妹妹出生在四川一座叫攀枝花的山城。山城是以花命名的，但是直到我19岁离开那里，我也从来没有觉得家乡很美。印象中视野内全是光秃秃的山岭。就算是春季，这些山岭也不会披上青色。因为有丰富的钒钛磁铁矿，这块西南偏隅的不毛之地以一个钢铁工厂为中心衍生出一座移民城市。这座工厂就是攀枝花钢铁公司（攀钢）。妈妈说，毛爷爷时代，国家从1964年开始在属于“三线地区”的13个中西部省市、自治区进

① 北京大学光华管理学院博士生。

行了一场以“备战”为目的的大规模建设。[①]攀钢基地投建就起源于“三线建设”（见表1）。当时全国重要钢铁产业基地的很多职工都举家搬迁到了攀枝花支援“三线建设”。特别是很多鞍钢的辽宁人，他们从东北到西南，跨越了大半个中国来到这片山区，支援这里，也扎根在了这里。我的奶奶和爷爷也是从牡丹江畔的军垦国营农场医院搬迁过来的。他们俩都是四川人，作为医生，他们在1958年响应“十万官兵开发北大荒”的号召去支援东北，16年后，又响应“三线建设”返回西南边陲，在攀钢附属医院工作。记得我小时候，周围很多小朋友都是一口东北腔，上学以后，在攀钢附属的学校里也没有说四川话的氛围，后来知道这种情况在四川省内是很不常见的（四川的中小学生在课堂之外都是讲四川话的）。

除了自身庞大的车间体系以外，还有很多附属于攀钢的后勤单位、医院、学校和幼儿园，以及配套的服务业设施（例如购物点、餐厅、体育馆、休闲中心）。周围小伙伴们的爸爸妈妈要么就是工厂的工人，要么就是附属单位的职工。我们的衣食住行都跟这座工厂息息相关。

---

① 1964—1980年，贯穿三个“五年计划”的16年中，国家在属于三线地区的13个省和自治区的中西部投入了占同期全国基本建设总投资40%多的2052.68亿元巨资，400万工人、干部、知识分子、解放军官兵和成千万人次的民工，在“备战备荒为人民”“好人好马上三线”的时代号召下，打起背包，跋山涉水，来到祖国大西南、大西北的深山峡谷、大漠荒野，风餐露宿、肩扛人挑，用艰辛、血汗和生命，建起了1100多个大中型工矿企业、科研单位和大专院校。

表 1　1964–1980 年“三线建设”重要成果

重庆长安汽车股份有限公司	中国第二重型机器厂	贺兰山煤炭基地
重庆建设工业有限责任公司	西昌卫星发射中心	酒泉钢铁公司
重庆川维股份集团	攀枝花钢铁集团	酒泉卫星发射中心
重庆川仪股份有限公司	六盘水煤炭工业基地	丹江口水电站、刘家峡水电站
重庆钢铁股份有限公司	洛阳玻璃厂	西北铝加工厂
重庆红岩汽车有限责任公司	中国二汽	襄渝铁路（襄樊——重庆）
重庆大江工业集团	江汉油田	青藏铁路一期（西宁——南山口）
重庆珠江光电集团	葛洲坝水利工程	湘黔铁路（株洲——贵定）
重庆望江船舶集团	陕西飞机工业有限公司	成昆铁路（成都——昆明）
重庆 816 核工厂	长庆油田	焦枝铁路（焦作——枝城）

岁月也曾静好

和很多老攀钢人的子女一样，我爸爸在冶炼专业毕业后也进了攀钢，在附属职教中心工作。我妈妈是随着她姐姐和姐夫移民到这座城市的，他们都是攀钢职工。后来我妈妈也进了攀钢附属的后勤公司工作。1990 年我和妹妹出生后，他们需要抚养两个孩子，所以在我 10 岁以前家里生活还是比较紧张的。

从 1995 年开始，钢铁开始紧俏。爸爸说当时如果有办法拿得到一吨钢材的话，在原价两三千元一吨的基础上，都可以再加价五六百元卖出去。爸爸和同事们开始也在职教中心建了小型轧钢厂作为校办副业，与攀钢的热轧厂合作对次废钢材进行再加工。再后来，我发现身边的很多大人成立了钢铁贸易小公司，开始做一些生意，爸爸和他的朋友们也不例外。我们家的生活也逐渐好转，买了车，住进了市中心的房子。直到 2005 年我念高中，爸爸妈妈的工作都很安稳。印象里市中心开了一家很大的华联超市，妈妈每次都会把购物车塞得很满，爸爸还会每周邀请职教中心的美国志愿者（支援偏远地区教育的美国人士）到家里来玩，做满满一桌子菜。有一个叫Lindsey的志愿者姐姐经常来家里玩，她会跟我们讲很多美国的故事，包括她的家乡（纽约州罗彻斯特市）因为柯达破产而衰退的故事。她没有讲得很细，只是说她的爸爸和爷爷都是柯达老职员，还有家里很多亲朋好友，都因为数码相机带来的变革失去了工作。她说得有些无奈伤感，我当时也就是在饭桌上呆呆地听着，浑然不觉类似的事情会在自己的身边发生。

产业雪崩与大迁徙

高一的时候（2007 年），我开始时常听到妈妈对工资待遇的抱怨，她说攀钢效益不好了。高二时，妈妈干脆办理了退休，全职在家照顾我和妹妹。不久，爸爸兼职的钢铁贸易公司业绩也出现了问题，他们职教中心的小型轧钢厂也荒废了。

后来发生的事情，越来越出乎预料。钢铁价格（以典型的螺纹钢为例，如图 1）在 2008 年后半年开始出现雪崩式暴跌。4 万亿刺激计划将钢铁价格死撑至 2011 年，随后钢铁价格就开启持续走弱模式，直到不如白菜价。2015 年冬季，一吨螺纹钢下挫到 1800 元的价格（即 9 毛钱/斤），同期白菜市场价在 1 块钱/斤以上。攀钢在 2008 年和 2009 年出现了明显亏损，并在 2010 年被鞍钢重组收购，将业务重心从“钢铁冶炼”转移至“钒钛磁铁矿开发”（见图 2）。随着中国经济的急速减速，全球大宗商品交易市场行情每况愈下，铁矿石由 2010 年的 180 美元/公吨[①]降至 2014 年年底的 70 美元/公吨，攀钢在 2014 年出现了严重亏损，开始“激励”子公司进行裁员。

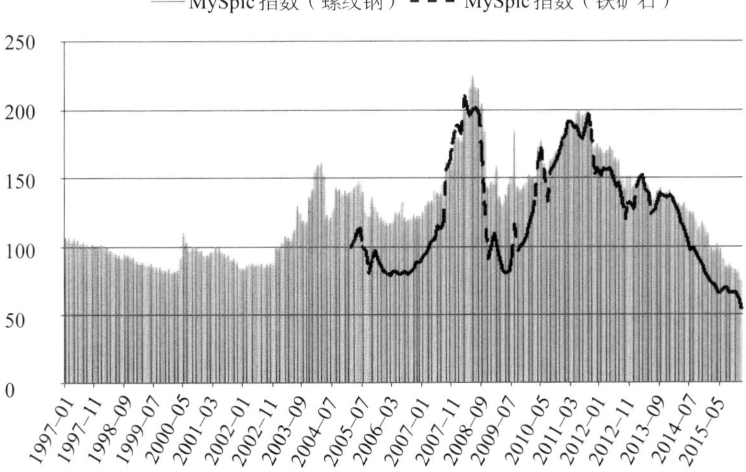

图 1 螺纹钢和铁矿石 MySpic 指数[②]

数据来源：Wind 咨询

① 公吨在中国即指吨，1 公吨=1000 公斤。

② MySpic 指数：My steel price indices of China，即钢材价格指数。该指数考虑了长材和板材在中国钢材消费中的权重以及中国华东、华南、中南、华北、西南、东北和西北 7 个区域的钢材消费权重，是一个由品种和地区混合而成的加权价格指数。

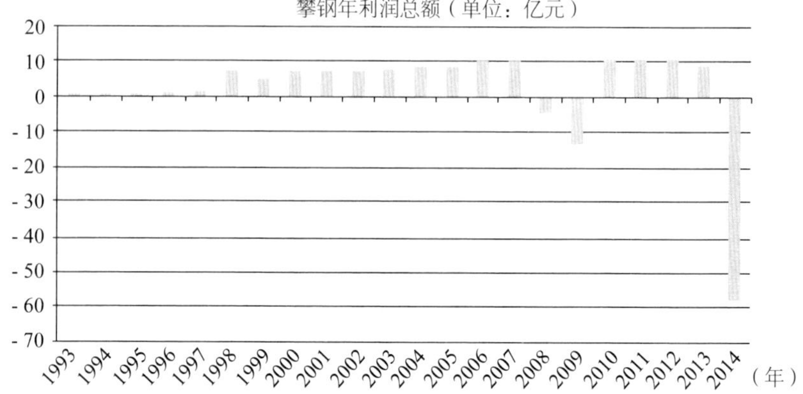

图 2　攀钢钒钛公司年度利润总额

数据来源：攀钢钒钛（000629.SZ）年度财报

2009 年我和妹妹到外地上大学以后，爸爸没有继续做钢材生意，在职教中心做后勤；妈妈在成都找了一份工作。渐渐地，爸爸妈妈的很多朋友都离开了攀钢，在外地做生意或找工作，并且开始陆续把家搬到外地。2010 年，我们也搬家到了成都。因为高中的很多同学都搬过来了，我们暑假在成都组织高中同学聚会也很容易。就在几年之内，好像世界发生了天翻地覆的变化。官方统计数据说攀枝花市的人口还在增长，到了 120 万，可是我们看到的是人都渐渐走了（民间有说法是已经流出了差不多 1/3，近 30 万）。最明显的是我们家在那儿的几套房子，从 2015 年开始就很难租出去了。后来妈妈和妹妹在成都工作，我到北大去读博士，我们三个“走出了”山城，但是爸爸却反反复复地离开又回去。

一个缩影：转型中的困兽之斗

在成都，爸爸待得很郁闷，他不太适应朋友介绍的外企工作，又很抗拒闲在家里。因为一群朋友在那里守着自己的钢铁产业，他一直想回到那座山城。终于在2015年年初，他不顾全家反对回去了。我当时并不清楚他回去做什么，但可以肯定还是跟“钢铁”有关。果不其然，他加入了他的朋友在钒钛高新园区设立的纳米铁粉公司。这个产品听上去挺高大上的，属于高科技创新。他一把年纪了也要响应国家号召，跟着朋友创新创业，我们母女也不能硬拦着。爸爸回去工作的热情高涨，要么加班要么开会，电话里语速都快了。

我的理解是，因为攀枝花丰富的钒钛资源，攀枝花的第二产业由“钢铁冶炼”向“钒钛资源开发”转型，政府专门设立了钒钛高新区作为涉钒涉钛公司的孵化器。爸爸所在的纳米铁粉公司作为涉钛公司进驻了这个园区（纳米铁粉的原材料是硫酸法生产钛白粉的副产物，属于涉钛产品）。爸爸跟我讲政府和军工部门对他们公司高科技产品重视了，中信资管对公司注资了，投行开始接触他们拟筹备上市新三板了。周末的时候，我跟在北京创新创业的年轻朋友们吃火锅，他们也会兴致高昂地跟我讲类似的故事。

但是到了2015年冬季，爸爸所在的纳米铁粉公司陷入了困境，跟当时绝大部分企业一样，遇到了资金短缺，即缺血。这种血虚之痛源于多方面：他们在前期改善产能的研发尝试方面消耗了大量资金（例如高价购买的粉体改造设备没有达到预期的生产功效）；经济下滑，银行惜贷，公司办理展期难度加大；省政府的奖励补贴卡在市政机构的层层审批环节（后来终于下来了）。然而，他们看好纳米铁粉在军工市场的前景，所以没有选择停产（而钒钛高新区里的不少公司都在这个经济发展的严冬停产了）。他们仍然继续寻求投资方，继续改善产能，继续坚持车间运转，即使有时工资会拖延，即使部分股东和供货商有抱怨，即使现实已经给了他们很多可以停产的理由。2016年年初，攀枝花电视台的一期新闻节目还专门报道了他们纳米铁粉公司的高科技创新以及在经济严冬期维持生产的事迹。外人可能看到的是满满的正能量，可妈妈说看到的却是困兽之斗般的心酸。话说回来，我从心里还是佩服这种老产业人特有的顽强精神（或者叫硬骨头精神也好）。

对产业发展规律的一点反思

“产能过剩”“供给侧改革”“转型升级”，这些听上去飘在云端的大而空的词，只有降落到凡间，发生在身边，关切到亲朋好友，方能有意义。产业发展的经济规律是什么？它是我眼中的攀枝花山城，Lindsey眼中的罗彻斯特市。极端一点儿，它还可以是底特律市、鄂尔多斯市或者端岛。城镇化本身是经济要素在空间上的集聚，具体可以体现为产业的空间集聚带来人口、资金和技术的集中。产业结构的变化也会使得城市发展模式做出相应调整。产业由兴旺到衰退的生命周期变化，会直接影响城市繁荣和没落。

目前国内钢铁产业产能过剩3亿吨，产能利用率67%（以粗钢为例，其产能为12亿吨左右，2015年其产量仅为8亿吨，产能利用率不足七成），亏损面达到五成。2015年各省钢铁产业的粗钢去产能完成了1.25亿吨，其中各省政府计划内的去产能量为0.18亿吨，工厂自主去产能量1.07亿吨。除了钢铁产业，煤炭、水泥等重工业同样聚集了高风险，行业亏损分别达到了八成和四成。①这些亏损和去产能的背后是一座又一座工厂，一片又一片以工厂为中心汇集而成的城区，以及千家万户留下或者外迁的抉择。

表2　2015年全国（不含港澳台地区）各省市区粗钢去产能情况统计

单位（万吨）

地区	政府计划	自主完成	暂时停工	永久关闭	总计
安徽		59	59		59
重庆		365	365		365
福建		174		174	174
甘肃		110	110		110
贵州	18			18	18
河北		2429	1159	1270	2429
黑龙江		171	171		171
河南		363	363		363
湖南	10			10	10
内蒙古	170	250	98	322	420
江苏	260	254	169	345	514
江西	60	100	100	60	160

① 刘毅等.跟90年代比，现在是不是去得慢了点儿：90年代及当前产能过剩状况对比分析[J].国泰君安证券研究，2016年2月21日

（续表）

地区	政府计划	自主完成	暂时停工	永久关闭	总计
吉林		445	215	230	445
辽宁		313	300	13	313
陕西		118	118		118
山东	920	20		940	940
山西		3279	1226	2053	3279
四川	180	329	329	180	509
天津		382	382		382
新疆	80	1199	1199	80	1279
云南	117	383	383	117	500
浙江	16			16	16

数据来源：摩根斯坦利研报《全球钢铁手册》（*Global Steel Playbook*），2016 年 3 月 22 日发布

值得反思的是，这些产业在面临产能过剩的同时，也极度缺乏高端产品。正如 2016 年第一个工作日，李克强总理在山西主持召开工作座谈会时说的那样：“我们在钢铁产量严重过剩的情况下，仍然进口了一些特殊品类的高质量钢材。我们还不具备生产模具钢的能力，包括圆珠笔的笔头，目前仍然需要进口。这都需要调整结构。”同样的话，他早在 2015 年 6 月就讲过。我细查了一下，圆珠笔的笔头分为“球珠”和“球座”（均属于模具钢）。我国已经具备“球珠”材料的生产基础，但是不具备“球座”材料的生产基础。并且笔头的组装技术也长期掌握在法国比克公司

（BIC）、瑞士米克朗集团（Mikron）、德国奥托·赫特（Otto Hutt）等公司的手中。我国向瑞士进口组装笔头的精密机床，向日本进口笔头的模具钢线材，向德国进口墨水，最终成了毛利率极低的圆珠笔生产和出口大国。

“产能过剩”是衰退的方式之一。而“供给侧改革”和“转型升级”是延长产业生命周期的关键。如果罗彻斯特市的柯达在1998年就果断地转型数码成像；如果底特律市的汽车三巨头在1970年就果断改变大尺寸、大排量的单一产品结构；如果山城的攀钢在2006年就果断地布局（纳米铁粉一类的）高端钢铁制品，而不是躺在粗加工产品上挣钱……产业转移无法被阻止，产业转型必定承受阵痛，同样的故事和城市还会出现在未来，出现在世界各地。产业集聚和产业转移本就是两个并行不悖的动态过程。①

爸爸和他的伙伴们还留在山城。昨天电话里爸爸说，钢铁产业没落以后，攀枝花没那么多污染了，政府严控污染，也开始打发展旅游产业的牌，山城的空气质量变好，天也变蓝了。终于，我的家乡变美了，但是我们也回不去了。

---

① 李华.底特律的启示[N].中国青年报，2013年6月3日第2版

附二

那座工厂那座城番外篇

2016 年 4 月 3 日，我在自己的公众号“香帅的金融江湖”上推出了《那座工厂那座城》，一篇近 7000 字的长文，几天之内全网阅读迅速突破 10 万，被多方转载，然后不断发酵……很多攀枝花的读者向我们讲述了自己的故事，也有许多来自山东淄博的、东北的、河北煤炭城石油城的读者告诉我们，不同的城市其实有着相似的命运。还有更多的“藏二代”“疆三代”（那些因为祖辈父辈支边、支藏、支疆而出生在兵团、农场、深山峻岭的工厂中的人们）落下泪来——因为“庙堂上轻飘飘的一个词语，是底下多少普通百姓长长的一生”。

我在朋友圈里看到王汉生（北京大学光华管理学院教授）的留言。生于 20 世纪 70 年代中期的汉生来自重庆一个三线小镇江津。作为当年的江津中学优等生，他考上北大，海外留学，学成归国，现在是北大最亮眼的学术明星——而在他光芒四射的履历背后，却是一个“藏二代”时刻的自惕与警醒。汉生写道：

> 过去中国几十年，发生太多故事，落实到我们每一个凡夫俗子身上，意味着什么？这让我想起自己的老爸老妈，在西藏最艰苦的时候，他们贡献边疆20年。贡献了青春，贡献了健康，贡献了骨肉亲情。回内地后，国有企业说不行就不行了，员工说下岗就下岗。攀枝花的故事，对我来说太熟悉了。这样的事发生在重庆，也发生在江津，这个三线小镇。这段经历让我养成一个习惯。任何时候，尤其是好日子的时候，都要瞪大眼睛看社会变迁，都要时时刻刻有危机感，要不停地学习成长，要有一身能耐。对过去，坚决抛弃；对未来，不给任何被抛弃的机会。

在阅读留言的过程中，像这样被触动、被击痛的时刻还有很多。谢谢所有的你们，无论是生长在哪个年代，无论在哪个城、哪片天空下，无论是“出走”还是“坚守”——我们都有相似的感动，为祖辈和父辈经历过的悲欢离合、困顿挣扎，为我们自己亲历的路程。

谢谢你们聆听，谢谢你们敞开心扉。

野火烧不尽，春风吹又生

传统产业的衰落下行和新兴产业的方兴未艾在同时进行。四川攀枝花钢铁城的故事是下行中的传统产业挣扎求生的困境。而在浙江的故事里，虽然同样有中国制造业衰落的影子，但和攀枝花不同的是，浙江经济不是国家产业布局的结果，而是在石头缝里长出来的野草般的民营经济，看似孱弱，实则坚韧。

我一直喜欢浙江。在它仅有的富饶平原地区（嘉兴一带），孕育了王国维和金庸这样的文人天才，而在“七山二水一分田”的其他资源贫瘠之地，则奇迹般地孕育了中国最有活力的民营经济。不管是草长莺飞的季节，还是秋高气爽的日子，从上海出发驱车往江浙一带的感觉特别美好——富庶、平和、开明。这种感受和从北京出发去周边的感觉是完全不一样的。

然而从2013年年底开始，“浙江企业不行了”的声音陡然升温，大批企业破产、企业主跑路的传言不断浮现于街头巷尾。2008年全球金融危机之后，出口加工主导的浙江（轻工业）制造业受伤不轻，同时期珠江三角洲的制造业企业也受到冲击——尽管产业转型升级的日子同样难熬，但是珠江三角洲并没有发生浙江这样严重的大规模破产跑路事件。2014 年，经济继续下行，浙江企业面临更大困境，从温州开始的信用危机逐渐蔓延到全省，企业成批倒下，银行坏账不断累积……

浙江怎么了？这是很多人心头的疑问。坊间传闻不少，甚至有人开始质疑浙江民营经济“野蛮生长”的基因。浙江经济在 2014 年所面临的是“中国制造”陷入困境的一个缩影，但是真正导致全省性信用危机的，是一个曾经被称道的“金融创新”——互保贷款体系。

我国的金融体系一直是国有大银行一统江湖。20 世纪 90 年代以后才开始的股市，2000 年以后才发展起来的信用债市场门槛又极高，像江浙一带星罗棋布的中小型企业基本上就是“寂寞山谷角落里的野百合”，无法从“正规”的金融体系内得到阳光雨露。由于历史上经济发达，商业流通兴盛，江浙地区的民间金融体系一直很发达，同时以宗族文化为纽带的乡约社会传统在这个地区的根深蒂固，也使得这种民间金融体系非常依赖以邻里熟人为基础的“互助式融资”（如抬会）。20 世纪 80 年代后，发达的民间金融体系为江浙地区民营经济的发展立下了汗马功劳。

2000 年后银行贷款政策逐渐宽松起来，为了在银行取得贷款或者扩大融资规模，企业之间开始用互相担保来增信，逐渐从点到线、从线到网，形成了错综复杂的“互保信贷网络”。在经济高速增长的阶段，这种隐形交错的高杠杆使得企业加速扩张，看上去整个经济形势一片大好，信用市场一片繁荣。本来互保行为还算是部分个人和企业的行为决策，但是进入公众视野，很多业界、学界的人就开始为这种“创新模式”唱赞歌。2009—2010年间，这种模式已经被追捧为“能扩大融资规模，为解决中小企业融资难问题提供新思路”的“金融创新”，大加推广。一时间，很多专家似乎找到了破局“中小企业融资难”这个全球化问题的良方。

2010年开始，北大的黄益平教授和徐建国教授带领一个团队进行田野调研，发现真实的情况并不如专家们那么乐观。在调查中，很多企业表示，自己并不愿意为他人“担保”。尤其是那些信用良好的企业，其实他们自己并不缺钱，只是被劝说被裹挟进入担保体系的。做过生意的人知道，在中国的人情社会中，一个人或一个企业想和“主流”对抗是非常艰难的事情。有企业家甚至对他们说：“我宁可让银行把我放入信用黑名单！为什么？因为这样我就不用替别人担保了！”无奈之情可见一斑。经过前后一年多时间的调研和数据分析，研究团队得出了和当时主流观点偏差很大的结论：在强调中小型民营银行和民间金融体系重大意义的前提下，他们对当时大规模流行的“互保信贷模式”提出了保守谨慎的看法，认为一旦经济下行（在2012年来看，已经有兆头），这种连坐式的信用体系可能导致“火烧连营”局面的出现。

可惜的是，这样冷静的声音在“主流”一片的叫好声中并没有引起重视，甚至是被刻意忽略了。被当成创新典范的互保贷款网络被继续推广，蔓延到整个浙江地区，很多企业不用钱也去借钱，然后加入炒金融资产和房地产的大队伍中。2014年，杠杆最疯狂的温州地区泡沫开始破裂，然后通过互保信贷网络迅速扩散，大大小小的企业如同多米诺骨牌一样倒下，引发更大的波澜，一场教科书般的金融信用危机在浙江上演，很多质量优良的企业都不能幸免。当初的预言居然在仅仅两年后就成为现实。

这样“火烧连营”的故事，在一个“90后”的浙江姑娘，北大博士陆佳仪的笔下活生生地上演了。对于佳仪而言，这不是故事，而是现实，是她从小到大的玩伴的家庭和个人命运的变迁，是个人在时代大背景下的奋斗、挣扎和选择。因为真实，所以尤其发人深省。

不过，佳仪年轻、充满朝气的眼里，看到的不是绝望，而是希望。

她眼里看到的，是浙江的企业倒闭潮下，“富二代”和继承者们纷纷消失了，但是，这不是浙江故事的尾声，而是新浙江故事的开始。到了哀鸿遍野、经济急速下滑的2015年，在信贷危机中挣扎的浙江企业渐渐地活了过来。这一次的复苏是由信息、媒体、互联网产业为主的第三产业驱动，是消失的继承者们在重新出发，不管是被动还是主动，浙江经济的代际转移和产业升级在安静却坚定地发生着。

前些日子我回上海，去我姐姐和她的合伙人开创的“云部落TMT[①]产业园”做调研。在这个年轻、富有朝气的产业园里，我碰见了好几位来自浙江的“富二代”“90后”创业者。他们的父辈都是当地民营企业的佼佼者，积累的财富几代人传承也足够了。然而他们的孩子还是选择了“出走”，离开至今高利润的传统成衣

① TMT是科技（Technology）、媒体（Media）、通信（Telecom）三个英文单词的首字母缩写，指以互联网等媒体为基础的将高科技公司和电信业等行业连接起来的新兴产业。

行业，开始在互联网广告、社交网络、游戏、电商等新兴行业里摸爬滚打。在创业的路上，这些养尊处优长大的年轻人碰到过各种困难和考验：被人骗、被追债公司堵在办公室、技术团队解散、蜗居在一个小小的办公空间……好在都挺过来了，现在开始步入良性循环。以下就是佳仪所说的：

> 产业升级就在这一刻，在老一代的留守坚持与继承者们的集体出走间，在家庭内部代际间微妙地发生了……无数个他、她、他们，选择褪去继承者的光环，带着父辈们的“市场基因”，披上创业者的战衣，离开父辈们的战场，走向商圈，走向写字楼里窄小的电脑桌，走向互联网……

2016年，全世界都面对着一个冷热不均的中国，传统产业的衰落下行和新兴产业的方兴未艾同时在进行。攀枝花钢铁城的故事是下行中的传统产业挣扎求生的困境，而在浙江故事里，同样有中国制造业衰落的影子。和攀枝花不同的是，浙江经济不是国家产业布局的结果，而是在石头缝里长出来的野草般的民营经济，看似孱弱，实则坚韧。

只要企业家精神还在，市场基因还在，浙江的经济就会像离离原上草一样，春风微拂，更行更远还生。

附三

消失的继承者们

陆佳仪[①]

作为生长在浙江宁波地区的一名“90后”，我印象最深的就是家乡“老板多”。浙江最出名的就是中小企业和产业集群，几乎每个小地方都有自己的金字招牌：到2005年的时候，诸暨的袜业、义务的小商品、永嘉的纽扣、嵊州的领带业曾分别占全国市场份额的65%、70%、85%和90%，温州打火机更是占全球市场份额的80%以上。还有永康的五金，绍兴的轻纺、化纤，海宁的皮革、服装，台州的精细化工……

对于浙江人来说，“产业集群”“块状经济”绝不是虚幻的名词，而是实在的好处。我的家乡位于浙东盆地山区和浙北平原交叉的地方，耕地少，又没港口，自然资源较为匮乏。20世纪80

---

① 北京大学国家发展研究院博士生。

年代后，我们那里的塑料模具逐渐成为一个产业集群，自2005年至今，家乡的塑料销量长期占全国总销量的10%以上；2015年塑料交易量大约占全国10%，涉塑产业销售占比约为7%。尽管大多数人可能对我的家乡知之甚少，但是在塑料模具行业内，它的名字如雷贯耳。从1999年开始，中国塑料博览会已经在我们县城举办了17届。每次都场面火爆，展销铺位一铺难求，博览会期间市区的几家五星级酒店需要提前1个月以上预订且一概不打折。①

和大多数中国的民营制造业一样，浙江产业集群中的企业以劳动密集型为主，专业化程度很高，具有数量多、规模小的特征。如此一来，"老板"自然不少。朋友们的父母凡是自己开厂或者名下有实业的，不论大小，出门都会被尊称为"老板"。

有这么多老板，他们的下一代自然是大家眼中的"富二代"。哪怕在少不更事的孩童时代，小伙伴们凭着一点儿懵懂的攀比心，也大致明白同伴中谁的父母有很多资产。那时候，韩剧长腿欧巴李敏镐的《继承者们》还没有火遍大江南北，但我们身边那些小"继承者"们多少都明白自己在家族企业中的身份和定位。

后来我离开家乡到北大读书，从本科一直读到博士，傻傻地在"黄金剩斗士"的路上狂奔。儿时小伙伴的生活也波澜不惊地按照"富二代"的剧本平稳进行。直到2013年，一个叫"互保"的石头开始在家乡激起千层浪。

---

① 根据媒体公开报道，2015年的第十七届中国塑料博览会吸引有效客商2.4万人，实现交易总额35亿元，配套活动促成了13个项目现场签约，涉及总投资达33.98亿元。

消失的继承者们

A姑娘与我同龄，是我儿时的玩伴。她人长得漂亮，家境优渥。她的父母自1995年起就先后办起了塑料制品、水暖洁具生产企业，虽创业维艰，但经过近20年的拼搏，他们把两家厂子经营得风生水起，年景好的时候利润可逾千万。2013年我俩本科毕业，我苦逼地过上了“灭绝师太”的博士生涯，她坐在了家族企业的办公室里开始为接班做准备。在一众同龄人还在考虑毕业后如何凑首付买房的时候，她的父母已早早地在她的名下安了一栋城区好地段的别墅。家族企业蒸蒸日上，父母尚且年富力强，业务和管理也可以慢慢上手，继承者的生活有条不紊。

然而，2013年，从温州开始发酵的担保危机开始在浙江省全境蔓延，我的家乡也被波及。债务就像传染病毒通过全省的中小企业互保网络快速传播，企业倒闭在浙江演变成一场可怕的流行病，连原本免疫力强、经营良好的企业也在这突如其来的“杠杆”重压下岌岌可危。

A的父母因为人缘好、企业底子厚，被当地银行行长视为最佳担保对象，经不住行长的劝说和亲朋好友的相托，A的父母先后为10多家企业出面担保，担保额近亿元，从而深陷于担保圈。2014年A的表兄的企业和她的叔叔的企业相继出险，一块块多米诺骨牌倒下，A的家族企业陷入了巨额的债务危机。那段时间，A的父母每天面对一批又一批的行长、信贷员的催讨、施压、威胁，原本烟瘾不大的父亲一天要抽两包香烟，夹烟的手时不时地颤抖。2015年，A名下的那栋房产被法院拍卖抵债，但依旧是杯水车薪。

眼看大厦将倾，不忍多年苦心经营付之东流，A的父母打起了与很多企业家一样的主意：另起炉灶注册新企业，并将部分资产与业务暗度陈仓，转移到新企业，待老企业自然歇业后借尸还魂，以待东山再起。这一做法本质上无异于逃废债，听上去轻巧但实际操作起来风险很大，此外新企业与老企业存在千丝万缕的联系，即使后期经营上了轨道，也摆脱不了信用上的污点，因此用谁的名义办新企业成了关键。

A的父母因无法承担担保责任上了法院的黑名单，无奈之下他们想用A的名义另立新企，但A不愿意在人生刚起步时就背负如此巨大的信用风险，百般思量后还是拒绝了。幸好父母也理解。最终，A的父亲请出了自己年迈的父亲，以老人的名义重新注册了企业。虽然暂时摆脱了清盘的命运，但是随着整个经济形势的恶化，新企业业务与原来相比下滑明显。经历了一年的跌宕起伏后，A终于决定离开家族企业，靠着父母的资金支持开了一家小小的日式餐馆。我们最近一次见面就是在她的餐馆里，她和男友两个人穿着制服忙着拖地擦桌，为紧接而来的用餐高峰做着精心的准备，门口陈列窗上挂着“美团外卖”的招贴。

B姑娘也是“90后”，她性格温柔，一心向往安逸的家庭生活，大学毕业后便与我们当地一位“富二代”C小哥喜结良缘。记得当时那一场奢华的婚礼在我们小城曾引起不小的轰动。C家的产业规模颇大，他本人从英国学成归国后在家族企业担任副总经理，主管外销业务，办事精明果断，好评如潮，接班人之路一片光明。同样的，因为家底厚、信用好，C的家族企业也被视为良好的担保人，后来在担保网中也陷得不浅，2013年开始，受到被担保企业倒闭的牵连，C的家族企业背上了1亿多元的担保债务。所谓祸不单行，企业一旦受到债务牵连，信用就急速下降，多家银行开始抽贷，供应商也开始断供，企业失血加速，最后倒闭——前后仅仅只一年左右的时间。法院拍卖了C家族企业的所有资产也未完全还清债务，殷实的家底一夕之间化为乌有。C的父亲伤心地说："辛辛苦苦30年，一朝回到改革前。"

一夜之间，富有的继承者成了赤手空拳的平民。平时文静柔弱的B此时却很冷静。2014年年末，她和丈夫离开家乡去了杭州，开了一家网店。原来的家产虽然没了，但人还在，脑子还在，原来积累的人脉经验也没有全丢掉。他们从代购国外品牌的营养保健品起步，听说，现在生意慢慢也好起来了。

D小哥是海外名校计算机专业出身。他的父亲为人大气、踏实肯干，自20世纪80年代末创办企业以来一直顺风顺水，家族企业制造电源产品，其生产的产品一直处于国内领先地位，获得过许多国家级和省级的荣誉。D的名字早已被望子成龙的父母列在了企业的股东名单上，等着儿子回来继承家业。

2008年前后，D的父亲被江苏淮安市某县的招商引资政策吸引，选择在那里买土地、建厂房、上项目。当地将其作为招商引资的重点成果，还用企业的名字命名厂前的道路，名噪一时。这般礼遇加上当地银行的支持，D的父亲加大了投入，又开发小商品市场、投资酒店，摊子越铺越大，所需资金也越来越多。2014年后，浙江互保危机爆发，资金面越来越紧。屋漏偏逢连夜雨，因领导调动，原先江苏那里的政府承诺收购第一块厂区土地的计划泡汤，企业的资金链紧崩到极限，只能在风雨中苦苦维持。幸运的是，因为担心D也跟着上信用黑名单，他的父母在担保风险爆发前就把他的名字移出了股东名单。D毕业后没有选择父辈们赖以生存的制造业，而是把眼光投向了蓬勃发展的互联网，根据自己的专业背景和兴趣，联合一帮小伙伴搞起了电子游戏教练类网络平台，虽是初出茅庐，但小试牛刀一炮打响，目前也获得了稳步上升的客户群，并赢得了风险资本的青睐。

这三个发生在我们小小舜城的故事，说的是“继承者”们的消失。这样类似的故事在浙江天天上演着。不同的故事背后，都有个相似的背景。

“去杠杆”的浙江：无可奈何花落去

很多浙江民营中小企业是从家庭式、手工作坊式的小生产起步的，基本集中在劳动密集型行业与价值链的低端。在企业初创时，由于资本积累有限，资金供给不足成了企业发展的主要困难，所以大多企业都有很强的外部融资需求。发行股票和债券的门槛太高，银行贷款是其主要的融资来源。

但即便是商业银行，面对规模小、实力不足的中小企业也是相当“高冷”的。“嫌贫爱富”的银行更偏好信用评级高、资产足、营业效益好的国有大型企业，对中小企业却相当“吝啬”。由于中小企业规模小、实力弱、信息披露能力差，银行在贷款时对抵押品和外部担保的要求很高。可是中小企业本来就底子薄、不少资产又无权证，加上银行办理资产抵押是在原有估价上打七折甚至更低，使他们更加局促，无奈之下外部担保成了最后的稻草。出于保护自身利益的考虑，企业为外部企业担保时也会要求对方为自己担保，互保体系就此形成。

在逐渐的发展过程中，浙江企业资金担保链呈现“线、环、网”三种联结形式。所谓的“线”就是前面提到的企业结对互保，“环”是指众多企业联合成立资金联保小组，“网”是指集团企业相互之间以及集团企业内部子公司相互之间提供资金担保，其中包括了母公司与子公司互保、子公司间互保以及母公司间互保三条线，关系十分复杂。

中小企业普遍存在于“线、环、网”盘根交错的担保网络之中，同一家企业极有可能涉及不同的担保层次，最终导致杠杆被层层放大，优质企业与不良企业被捆绑在一起，牵一发而动全身。在经济上行时期，担保链这种隐性负债风险被繁荣所掩盖，信贷环境对中小企业而言更加宽松，互保、联保成了多方受益的一种合作共赢模式。一旦经济下行，风险极易暴露。

以我的家乡为例。截至2015年年底，全市1270亿元的本外币存款余额中制造业企业的贷款大约为600亿元，担保贷款约占其中的三分之一。贷款规模在1亿元以上的企业大部分都包含担保贷款，全市涉及10亿级贷款规模以上的担保链就有10条，5亿级贷款规模以上的担保链有20多条，1亿级贷款规模以上担保链有几十条。涉及企业数百家，这些担保企业之间关系复杂，相互捆绑，相互缭绕，随着个别企业金融风险的显现，银行进入发现风险、收紧、再出风险的恶性循环，而企业如同多米诺骨牌相继倒下。

“狼”还是来了。长期处于价值链低端的制造企业在土地、劳动力等资源优势逐渐耗尽之时，终于切身感受到了内忧外患的双重折磨。2008年全球金融危机吹响了浙江传统制造业企业溃退的序曲，随着海外订单量急速下降，营业额随之大幅缩减；同时企业长期仰仗的低成本优势迅速消失了，工资、社保、税费、银行利息和原材料价格依然持续增长，利润空间急剧压缩，浙江企业界一时有“五把刀、六把刀，刀刀割肉”之说。

面对江河日下的传统制造业，不少企业家动起了投资的心思：2009—2010年间适逢房地产价格大涨，暴利吸引了众多的投机者，很多企业拿到贷款以后并没有用到主业，而是转投到了房地产项目。在房地产鼎盛时期，除了不少人听过的一时风光无限的“温州炒房团”外，企业老板投资房产一时成为时尚，一个楼盘背后往往有一长串的股东名单，他们大多来自制造业。一时间，繁荣的房地产市场和被推高的资产价格将逐渐没落的制造业藏在金色的幕布之下，此时银行也增设网点开闸放贷，给虚火的市场火上浇油。

这场危机中最先沦陷的是民间金融最为活跃的温州。2010年下半年，政策意义上的“去杠杆”开始了：央行连续27次上调准备金率，收紧信贷；房地产调控也层层加码，限购政策紧随出台。最先被刺破的是房地产泡沫，房价地价的下跌造成了企业债务负担加重，进而引发了恶性循环：企业在不堪债务重负时，抛售房产、快速回笼资金成为首选；然而一旦出现集中抛售，房产与土地价格又会进一步下跌。银行也在此刻“落井下石”，不仅“借新还旧”政策被调整为“还清再贷”，而且抽贷、压贷，企业还清之后银行也拒绝再发放贷款，导致企业资金链断裂，生产经营陷入困难。即使银行同意再为企业发放新贷款，但审核时间往往也会一拖再拖、授信条件一变再变。为解决临时性资金需求，企业只能转向利息较高的民间借贷，增加了企业的经营成本和风险。在2011年温州民间借贷崩盘之前，银行的猛烈抽贷加剧了危机的爆发。此后“房地产价值缩水——抵押品价值缩水——银行抽贷——负债企业资不抵债——债务通过担保链传播——房产抛售价值进一步缩水”的循环开始在浙江各个三四线城市上演。

在担保危机蔓延和担保网络造成的高杠杆重压之下，浙江老一辈中小企业主顶着巨大的压力，穷尽毕生绝学，八仙过海各显神通，化被动去杠杆为主动，练就一身“资产大挪移”神功，也开始了一场旷日持久的“资产保卫战”——这是故事中并不光彩却无法回避的部分事实，也正是2014年浙江省居高不下的银行坏账率和全国第一的坏账余额的注脚。前面讲到的暗度陈仓、借尸还魂之计只是企业主们三十六计之代表而已。除了以父母、子女，甚至亲戚的名义注册公司、自己充当实际控制人以外，企业主有时还会引入私交不错的第三方，由他们暂时出面，待风平浪静后再将企业改头换面。除此之外，在资产保卫战中，还有反客为主、恶意租赁的，例如提前与名义上的“第三方”签订长租协议书，使资产清盘时无法被正常拍卖，从而实质掌握资产的使用权；或是无中生有、虚构债务，造成其他债权人利益受损；还有偷梁换柱，自己低价买入法院所拍卖的本公司资产，使债务大大缩水——因为法院第三拍价格往往可低至评估价的55%。在无计可施之时，还有走为上计，因此“老板跑路”成为网络热词。

近两年浙江省企业金融案件频发，以我的家乡为例，仅2015年上半年立案的金融案件就有近500项，涉案标的金额估计达几十亿。与之相呼应的是从2012年起浙江省飙升的不良贷款率和在全国范围内一枝独秀的不良贷款余额（其中还不算那些庞大的被核销贷款）。至此，企业主们用他们的个人遭遇与行动给我们上了一堂极为生动的“去杠杆”课程。

图 1　浙江等地 2014 年第四季度及 2015 年第三季度不良贷款率

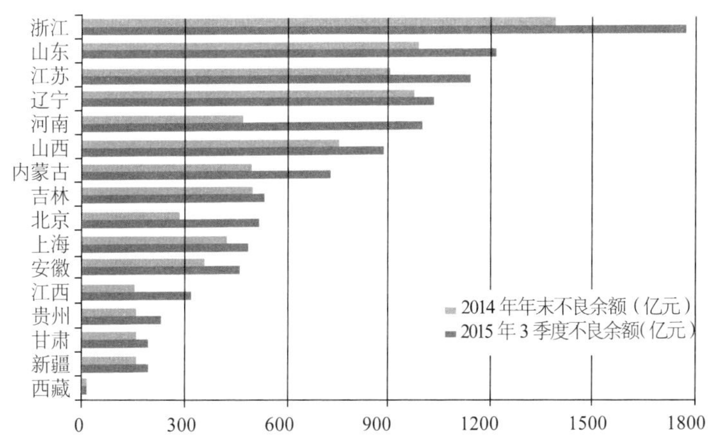

图 2　浙江等地 2014 年年末不良贷款余额及 2015 年三季度不良贷款余额

产业升级中的浙江：病树前头万木春

金融体系的漏洞、信用体系的缺失、担保危机对地区经济的伤害，以及企业主的张良计、过墙梯——浙江的历史经验和教训仍然历历在目。但是在一地的瓦砾之上，新的生命力也在酝酿。

浙江素有“义利并举、工商皆本”的重商传统。改革开放以来，浙江在缺陆域自然资源、缺国家资金投入、缺特殊优惠政策的“三缺”条件下，紧紧抓住市场经济发展的先机，浙江人的市场基因得到了充分释放，人人想创业、个个当老板，形成了一支充满活力的创业大军。创办了面广量大的中小企业，造就了一批有胆有识的企业家。毋庸置疑，是浙江的“企业家精神”孕育了遍地开花的产业集群。但中国经济进入新常态后，浙江民营经济，依靠资源要素投入为主的粗放经营模式，以及简单模仿、创新不

表 1　2014—2015 年全国（不含港澳台地区）各省市地区实际 GDP 增速

单位（%）

	北京	天津	河北	山西	内蒙古	辽宁	吉林	黑龙江	上海	江苏	浙江	安徽	福建	江西	山东	河南
2016 年目标	6.5	9	7	6	7.5	6	6.5~7	6~6.5	6.5~7	7.5~8	7~7.5		8.5	8.5	7.5~8	8
2015 年目标	7	9	7	6	8	6	6.5	6	未设	8	7.5	8.5	10	9	8.5	8
2015 年增速	6.9	9.3	6.8	2.8	7.7	2.7	6.3	5.5	6.9	8.5	8	8.7	9	9.1	8	8.3
2014 年增速	7.3	10	6.5	4.9	7.8	5.8	6.5	5.6	7	8.7	7.6	9.2	9.9	9.7	8.7	8.9
变化	–0.4	–0.7	0.3	–2.1	–0.1	–3.1	–0.2	–0.1	–0.1	–0.2	0.4	–0.5	–0.9	–0.6	–0.7	–0.6
	湖北	湖南	广东	广西	海南	重庆	四川	贵州	云南	西藏	陕西	甘肃	青海	宁夏	新疆	
2016 年目标	9	8.5	7~7.5	7.5~8	7~7.5	10	7	10	8.5	10	8	7.5	7.5	7.5	7	
2015 年目标	9	8.5	7.5	8	8	10	7.5	10	8.5	12	10	8	8	8	9	
2015 年增速	8.9	8.6	8	8.1	8.2	11	7.9	10.7	8.3	11	8	8.1	8.3	8	8.6	
2014 年增速	9.7	9.5	7.8	8.5	8.5	10.9	8.5	10.8	8.1	10.8	9.7	8.9	9.2	8	10	
变化	–0.8	–0.9	0.2	–0.4	–0.3	0.1	–0.6	–0.1	0.2	0.2	–1.7	–0.8	–0.9	0	–1.4	

足，产业层次相对落后，产品技术含量不高等问题，逐渐成为阻碍未来浙江经济发展的硬伤。“去杠杆”的背后，就是要去掉低小散的低端产能，就是要去掉传统的增长动能，保留浙江人的“市场基因”与“企业家人力资本”，强化创业创新的精神。

在我眼里，“去杠杆”的关键在于尚有活力却因担保受损的优质企业是否有走出阴影、轻装上阵，进而重新开始的机会；在于“去杠杆”后，是否能快速盘活倒闭的不良资产，让资产在新企业中发挥更大的作用；也在于风暴过后，优质企业家人力资本与优质资产之间能否再次有效结合。在并不光彩的资产转移背后，是信贷过度扩张重跌至谷底后努力挣扎以求重振的浙江实体经济。风雨飘摇的传统制造业正逐渐走向衰落，背后是无数家庭的悲欢离合。但在绝望之中，我们也看到了希望。向前看，看的是未来的发展趋势，是新一轮的产业升级。如果我们认为在经济下行和担保危机过后浙江经济就此一蹶不振，那就大错特错了。

2015 年，在全国各省经济增速普遍低于 2014 年的情况下，浙江省以 8%的实际GDP 增速实现了对 2014 年 7.6%的反超，同时也超过了 2015 年年初省政府制订的 7.5%的增幅目标。这一增长是靠什么带来的？可以确定的是这并不是由步履蹒跚的第二产业带来的（制造业增速在 2015 年遭遇了严重下滑，其增速仅为 5.4%，相较于 2014 年降低了 1.4%），破茧而出的正是第三产业。2015 年，浙江服务业增加值达到了 21347 亿元，年增速达到了 11.3%，对GDP的增长贡献率达到 65.7%。第一、二、三产业增加值结构由 2014 年的 4.4 ：47.7 ：47.9 变为 4.3 ：45.9 ：49.8，服务业（第三产业）比重提高 1.9 个百分点。尤其值得注意的是，其中信息经济核心产业增加值 3310 亿元，增长 15.1%，占 GDP 的 7.7%，比重比上年整整提高了 0.6 个百分点。

实际上，在“去杠杆”的同时，我们正在亲眼见证着极为快速的产业结构转型。某种意义上，浙江由担保圈塌陷引起的快速去杠杆，恰恰是浙江经济浴火重生的机遇，是新旧动能转换、新老二代加快迭代的催化剂。

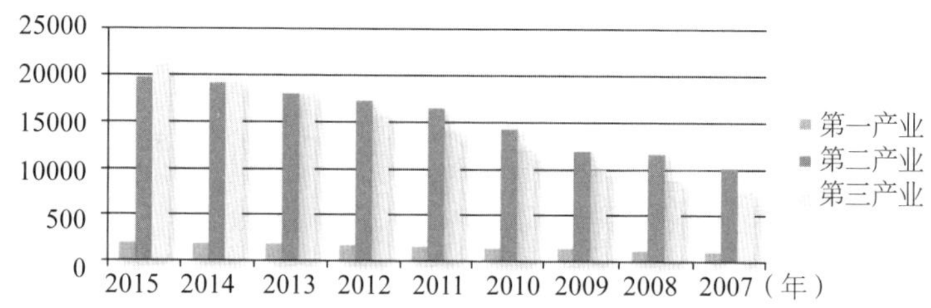

图 3　2007—2015 年浙江省三大产业增加值（单位：亿元）

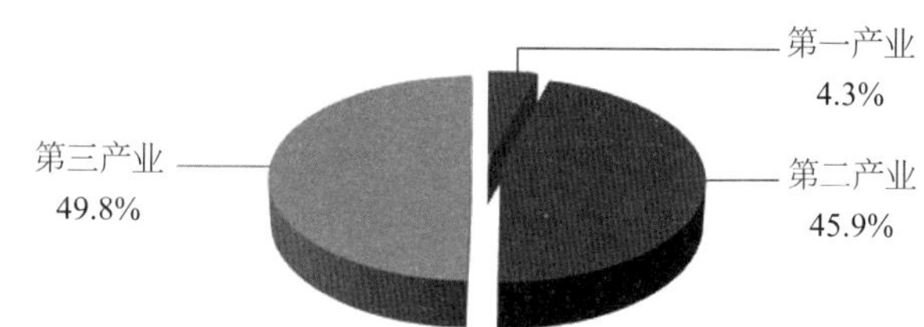

2015 年浙江省三大产业生产总值构成

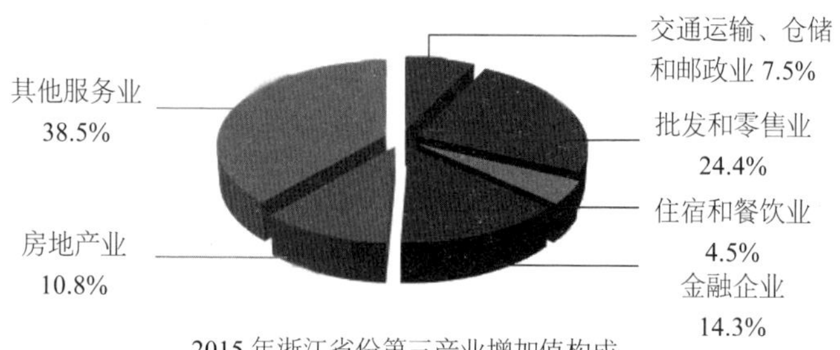

2015 年浙江省份第三产业增加值构成

图 4　2015 年浙江省三大产业占比以及第三产业中各细分产业占比

如果再向前走一步，我们可能想要问——浙江省第三产业迅速崛起的动力是什么？未来发展的希望在哪里？是马云的阿里巴巴？是数以万计的电商与网店？是不断涌现的TMT孵化器？是新兴的互联网公司和各种手机小游戏和手机应用？我所看到的，是无数个像故事中的A、B、C、D那样有知识、有能力、有勇气的“85后”“90后”，面对“去杠杆”背景下岌岌可危的家族企业，他们选择褪去继承者的光环，带着父辈们的“市场基因”，披上创业者的战衣，离开父辈们的战场，在全国各地招募自己的小伙伴，走向商圈的餐馆与咖啡店，走向写字楼里窄小的办公室的电脑桌，走向互联网，或者走上阿里巴巴指引的电商大道，走向VC、PE，拥抱资本。

创业之火在浙江再次熊熊燃烧。2015年全年，浙江新增创业项目1364个，同比增长了32.4%。在全国创新大赛中，40%的奖项被浙江摘得。在浙江首批的37个特色小镇中，聚集创业团队1900多个。2015年一场以“互联网+创业创新”为主题的云栖大会，吸引了超过4万人到场参与。年轻创业者中，有一支便是浙商后代，他们往往有海外背景，接触了与浙江传统工商业不同的新思想、新理念和新的商业模式，有相当一部分人开始做平台，如众创空间和孵化器。

当然，他们是千万创业者中的幸运儿，从小的家庭熏陶让他们有机会学到父辈们的生意经，良好的家庭条件给了他们出国深造学习前沿知识技术的机会，而父辈们通过各种手段“抢救”出来的那一部分资产最终成为他们创业的原始资本。产业升级就在这一刻，在老一代的留守坚持与继承者们的集体出走间，在家庭内部代际间微妙地发生了……有多少“50后”“60后”一夜白头，也许就有多少“90后”一夜长大。在留守与出走间，转移的是资本，传承的是“企业家精神”。

很多继承者消失了，但是只要企业家精神不死，新的“创一代”就会快速成长。我想，这才是继承者们故事的最终落脚点。

中国版"两房"债会引发"次贷危机"吗?

中国版本的房地产抵押贷款支持债券主要是以公积金贷款为试点，目的是为了增加公积金贷款的流动性，目前到百亿规模也很难对房价产生大的冲击。但是，如果公积金贷款的规模能扩大，由于公积金贷款利率比一般商业银行的房贷利率要低 1%~2%，那实际上就意味着贷款利息的降低。

2015 年 12 月 5 日早上有一则新闻，新闻的标题很炫酷，叫《中国版"两房"债来了！公积金资产证券化扩围至上海》，主要内容就是上海公积金管理中心作为发起机构，于 12 月 4 日发行了总额约 69.63 亿元的个人住房贷款资产支持证券。

"两房"就是指"房利美"和"房地美"，全名分别是联邦国民抵押贷款协会（FNMA）和联邦住房抵押贷款公司（FHLMC），两者都是由美国政府出资成立的金融机构，类似于我们的住房公积金管理中心，目的是为居民提供利率相对较低的个人住房抵押贷款。

20 世纪 70 年代后，这两个机构大量发行以房地产贷款为支持的证券产品，叫作房地产抵押贷款支持债券（Mortgage-Backed

Security，简称MBS）。这个标准化的产品不但帮助两房扩大了融资规模，而且容易抵押，造就了一个非常活跃的二级市场，使得整个房地产借贷市场的流动性以及金融机构的融资能力大为改善，带动了房产和债券市场的双重繁荣。

比如说，在美国的债券市场上，MBS及其相关产品一直是最活跃的主流品种，在21世纪初一度占整个债市规模的30%以上，次贷危机后下降明显，但是近年来又回升了。2014年年底，MBS及其相关产品大约占美国债市的20%。从20世纪70年代开始，美国标普房屋价格指数从125一路飙升至2007年的峰值180，次贷危机过后掉到130左右，2015年又回到了175左右的水平。所以很多人有疑问，中国的MBS市场被打开后，会不会导致泡沫出现，引起像美国一样的房地产市场危机呢？

从目前来看，中国版的MBS放开主要是以公积金贷款为试点，目的是为了增强公积金贷款的流动性，而且规模也小（暂时不到百亿），暂时看不出会对房价产生多大的冲击。美国当时为什么会有那么大的冲击呢？因为当年美国的房地产需求不振，银行也惜贷，MBS正好直接解决了这两个问题。然而中国从来就不存在这种问题，有“丈母娘经济”，房子是刚需，再加上前10年房地产价格的疯涨，人们对房子的投资需求也很大，尤其在北京、上海这种教育、医疗资源高度集中的地方，需求一直很旺盛。所以MBS是否放开，对需求端的影响不是特别大。

再看银行，银行也不存在惜贷的问题，中国的房地产贷款一直是银行最优良的资产——美国不一样，他们是超前消费，因为没有储蓄，很多人买房是零首付，一旦失业，就直接不要这房子了。我们勤劳善良的中国人民一直热爱储蓄，首付最低也是20%~30%，一攒点儿钱就恨不得快点把贷款还完。从目前情况来看，大面积违约的可能性几乎不存在。我给大家说一个数字：2013年年底，美国人的房贷余额和净储蓄之比是16，就是说美国人的净储蓄全拿出来，也只够付房贷余额的6%！中国这个数字是多少呢？是0.42，这就意味着光储蓄就可以覆盖所有的房贷余额且绰绰有余。稍微夸张点儿说，中国的房贷不但是银行的优良资产，简直是无风险资产！再想想3%~4%的公积金贷款利率，前些年5%~6%的商业银行贷款利息（现在基准利率调低几次后也在4%以上），我国老百姓在消费信贷上的保守倾向——在全球低利率负利率时代，简直是宝藏一样的存在。所以一直以来，银行不存在惜贷的问题。如此看来，MBS放开对刺激金融机构放贷的影响应该也不是很大。

所以我的判断是，目前来看，中国版“两房”债券的发行对房价的影响有限。在边际上有点儿效果没有？那也可能是有的。但是影响房价的因素主要还是人均收入、土地供应、人口密度和教育医疗资源等。（当然货币政策也会影响房地产的名义价格。）

那么，至于MBS会不会引发“次贷危机”？我只能说这是有些人想得太多了。20世纪80年代后，随着金融工程的兴起，以资产抵押证券为标的的衍生品被开发出来，其中就包括债务担保凭证（Collateral Debt Obligation，简称CDO）和信用违约互换（Credit Default Swap，简称CDS）。这些产品分级更细，经由层层打包抵押，杠杆很高，尤其那些级别特别低（也就是质量很差）的房贷资产，房价一旦下跌，违约率就很快上去了，市场上杠杆崩塌，引发连锁反应。所以次贷危机中声名狼藉的主要是风险等级很高的CDO产品（再次贷危机产品），和普通的MBS其实关系不大。中国再次贷产品暂时还没有推出。同时，依照中国目前的房贷余额和净储蓄率之比，即使房价下跌，离大面积违约依然遥遥无期。与其担心房地产贷款市场违约引发危机，倒不如看看那些占据大量资金资源的僵尸企业的高杠杆率呢。

有人会问，那公积金贷款证券化有什么用呢？一来是提高公积金贷款的流动性。这个和当年美国市场的动机差不多。公积金贷款期限长，流动性差，打包标准化证券化后，流动性大大提升。此外，如果公积金贷款证券化发行顺利铺开，公积金中心的融资规模扩大，也许能够放大公积金贷款的规模——比如现在公积金贷款的上限是120万，这对于北上广的房价来说，简直是杯水车薪。假定随着融资能力的增强，公积金贷款的额度随之提高扩容，那就意味着更多的人有可能使用公积金贷款购房。公积金贷款利率比一般商业银行的房贷利率要低1%~2%，如果公积金贷款的规模扩大，那实际上就意味着贷款利息的降低，能有效提高居民的购房能力，使“居者有其屋”。

当然，刚才我讲的这个结果有两个前提，其一是公积金贷款证券化的规模足够大（现在这点儿只是毛毛雨），这个规模又取决于证券化产品的二级市场是否活跃，定价是否公平；其二就是监管层允许公积金贷款的额度扩大。这个“梦”就成了白日梦。不过梦想还是要有的，万一实现了呢？

101 次求婚之后：携子之手去远方

——携程并购去哪儿漫谈[①]

追溯起携程和“去哪儿”的罗曼史，有如回顾一部波澜壮阔的中国互联网行业发展史。或高峰或低谷，有挥斥方遒，亦有急流勇退。不变的是资本逐利，不眠的是热辣金钱。企业间的爱恨情仇，也反射着互联网行业的壮阔胸膛，资本市场的风云变幻。

中国互联网的故事，要从 15 年前说起。

江湖厮杀，初现萌芽

2000 年 5 月，互联网泡沫临近。刚刚萌芽的中国互联网上有一家论坛风华正茂，它就是鲨威体坛。这家曾经和新浪竞技风暴齐名的体育网站，在千禧年以 1500 万美元的总价卖给了 TOM 在线。在此过程中，鲨威的管理团队，红极一时的戴福瑞、庄辰超和道格拉斯散作天星，然后销声匿迹。

另一厢，携程正春风得意马蹄疾，一朝闪瞎投资人的眼。创

① 本文致谢李远远和唐秋韵的研究助理工作。

立仅三四个月，携程的估价便被提到了200万美元，这已是它创业资本的8倍多。美国国际数据集团（IDG）便是在此时决定投入第一笔风险资金——50万美元。此后，携程便以迅雷不及掩耳之势顺利获得第二笔风险融资——软银银行集团、上海实业集团、美国兰花基金（Orchid）、香港晨兴集团，以及追加投资的IDG集团等5家投资公司陆续进入，风险资金总量为500万美元。这500万美元在纸面上却是所占股权“不超过30%”，也就是说，那时携程的公司估价已经达到了1600万美元。

携程熬过了互联网泡沫的风雨，开始急速扩张之旅。携程的创始人之一梁建章一直被人称为技术和管理天才，短短两三年时间，他便完成了携程业务的全产业链布局。另一位创始人沈南鹏投行出身，谙熟资本运作，通过一系列收购并购，包括北京海岸机票预订中心、华程西南旅行社等，携程迅速横扫千军，在线上旅游这个行业大有一统江湖之势。

2003年12月9日，携程在美国纳斯达克股票交易所正式挂牌交易。在挂牌交易前，携程在路演中获得10多倍超额认购。到上市前，又将上市挂牌价格从14~16美元提高到16~18美元。

1999年，携程成立之初，注册资本是200万人民币，而上市那一日股价便摸高到37.35美元，公司总市值达到5.5亿美元以上，缔造了“上市神话”。

然而，携程一家独大的局面并没有持续多久。2005年，不到30岁、曾被称为北大少年天才的庄辰超静极思动，和他的鲨威团队再次聚首，创办“去哪儿”网。

2005年的中国互联网世界是热闹非凡的：

2005年，盛大偷袭新浪，全民博客成为第一大网络现象；

2005年，网游公司成为最受媒体和资本市场追捧的概念股；

2005年，阿里巴巴收购雅虎中国，淘宝与eBay正式开战；

2005年，MSN、谷歌正式进入中国市场；

还是在2005年，日后BAT三大巨头[①]之一的百度上市了。

很多媒体在回顾2005年的中国互联网江湖时，都不会把上述大事件落下，而互联网业界的未来群体性人物也正初展头角。

2004年圣诞节，杨浩涌只身从美国回到北京，2005年3月赶集网上线；

2005年，离开万网的姚劲波创办了58同城；

2005年，周鸿祎在这一年开始二次创业，奇虎360诞生；

还是2005年，王兴和李学凌分别做了校内网（人人网）和YY，王微、姚欣和周娟同期做了土豆、PPTV和56网，杨勃创办了豆瓣。

对于庄辰超来说，这一年是“车如流水马如龙，花月正春风”。2005年5月，“去哪儿”网在这大事狂飙、未来的群体性人物纷纷生根的年份中呱呱落地。

后起之秀，华山之巅

在线上旅游的同质业务上，携程已经做到大而全，挑战者要怎么“弯道超车”，打破携程一家独大的局面？庄超辰使用了“纯平台”的概念。作为中国首创的在线旅游搜索引擎，中国旅行者

---

① 指百度（Baidu）、阿里巴巴（Alibaba）、腾讯（Tencent）。

第一次可以在线比较国内航班和酒店的价格及服务水平。用庄辰超自己的话说："这就是搜索的优势。"

通过搜索，用户可以找到全国甚至外国航空公司的超低价机票，在覆盖面上，甚至可以找到三线城市的特价酒店客房。"通过搜索网站，房源可以多出10倍，低价票源则可以多出50%。"另外，用户可以通过比较，来筛选更适合自己的产品。

选择意味着自由。这一点儿自由对于中国消费者来说太弥足珍贵了。自成立以来，去哪儿的用户数量呈火山爆发式地增长。自2005年6月份起，上线的前3个月内每两周的增长都超过50%，两年之后的2007年5月份，去哪儿的独立用户访问量突破500万，10月突破1200万，2008年8月突破2400万，成为中国最热门的旅游新媒体之一。

为了进一步加速公司的成长，去哪儿网的几位创始人也在积极寻求风险投资。2006年7月，著名的硅谷风险投资商梅菲尔德风险投资公司（Mayfield）和金沙江创投投资250万美元。2007年11月由雷曼兄弟主导投资840万美元，至此，去哪儿正式实现了"华丽转身"。

随着用户规模和可用资本的扩大，其业务模式也在不断演进。去哪儿最初成立时主要做的事情是将各大在线旅游社（Online Travel Agent，简称OTA）销售的机票、酒店信息汇集到网站上；让用户可以很方便地找到低价的机票、酒店等产品。之后，去哪儿又直接引入航空公司和酒店官方网站，让它们可以直接在上面对顾客销售产品。

同时，随着接入的产品越来越多，去哪儿吸引的用户也不断增长。到了这个阶段，去哪儿开始向那些OTA网站收一些流量导入费用，也就是我们通常所说的CPC（Cost Per Click）——点击付费收入。再后来，去哪儿率先采用了一整套集合了产品信息展示、交易信息留存、支付等在内的销售系统解决方案TTS（Total Solution），后又进化为SaaS（Software-as-a-Service，软件即服务），深谋远虑地为迎接智能手机兴起后的移动互联网时代打下了良好基础。

2005—2010年间，随着中国国民收入快速增长，中产阶级的快速崛起，在线旅游成为人人觊觎的一块肥肉。初期是携程、艺龙式的在线代理商，后来芒果、同程的加入加剧了在线代理竞争的激烈程度，而去哪儿的异军突起，正是因为提供了一种垂直搜索的“比价服务”。随着市场扩容和用户的成熟，2008年在线旅游的细分化和社交化进一步加深，像驴妈妈、途牛等度假旅游网站，蚂蜂窝等旅游社交网站开始兴起。同时，传统电商、航空公司、酒店也纷纷挤入在线旅游平台大军。

市场大了，竞争却更白热化。和大多数中国产业的发展模式类似，在线旅游行业也陷入了价格战的泥潭。几乎是在惨烈的竞争中，在线旅游行业资源整合的步伐也在逐渐加快。

2011年，BAT巨头加入了战局。经过整整一年的前期磨合和不断商议，2011年6月百度宣布入股去哪儿，进行深度战略合作。百度向去哪儿投资3.02亿美元，获得其61%的股权。但是承诺，虽然绝对控股，但绝不干涉去哪儿的独立发展。

经此一役，去哪儿管理团体虽然付出了61%的股权（并没有放弃管理上的控制权），但获得3亿美元的现金流，为后面大规模的扩展打下坚实基础。公司估值跨过了 5 亿美元的门槛。互联网行业的寡头竞争态势日益浮出水面。

这笔投资在当时绝对是百度历史上最大规模的单笔投资。究其原因，百度和去哪儿拥有相似的技术基因和相似的商业模式，在后续的整合上确实容易产生火花。百度和去哪儿的立业之本都来自搜索引擎，有着非常多的共同点和借鉴点。去哪儿彼时的发展速度和市场估值已证明了在线旅游市场拥有不容小觑的美好前景；同时，百度拥有充沛的现金流，并且有对外投资的需求。这正所谓“金风玉露一相逢，便胜却人间无数”。

而 2011 年，对携程而言也是分水岭。

之前携程的扩张一路顺风顺水，到 2011 年，它在中国旅游预订市场的份额已经高达 60%。但在 2011 年后，携程旧有的呼叫中心在移动互联网时代开始显得过时，成本急剧上升；同时，酒店和航空公司直订大批涌现，携程的客户黏性开始下降；在加剧的行业竞争背景下，携程还被曝出假保单事件，极大地损伤了市场和投资者的信心。

当然，最大的挑战还是竞争对手去哪儿的崛起。2012 年过半之后，去哪儿开始提供预付费预订服务。预付费将大幅降低酒店入住价格，这一着棋无疑攻入了携程的腹地，使携程从此陷入了与去哪儿的胶着价格战。一方面与携程互相攻城陷地，另一方面，去哪儿也紧锣密鼓地筹备上市。2013 年 11 月 2 日凌晨，去哪儿在纳斯达克股票交易所成功挂牌上市。

十年之前，我不认识你，你不属于我。十年之后，我们相逢在同一个交易所。

“去携”之争，相爱相杀

说起来，携程和去哪儿之间也真是相爱必须先相杀。

2006 年年底，成立时间不久的去哪儿便因一场画线风波被携程告上法庭：去哪儿将其他代理商价格与携程进行比较，并在携程名称和价格处画上删除线，以示并非最低价格。

两年后，去哪儿又因为随意抓取携程用户对酒店的点评信息而被后者再度送上法庭。

两家老板虽然没有正面冲突，但两家公司硝烟弥漫，大有剑拔弩张之势。

2011 年，双方的冲突再度升级。去哪儿先是指出携程“零元团购抽奖活动”为虚假宣传，后又披露携程搞行业垄断、单方面撕毁与去哪儿的秘密协议。携程则否认存在秘密协议，指控去哪儿恶意诽谤，并宣称不排除以法律武器维护合法权益。

5 个月后，冲突之火则直接从创始人身上燃起。去哪儿首席执行官庄辰超在微博上高调爆料，称“携程 12 周年庆当天我在携程总部办公楼各个办公室挖人，收获颇丰”，携程则以“持续专注于旅行服务，不会参与这种竞争对手发起的口水战”直接应对。

到了 2012 年，形势每况愈下。

1 月，去哪儿推出“越狱”“夜销”两款产品，前者以“酒店价格你来定”为口号，由消费者出价、酒店方竞单，用户可以享受最低 3 折优惠；而“夜销”则是基于智能手机客户端的酒店“Last Minute”模式，每晚 6 时开始打折出售酒店的剩余房间。携程称其发展模式为“饮鸩止渴”。

7 月，携程正式对外宣布，将投入 5 亿美元（当时约合 32 亿元人民币）进行为期一年的低价促销。这次促销酝酿一年有余，有了足够的资金支持，酒店、机票、旅游门票等目前国内旅游市场最受欢迎的主流产品，统统被纳入价格战范围；几乎在同一时间，去哪儿宣布将投资 3000 万美元打造旅游智能化服务平台，并向所有在线旅游供应商免费开放其旅游服务平台。老牌在线旅游网站艺龙、芒果随后也加入了这一促销浪潮，从而拉开了国内在线旅游业以价格战为前奏的“洗牌”大幕。

一轮价格战下来，各方都出现明显亏损，携程在传统强项酒店预订业务上再度失守。2014 年，去哪儿对美团发起冲击，与美团的酒店团购业务展开激烈竞争；同时，携程表示其 2014 年的唯一目标是市场份额，净利润没有关键绩效指标（KPI），即使负利润也在所不惜。

血战之后，双方也有化干戈为玉帛之心。2014 年 4 月 16 日，有消息称携程、去哪儿双方已经达成初步协议，将以 100% 换股的方式合并，换股比例为 1∶2。消息沸沸扬扬传了几天，终于不了了之。“婚事”谈崩，据说和去哪儿团队的一贯风格颇有关系，他们从鲨威体坛开始，一直秉持着“我一生不羁放纵爱自由”的原则，对于“嫁入”携程一直兴致不高。

战况继续恶化。不仅是在线旅行社，连团购产业也被卷入。整个行业深陷价格战，冬天已经来了很久，春天却仍未现身影。2015 年，整个互联网行业开始出现萧瑟气象，内战停止，行业整合，抱团取暖渐成风气；从年初开始，市场对于这种无休止的烧钱表现出深深担忧，去哪儿和携程股价纷纷出现大幅波动和跳水，在 6 月 2 日去哪儿宣布拒绝携程收购要约后当日，携程股价下跌 5.62%，创下 6 个月来最大跌幅。

自由恋爱，不敌媒妁之言

去哪儿和携程最终的成功联姻，除了百度的撮合，和携程的锲而不舍也有很大关系。

携程的梁建章也从小是电脑神童，复旦少年班毕业后赴美国留学，成了互联网技术权威，回国创立携程，成功上市后任公司首席执行官。2007 年，38 岁的老梁同学突然辞职，来了一场说走就走的长途旅行，到斯坦福大学去攻读经济学博士学位，专门研究人口问题。2011 年博士毕业，开始在北大任教。2013 年年初，携程被后起之秀四面夹击，危机四伏。梁建章临危受命，再次出任携程董事会主席兼首席执行官。两年内，携程在移动互联网领域的布局大为改观。

工科男就是有种锲而不舍的精神。2014 年第一次试探性的求爱无果，梁建章改变了策略，不再直接骚扰去哪儿。自由恋爱不成，还有曲线救国路线。别忘了，去哪儿在 2011 年已经被收归百度旗下。也就是说，百度才是去哪儿的真正当家人。从 2011 年开始，百度以 3.02 亿美元价格买下去哪儿 61%的股权开始，面子和热闹是挣了，但是年年要承担巨大亏损。2015 年以来，百度股价连连受挫，也亟需真正的盈利来支撑即将到来的冬天。

虽然 2011 年时百度有过保证，不干涉去哪儿的独立发展，但是这 61%的股权却是百度自己手里的牌，这牌怎么出，最终还是得按照百度集团的发展战略来定夺。

2015 年 10 月 26 日晚，这一出相爱相杀的剧目终于落下帷幕。百度、携程、去哪儿三家在上海宣布达成股权置换交易。交易过后，百度拥有携程 25% 的总投票权，而携程拥有了去哪儿 45% 的总投票权，成为去哪儿的最大股东。携程的梁建章和孙洁入主去哪儿董事会，百度李彦宏和叶卓东取得携程董事席位。

看出来没有？说好了的去哪儿和携程的婚姻呢？去哪儿的庄辰超团队完全不在这盘棋局之内。“和亲”大局已定，“公主”想不想嫁，根本不在“父王”考虑范围。结束价格战，联手挣钱，才是行业王道。

大婚消息迅速上了媒体头条。市场反应更是掌声雷动：高盛的投资报告快速将携程的股票评级调整为可买入。周一美股开盘，携程大涨近 30%，去哪儿股价上涨近 20%，而 2015 年一直疲软的百度股价也大幅攀升。

对于在线旅游业来说，这意味着烧钱高额补贴将要渐渐退出市场。

其实，回想 2015 年的互联网行业，携程和去哪儿的“婚姻”也不出人意料。滴滴与快的合并了，58 同城与赶集网走在了一起，后来美团和大众点评也终于“联姻”。一连串的化干戈为玉帛的“和亲大事记”正是业内嗅到资本寒冬的气息——烧钱打价格战、同质化竞争无以为继，抱团取暖才是正道。

同时，互联网行业愈发向三足鼎立的态势发展。在在线旅游市场上，BAT 三巨头明里暗里角力，稍有不慎，格局将立马改观。

O2O[①]目前是百度转型的主要方向，百度旗下的糯米网本是其生活服务类平台的重镇，但是2015年9月位于行业第一的美团和行业第二的大众点评归入阿里系后，百度面临更大的压力。携程加入百度系无疑是对美团和大众点评由餐饮业向在线旅游业进军的一场阻击战。

与此同时，BAT三巨头中的另一家腾讯，作为与携程共同投资过艺龙、同程网的投资方，也将因此乘上快车号。携程阻击阿里的保卫战才刚刚打响。

中国的互联网企业巨子们，婚姻不易，切切记得——且行且珍惜。

① O2O即Online to Offline，指线上营销线上购买带动线下经营线下消费。

当三一集团遇上奥巴马

——中国企业“走出去”的美丽与哀愁

三一集团、美国总统奥巴马[①]和美国海外投资委员会的纠结终于告一段落。然而，对于那么多热切地要“走出去”的中国企业来说，可能未来的路还不会那么平坦。路上风景美丽，但也不乏泥泞和哀愁。

2015 年末，中国三一集团起诉美国总统奥巴马的案子终于有了结论。

“中国企业三一集团（在美关联公司为罗尔斯公司）与美国政府正式就罗尔斯公司收购俄勒冈州风电项目的法律纠纷达成全面和解。罗尔斯公司撤销对美国总统奥巴马和美国海外投资委员会（CFIUS）的诉讼，美国政府撤销对罗尔斯公司强制执行总统令的诉讼。”

这个案子曾经在前两年引起了媒体的广泛关注。2013 年的一审判决是三一集团败诉，三一集团不服上诉；2014 年的二审判决“奥巴马向三一下达的总统令违反程序正义”，三一取得第一步

---

① 第 44 任美国总统，于 2017 年 1 月 20 日正式卸任美国总统。——编者注

胜利。大家当时比较兴奋："哎呀，中国企业去跟美国总统打官司啦，好厉害，好有民族气节。"

这个案子从标的上来说其实不大（大约1000万美元）。但是，它背后却有错综复杂的政治法治和投资环境等背景。当时吸引我们的不是"美国总统奥巴马"这个噱头，在美国这个连狗撒个尿都可以打官司的地方，起诉一下总统也没什么了不起。反而是三一起诉的另外一个被告——CFIUS吸引了我们。对于所有到美国投资的海外企业来说，这个机构是神一样的存在。所以三一的起诉被称为"史上第一次外国企业起诉CFIUS"的案例。

官司缘起

其实事情的原委并不复杂。三一集团旗下的罗尔斯公司于2012年年初收购了希腊Ternal US在俄勒冈地区的Butter Creek风电项目，并投入1300万美元开始建设风场。项目在中途突然接到美国国防部的通知，说该项目受到CFIUS的关注，并开始调查。

7月，CFIUS以"涉嫌威胁美国国家安全"为由，对罗尔斯公司的Butter Creek风电项目发布第一次临时禁令，宣布将对该项目进行审查，要求项目立即停工。不久，CFIUS又发布了第二道禁令，不但要求停止建设，还进一步禁止转让。随后这个禁令得到了美国总统奥巴马的批准。

这一记闷棍敲来，基本将Butter Creek项目变成了一堆废墟。不能动，不能用，不能卖……所有的投资和预期收益都成了泡影。更让人感到郁闷的是，这一系列的禁令没有给出任何具体理由，因为CFIUS向来享有这样的特殊权力。

本来1000多万美元的投资倒也不是什么大事，但是一旦“威胁美国国家安全”的罪名坐实，按照美国现行的海外投资管理办法，美方将可以随意进出三一集团在美国的任何产业（包括厂区、办公区域等）进行检查。三一集团在多方斡旋无果后，终于决定破釜沉舟，将奥巴马总统和CFIUS告上法庭。

从某种意义上说，一家中国民营企业诉讼像CFIUS这样的机构和美国总统实在是有点以卵击石。这个委员会在30多年的历史中，从未遇见挑战。不过，三一集团是家湖南企业，湖南人体内一向有种不肯认输的血性（我们土话叫作“霸蛮”)。在做最后决策时，三一集团掌门人梁稳根说:“我们倒要看看美国民主制度是什么样子的。”掌门人决心既定，那就开弓没有回头箭了。

不过战略上“霸蛮”倒不意味着战术上鲁莽。三一集团组织了一个非常强大的律师团队，包括美国前总检察长、前司法部副部长等对美国政府内部组织体系非常了解的专业人士。为了沟通方便，最后由华裔律师夏廷康担任队长。这些律师对于三一集团这个中等标的案件都表示出很大的兴趣。为什么？因为美国司法采用的是判例法，而这类诉讼CFIUS的案子在历史上却无例可循。这种情况下，如果能找到好的突破口，将官司打赢，将会深刻地影响未来美国同类型案件的司法判决，可谓“一战成名”。

在商议后，三一集团针对奥巴马总统的诉讼集中在“违反原告在《宪法第五修正案》下的程序公正权益”，即总统令没有给予罗尔斯公司正当机会来复查和反驳禁令决定所依据的材料，另外，总统令也有明显的歧视，在同一个地区（禁飞区）有7家风电厂，全部使用国外制造的风电涡轮，唯独三一集团一家受到限制。对

CFIUS的诉讼则集中在“扩大职权，违反《行政程序法》和1950年《安全生产法》”方面。根据律师团队的意见，对于奥巴马的诉讼非常要紧，因为对于宪法权威的尊重是美国司法判决中一个基本原则。

2013年10月，美国哥伦比亚特区联邦地方分区法院做出初审判决，三一集团败诉。“霸蛮”的湖南人当然不会罢手，直接上诉。2014年，美国哥伦比亚特区联邦上诉法庭的合议庭再次就罗尔斯公司起诉CFIUS和奥巴马一案做出裁定，认为奥巴马下达的禁止令违反程序正义。

这里面其实有很多有趣的小细节。2012年是美国大选热闹非凡的时候。奥巴马当时被共和党候选人罗姆尼指责对待中国态度软弱。所以奥巴马团队正在努力营造一个“对华强硬”的正面形象。罗尔斯公司的项目在这个节骨眼儿上被呈递上去，让人难免有生不逢时的感觉。

更有意思的是，尽管指责奥巴马“对华不力”，但是罗姆尼的竞选团队曾找过罗尔斯公司，要和他们合作做一个竞选广告。广告情节设计得非常感性，主旨是指责奥巴马政府一方面说要吸引中国直接投资，但是同时又对真正帮助美国的企业（三一集团的罗尔斯公司）予以禁止和限制——然后指责其政策之混乱和不连续。

三一集团最后决定不蹚这个浑水。尽管有所不为，但是律师团队在选择上诉地点的时候还是花了心思的。为什么会选择哥伦比亚特区联邦法院递交上诉？除了地域上的限制外，很重要的一个考量是当时法院的大法官是共和党人。

在多种力量的博弈之下，初审败诉、二审胜诉的这个案件终于在 2015 年落幕。罗尔斯公司与美国政府正式达成全面和解。根据和解协议条款，罗尔斯公司可以将 4 个风电项目转让给第三方买家。和解协议还明确指出，CFIUS 已认定罗尔斯公司在美进行的其他风电项目收购交易不涉及国家安全问题。至此，三一集团和罗尔斯公司关于“正名”和“转让”的两个诉求都得到了满足。

这件事对于在美国的海外投资来说，不是一个小事情。有人预测，CFIUS 的重重铁桶，算是被撕开了一个口子。

惹不起的 CFIUS

对于外国投资者来说，CFUIS 就像掌握着生杀予夺大权的“上帝”。CFIUS 成立于 1975 年，名义上隶属于美国财政部，但实际是跨部门的政府机构，12 名主要成员包括财政部长（一般担任主席）、国务卿、国防部长、商务部长、司法部长、总统国家安全顾问等，负责从国家安全角度监控外国投资。在长达 30 多年的历史沿革中，CFIUS 的权限日益增大，被授权调查外国政府（企业）在美国的合并、收购、接管交易及评估对国家安全的影响。

从 1988 年到 2011 年年底，CFIUS 提交调查的案件有 161 起。根据美国《国防生产法》，它享有信息保密权，所以可以不对调查结果做出任何解释。因此，一旦被 CFIUS 强制调查，就意味着企业或者交易被宣判“威胁美国国家安全”，企业一般会选择撤销或者退出交易。

在两种特殊的情形下，CFIUS 需要将处理意见呈递给现任总统。一种是因为CFIUS无法做出决定，需要总统做出最终决议；二是因为CFIUS做出了禁止的决定，而根据美国法律，这种禁止令必须由总统确认并颁布。

一个有意思的现象是，从1988年到2011年，递交给总统的案例有34起，在这34起交易中，只有两起被总统禁止，其中一起是1990年2月，时任美国总统的布什禁止中国航空技术进出口总公司（中航技）收购美国MAMCO公司——这也是美国历史上第一次由总统阻止的国际收购案。另外一起就是现任美国总统奥巴马禁止罗尔斯公司在俄勒冈的Butter Creek风电项目。

除了1990年收购美国MAMCO公司被禁止外，2005年联想收购IBM（国际商业机器公司）个人电脑过程中，CFIUS也启动了调查程序，最后联想与CFIUS签署了一系列关于美国政府客户的严格保密协议，交易才得以完成。2005年，中国海洋石油总公司与雪佛龙公司竞购美国优尼科公司，因为CFIUS的强势介入最终失败。还有，2001—2011年的10年间，中国华为收购3Com公司、3Leaf System（三叶系统）公司均被CFIUS否决，与中兴一起竞标美国Sprint公司的项目亦同样受阻。

CFIUS的强势和特权主要表现在它的审查和调查权限基本没有行业、地域、国别、金额的限制。只要委员会的任何一个成员对涉及海外的交易（“涉及海外”可以是外国公司，也可以是针对美国公司中的外国人员）提出质疑，CFIUS都可以进行审查调查。而且由于涉及“美国国家安全”，也不需要给出否决或者禁止的具体理由。这一点，被很多在美的投资者所诟病。也正是这个原因，CFIUS的调查被认为是个“黑盒子”。

在一定程度上讲，所有的权益都是争取来的。这些年，中国企业在美的投资，尤其是略有规模的项目，或多或少都受到过歧视和区别对待。但中国企业对于这些负面内容有天生的忍耐力。在国内的大环境中，“韬光养晦”的发展战略始终是企业，尤其是民营企业发展的法宝。不过，橘到淮北则为枳。企业异乡安营扎寨所需要的，可能更应该是因地制宜。

三一集团这么一苦苦挣扎，为自己挣脱了一条绳子，也无意中打开了CFIUS的黑盒子。事后有人预测，美国对海外的投资审查，有可能就此开始透明化的改进过程。按照这个案子中一个当事人吴佳梁对美方的说法：“我们的胜诉，将成为你们司法公正和维护宪法权威的证据。”

而三一重工的总裁向文波则说：“这是中国企业国际化道路上必要的一课。真正的国际化，是应该抛弃固有的思维模式，用国际化的思维和国际化的方法，来处理在国际化过程中所面临的各种问题。”

三一集团和奥巴马、CFIUS的纠结终于告一段落了。然而，对于那么多热切地要“走出去”的中国企业来说，可能未来的路还不会那么平坦。路上风景美丽，但也不乏泥泞和哀愁。

万科VS宝能：理想向左，资本向右

——万科观察之一

这会是中国金融业、中国企业、中国企业家们的第一堂大课。资本为王的时代已经到来，高不高兴，欢不欢迎，都已经不要紧。只要留在市场上，我们都将面临这个时代，并与它一起前行。

2015年年末，持续被万宝之争刷屏。各路段子手、阴谋论爱好者、八卦天团，以及财经爱好者的肾上腺激素都急速升高，从美人恩重、英雄迟暮，到权贵资本主义和国际洗钱集团的惊天阴谋……有料、有趣、有鸡汤，实在比电视剧《芈月传》好看得多。

大概没有人会怀疑“万科是改革开放以来最好的中国企业之一”这个论断。在企业平均寿命为2~7年的中国大环境中（小微企业平均寿命2.5年，大中型企业为7年左右），一家持续稳健经营了20多年的企业，本身已经是标杆。相对透明的公司治理，有口皆碑的产品，还有颇具传奇色彩的管理团队，都使得“王石和万科”成为这一代中国企业的图腾。

在很多人心目中，“王石”代表的可能不只是一个企业、企业家，而更像是常存在我们记忆中的那个风云际会大时代的缩影。脱胎于最早的股份制改革、恰逢高速增长的年代、中国住房制度的改革、王石的个人魅力（“精英生活方式，健康生活方式”最早的倡导者，跑马拉松，登山，划艇，哈佛游学，精致雅痞的外表），每个关键词几乎都是这30年来的热门词汇。

不妨想一下，王石、姜文、陈凯歌，还有冯小刚……这个年代的老男人们在精神气质上有某种类似，是那种大院文化和改革开放精神杂糅的混合物，有一种类似《阳光灿烂的日子》里展现出来的那样的理想主义情怀，以及这个情怀下隐约的优越感。这种理想、情怀和时代沧桑，与巨大的成功光环一起，构成了王石他们这一代人的独特魅力。

不过，资本是贪婪的、理性的，不谈情怀，不认魅力。万科被宝能盯上，一点儿也不奇怪。实际上应该奇怪的是这么多年居然没有被人盯上。

为什么？因为像万科这样的标的，从兼并收购的角度来看，简直就是万里挑一的肥肉。我去看了看万科的报表，2012—2014年，万科的净资产回报率分别是21.49%、21.49%和19.08%，而同期房地产业平均的净资产回报率是10.38%、10.84%和5.9%。也就是说，万科的资产回报率几乎是同行业的两倍以上，尤其在经济形势严峻的2014年，这个差距更是扩大到了3倍以上。看其他的财务指标也是，无论是总资产回报率，还是流动性指标，万科都远超同行业。从这些数据看，真的得为郁亮他们团队喝彩。

可是再看股市的表现，就有点让人纳闷了。从2013—2015年的市盈率来看，万科A股的市盈率平均为11.45%，而同期中信房地产指数的市盈率为18.72%，也就是说，万科在过去的几年中，比兄弟房地产企业的市盈率低了差不多40%！再看2005—2015年的数据，还是一样，万科A股的市盈率一直低于同行业，平均低了25%左右。

按照金融学的术语，这就是“价值被低估”的股票啊，不但价值被低估，股权还分散，这就好比一个二八芳龄的姑娘，貌美如花，聘礼要求超级低，陪嫁超级多——却没有登徒子看上，那不奇怪吗？其实从1994年君安证券谋求入主万科被击退之后，这些年风平浪静，也是得益于有一个超级大股东。万亿级别的央企华润集团，财大气粗地站在万科背后——所以说，姑娘没有受到狂蜂浪蝶骚扰，不是因为世上皆圣人，而是因为监护人生猛。

到了这两年，华润集团内部事务繁杂，难免懈怠，门缝开了，即使没有宝能系，也一定会有其他系的资金觊觎。坦白说，在美国市场上，这样价值被低估的“现金牛”企业估计早就被各路资本穷追不舍了。

按照吴晓波的说法，“2015年……我们将进入一个新的金融商业时代。公司证券化及并购将成为企业发展的重要方式之一”，我觉得这句话说到了点子上。宝能投资集团董事长姚振华这一次对万科的狙击，整个布局和收购策略，简直是经典的教科书案例。

先不论资金的“出身”，宝能旗下的前海人寿和矩盛华五次举牌，耗资上百亿增持万科。资金来源包括基金公司资管计划、保险资金、融资融券、收益互换、股权质押、信贷等等，真的是将金融工具玩得炉火纯青（这些金融工具都是正常监管范围的常用工具，人家合法使用，确实没法诟病）。而且前三次增持的时间恰恰在 7 月上旬和 8 月下旬的两次股灾之后，政治正确。

在 2015 年 8 月，宝能系一度以 15.04% 的持股成为第一大股东，随后华润增持，以微弱优势重返第一大股东宝座。12 月宝能系再次凌厉出手，两周之内在二级市场上如秋风扫落叶一般吸筹，将万科 A 股的价格从 14 元直接拉升到 24 元，增持到 22.45%，和华润拉开将近 7 个百分点的差距。

这一战堪称干净利落。当万科股价涨到 24 元时，宝能已经有立于不败之地的先机。仔细看一下宝能系的举牌时间，大约可以估算出前面 15% 的股份的均价在 14 元之下，假设后面 7% 的平均成本为 18 元，每股成本大约在 15.4 元（根据资料，12 月 16 号宝能系最后一次举牌买入 4.97% 的万科，成本在 14.37~19.8 元）。宝能手握成本 15 元左右的 22.45% 的万科股份，怎么算都是一手同花顺的牌。

当时看下来无非是几种结果。第一，宝能入主万科，得偿所愿；第二，王石（管理层）的盟友大肆增持，股价上涨，宝能借机高价换筹码，拿钱走人；第三，就是网上大家传闻的“毒丸”：万科搞低价定向增发，稀释宝能系的股权——这取决于股东大会能否通过，在宝能系已经成为最大股东的情况下，通过的概率很低。除非大量的中小股东愿意舍弃高价支持王石——一般来说，中小股东不太可能为了管理层（也就是超级代理人）的理念情怀去牺牲自己真金白银的利益；第四，在谁也不知道的其他地方还有更深的水（似乎第四种不是结局的结局成了现实）。

相反，从万科对宝能狙击的反应来看，有点出人意料的迟钝麻木。从 2015 年 8 月到 12 月中间 4 个多月时间里，万科对宝能系的狙击毫无反应。其实股灾的时候万科股价已经到了 13 元，管理层发出信号说要增持 100 亿，稳定股价，可是到最后实际完成 1.6 亿元——在公司金融中，当管理层认为自己企业的股票被严重低估的时候，用“股票回购”来稳定股价是最常见的做法，这种做法的主要目的就是向市场释放信号，表示管理层对自己企业有信心。

到 11 月 30 日，万科股价其实也仍然只有 15.07 元——看到这个数字的时候，作为一个金融专业的人，我真是有点佩服宝能系——我们都知道，在大规模买入和卖出股票的时候，我们最担心的问题就是“价格冲击”。在大量买单冲击下价格大幅上升，你无法在自己的预定价位顺利买入，类似的，在大量卖单冲击下价格狂泻，你根本没法保证在预定价位出手。宝能买入万科 15% 左右的股票，居然价格只从 13 元涨到 15 元，看起来这个操盘手是这行的顶尖高手。

4个多月的时间里，万科管理层没有反击，这个空白期难免让人扼腕和疑惑。是疏忽大意，还是过度自信？再仔细琢磨，宝能大规模增持导致的这波上涨，除了超级代理人之外，其实很多人都在偷偷笑。

首先，华润没有什么好失去的，除了名义上的“第一大股东”地位（何况平时这个第一大股东也没有决定权），现在不但实现了国有资产增值保值，还拥有好几个期权——王石反击，他一定拥有低价定增的权利；宝能入主，他拥有随时可以溢价卖出的权利。

其次，再看中小股东，个个群情激奋，股票天天涨停，半个月股价差不多翻了一番，还有比这更值得高兴的吗？我一个学生的妈妈就是其中的代表，据说因为每天看到涨停板，她做梦都能笑醒。

最后看看管理层——万科的1320个合伙人有个基金，叫作盈安合伙。2014年开始做了一个资管计划（国信证券金鹏1号分级集合资产管理计划）专门为合伙人们增持万科股票。它的结构很复杂，使用了夹层资金和分级结构。最后算下来是王石等1320位事业合伙人出28%的劣后资金[①]，也就是说这个计划的杠杆率将近4倍。4倍是什么概念？一个涨停就是40%的利润啊——在如此巨大的利润面前，1320个合伙人是否都愿意和王石一条心要将“卖菜、卖油条”的姚振华拒之门外，我不敢过于乐观。

12月20日晚上，万科出了公告，最晚到2016年1月18日

① 劣后资金相对于优先资金而言，在一个集合产品中劣后资金承担全部风险，相当于一个安全垫底。遭受风险时劣后资金将优先补偿风险；获得收益后则会在优先资金之后支付。——编者注

复牌。看起来太阳底下从来没有新鲜的事情。1994 年，在君安和王石的战争中，郁亮就是于 3 月 31 日申请停牌，并且向深交所要求 4 月 1 日继续停牌——和 30 年前一样，王石需要时间，他需要运用他几十年的人脉、人气、人品、智慧，来应对一场这样的战争，他需要时间来筹划战略和募集军粮。至于战争局势怎么发展，现在谁也不敢说。

但是，无论是资本赢了情怀，还是理想胜了资本，这个案例只是一个开端，是中国资本市场良性发展的一个开端。从前我们习惯了幕后交易、暗箱操纵、老鼠仓，现在转到地面上，大家堂堂正正地开战，用资本说话，用战术说话——证监会发表的公告大概也表明了这一点，在现行法律法规范围内的交易行为，是受到保护的。在我看来，这是资本市场进步的标志。实际上，从全球范围来看，兼并收购也被视为“外部公司治理”的一个重要手段。敲门的是野蛮人也好，文明人也罢，会对企业管理层形成巨大的改进压力，迫使他们更好地为全体股东的利益行事。

中国有个很奇怪的现象，大蓝筹（比如万科）被长期低估，反而是一些毫无业绩的中小股票价格被炒到九天之外——作为逐利的投资者，即使知道他们没有业绩支撑，也会自然跟进买入这些股票。按照凯恩斯的理论，在选美比赛中，人们选出的不一定是自己认为最美的女子，而是自己认为大众最喜欢的那个女子——这种非理性是人类的共性，在中国短期套利的市场氛围下更是如此。这也就是为什么我们的市场长期以来没有给好企业以合理的定价的原因所在，也是为什么我们总在呼唤“价值投资”，却只看到“价格投机”。像万科这样的上市公司，理应得到资本市场的掌声、鲜花和嘉许，而坚持价值投资的股东们，也应该得到回报。并购中，兼并方对被收购一方需要给出较大溢价，吸引股东出售自己手里的股份。如果我们相信市场，那就应该相信市场的价格，长期被低估的股票和企业一定会成为资本猎物，这是现代资本市场“有效性”的一个良方。

那么回过头看宝能系现在最大的软肋是什么呢？一个是政策。宝能系中前海人寿的资金几乎全部来自万能险（这几乎不是保险品种，而是变相的资管计划）。现在对于万能险的诟病很多，政策上有很大不确定性。中国金融市场这两年创新招数很多，银证保三会的口子都大开，金融创新层出不穷，出现了很多监管的灰色甚至空白地带，正是所谓的“金融改革孤军深入，船行浅滩”——但是无论如何，在现行的法律法规框架下，他们是被允许的，制度和监管套利，本来就是市场发展的必然，监管滞后于创新，然后不断试错改进，这就是市场发展的轨迹。我猜姚振华也是看到万能险盈利的不可持续性，所以急切地要寻找稳定的长期投资回报率。

另外一个就是这样巨量的资金是以高杠杆资产为支持的，高杠杆倒是没有什么了不起，所谓杠杆收购就是靠高负债来支持（大家最爱讨论的那个《门口的野蛮人》的案例，最后KKR公司的收购杠杆差不多就是10倍）。宝能的关键问题是，这些负债资产的期限较短。几个资管计划是两到三年，股权质押、融资融券的期限更短。而且融资成本相对较高，比如万能险的资金成本估计要到8%~9%（5%左右的收益率加上3个点左右的渠道费用）。所以我看到的逻辑是——姚振华并不担心王石出手抵抗，反而应该担心他不抵抗。姚振华顺利入主万科，当上控股股东。当上控股股东现在爽一下，可是在房地产周期的下行阶段，怎么维持万科的经营业绩，保证它能持续地提供高投资回报率，才会成为他最头痛的问题。控股股东地位坐稳以后，宝能系的资产负债表结构马上发生变化，资产端有大量的权益资本类（比如万科的股票），这些都是长期资产，根本不可能快速变现，而负债端是短期的高成本债务——这就是标准的短债长投，期限错配风险。所以我的猜测是，姚老板并没有那么大的决心要当“万科股东”，这个22.45%的股份，是用来谈判的大筹码。

截止到本文写作时，万科仍然在停牌中，我们还会更细致地剖析这个案例，这会是中国金融业、中国企业、中国企业家们的第一堂大课。资本为王的时代已经到来，高不高兴，欢不欢迎，都已经不要紧。只要留在市场上，我们都将面临这个时代，并与它一起前行。

股权VS控制权：万科围城

——万科观察之二

在有中国特色的政商环境中，在金融资本风起云涌的时代——如何在企业股权结构和公司治理结构中取得微妙的平衡，将是现在的、未来的企业家都必须面对的问题。

没那么简单，就能找到，聊得来的伴。尤其是在，看过了那么多的背叛。总是不安，只好强悍，谁谋杀了我的浪漫。

——黄小琥《没那么简单》

前30多年的“中国奇迹”，是市场的奇迹，是一大批像华为、万科、万达、阿里、腾讯这样民营企业的奇迹。根在石头缝里、野草地里，却仍然蓬勃生长。

站在2016年的夏天，72岁的任正非、62岁的王健林、52岁的马云和44岁的马化腾，都稳稳地站在自己的帝国之巅，指点江山，笑看风云。华为毫无争议地继续保持着全球行业领导者地位，2015年销售额达到3950亿，同比增长33%；万达逐渐转型轻资产运营模式，王健林重回胡润首富宝座；阿里帝国进一步扩展，旗下蚂蚁金服B轮估值超600亿美元；腾讯继续高速增长，保持着42%的盈利率，微信版图也一骑绝尘，不见来者。

然而从2015年年底开始，曾经的中国上市企业模范生——万科，却陷入了无穷的流言和绯闻中。宝能、华润、安邦、深圳地铁……新欢旧爱，走马灯一样地你方唱罢我登场。2016年1月，一直被视为“改革开放、股份制企业”灵魂人物的“教父”王石公开宣称排斥民企成为万科的第一大股东，引起舆论四惊。[①]王石高调的私生活也成了段子手们创作的灵感源泉。2016年6月17日，曾被王石视为“最可靠盟友”的央企华润（持股15.4%）在董事会上反对万科拟发行股份购买深圳地铁资产的预案，大股东和管理层的分裂公开化；2016年6月23日晚上，第一大股东，也就是被王石公开排斥的“野蛮人”宝能（持股22.45%）发表公告，明确反对万科的重组预案，随后华润发表公告，重申自己的反对立场；6月26日，宝能继续发难，提议罢免王石等人的董事职务，大

---

① 2016年1月30日，王石在新疆天山天池举办的“天山峰会”上谈到“万宝之争”时表示，此次股权之争虽未结束，但“结果非常清楚”。王石在演讲中称，“民营企业，不管我喜欢你，不喜欢你，你要想成为万科的第一大股东，我就告诉你，我不欢迎你”。王石称不欢迎民营企业控股的原因是：“我们是个社会主义国家，如果你这个公司是一个纯的外商，纯的民营，举足轻重它会有危险。所以我的设计就是混合所有制……一直是国有股占第一股东。”这个言论引起了巨大反响。江苏商界大佬、太平洋建设集团创始人严介和发布微博公开炮轰王石，认为王石不欢迎民营企业成为第一大股东，属于典型的歧视与排斥民营企业，代表了传统观念和习惯势力的傲慢与偏见。一直是“挺王派”的秦朔也公开发表《致王石书：当您在说社会主义和国营企业时，您想表达什么？》，批评王石在天山峰会中有关民营企业的不当言论。

股东和万科管理层的斗争趋向白热化。而大量饱受万科高业绩低估值之苦的中小股东早已倒戈，民间舆论一边倒地站在王石的对立面。

65 岁的王石，突然发现自己孤独地站在帷幕半垂的舞台上。像电影《老炮儿》中的冯小刚饰演的六爷，裹着年轻时的军大衣，扛着军刀，茫然地冲向颐和园的冰面，做一次不合时宜的英雄主义表演。

同样是筚路蓝缕的民营企业家，为什么在 20 年之后，企业和个人会走向不同的命运？为了理解万科的今日之困，我们试着将时针拨回 20 世纪的 80 年代。

要做“职业经理人”的创始人

1988 年，从深圳科教仪器展销中心改制而来的万科以 2000 万元价格投标买地，正式开启了地产经营的新纪元。1991 年 1 月 29 日，万科正式在深圳交易所挂牌上市，成为中国最早利用资本市场完成跨越式发展的企业。由于一些历史原因，在股份制改造的过程中，王石放弃了分到他名下的股权，决定安心做一名“打工仔”。之后，通过对非核心企业的关、停、并、转，王石带领万科开始了房地产专业化战略之路，万科业绩稳定增长，股价节节攀升，到 90 年代末期，万科已经成为深圳市场上毋庸置疑的龙头股。王石带领的万科管理团队，也成为A股市场最著名的职业经理人团队。一直到 2015 年，管理团队加上包括 1320 名合伙人的基金仅持有 4.4%的万科股份。第一大股东华润和万科管理层各拥有三个董事会席位（共 11 个席位），王石占据了其中一席。[①]

同样是在 1988 年，在北方城市大连，西岗区房地产开发公司被改制成了“万达”，王健林担任董事长兼总经理，和王石不同的是，军人作风的王健林控制了万达 98%以上的股份。

而在更早一点的 1987 年，同在深圳的任正非创立了华为，公司通过工会实行员工持股计划，使得公司一开始就成为“职工”持股的民营企业。截至 2015 年 12 月 31 日，共计 79563 位华为员工参与持股计划。董事会从华为持股员工中选出，仅占 1.4%股份的任正非拥有一票否决权。

1999 年，49 岁的王石辞去万科总裁职位，郁亮接棒。王石留任董事会主席。随着中国房地产爆发式增长的到来，“双掌门人”格局时代的万科也进入巅峰年代。从 1999 年到 2009 年，万科 A 股总市值从 53 亿增长到了 1200 亿。2010 年年底，王石以 60 岁“高龄”赴哈佛求学。后王石时代的中国地产界群雄逐鹿：绿地、保利、恒大……房地产行业成为孵化超级富豪的温床。但是万科仍然保持着地产界龙头和良心品牌的地位。

从 1999 年到 2010 年，王石的声誉如日中天。万科的骄人业绩，个人生活的传奇（跑马拉松、划艇、多次登顶喜马拉雅、社交媒体的活跃大 V），还有正当盛年却急流勇退的抉择……“王石”这个名字，不仅成为万科的符号象征，更成了一个风云际会大时

① 1984 年，王石创立深圳现代科教仪器展销中心，挂靠于深圳最早的国有大型综合企业（深圳特区发展公司，简称“深特发”）。1986 年，深圳开始在国营公司系统推行股份制试点。35 岁的王石抓住机会，对科教仪器中心进行股份制改造，并更名为万科，自任董事长兼总经理。

代的标识。和同时代的企业家任正非、王健林相比，王石显然对于企业的日常经营缺乏激情，对他而言，镁光灯下“公众导师”和“精神教父”的角色，似乎更如鱼得水。

事后看，历史的每个细节，在最早的节点上已预示了不同的未来。

成败萧何——小筹码撬动大资本的股权结构

信之为大将军，实萧何所荐，今其死也，又出其谋。

——（宋）洪迈《容斋随笔》

从某种意义上说，成就万科的是管理层文化，这种文化背后是王石一直引以为傲的股权设计结构——“股权分散，中小投资人跟随，以及大股东支持”。这个结构曾在10多年的时间里使得他领导的管理团队在几乎没有筹码的情况下，牢牢地掌握着万科的控制权。

1988年完成股改之后，原母公司深特发持股30%，为第一大股东。此后随着企业的增值扩股，到2000年，深特发虽仍居股权结构之首，但股权已经被稀释至8.11%。强势管理层和大股东之间的摩擦开始出现。王石代表的管理团队梦想着一个“资金实力雄厚，有资源，心胸宽广，对管理层完全放手”的控股股东。在这个标准下，深特发是不合格的。两方的摩擦渐渐明朗化，王石开始想办法接触各大国企，经过多方努力，深特发将所持8.11%的万科股票转让给香港华润集团下的子公司北京华润置地，华润成为万科的第一大股东（加上原有的2.71%的股份，总持股比例为 10.82%），这一举动被王石称为是“万科继股份化改造之后的又一个里程碑”。继君安证券发难之后，这是管理层和股东的第二次较量。这一次，命运的天平仍然站在了王石一边。①

通过 2000 年的股权结构重组，万科实现了几个目标。第一，股权分散。2000 年，第一大股东华润集团持股 12.37%，前十大股东共计只占比 23.32%（直到 2015 年第三季度，前十大流通股股东合计持有万科 544896.26 万股，占总股本的 37.42%）。大量的散户持有一半以上的万科股份。在金融资本相对弱势的 21 世纪初，王石凭借公众意见领袖的个人魅力吸引着大批崇拜者和追随者——“中小投资者跟随”。第二，宁高宁时代的华润集团作为第一大股东，对万科“全力支持”，完全不干涉万科事务。而华润的央企背景，实际上又成了万科阻止外来资本的保护伞。

分散的股权和沉默的大股东，使得万科的所有权和控制权得以分离。王石团队顺利地“以小筹码博大资本”，将一个上市公司（理论上是所有股东的企业）的控制权掌握在自己手里，从而使自己的经营理念在万科得以完全的贯彻。

平心而论，职业经理人团队是中国资本市场上最优秀的团队之一。他们在万科发展中扮演的角色，和王健林、任正非、马云、马化腾类似，都是创业型的企业家。万科从一个偏安一隅的小企业成长为世界级的地产商，在 30 年的经营中，始终保持良好的市场口碑、相对透明的公司治理、稳健的经营风格，以及亮眼的经

① 第一次是 1993 年以君安证券为代表的大股东向王石发难，建议改组董事会。王石组织反击，最后成功。

营业绩，这不是每一个团队（人）都能做到的，也正因为此，在很多早期中国企业（家）的心中，王石团队加万科的组合是神一样的存在。

然而世界上很多事情都是悖论。成功来得太早、光环太过耀眼、太久的岁月静好让他们忘记了，对于企业来说，最危险的地方常常是自以为最安全之处。

和梁稳根、宗庆后、马云等草根创业企业家稍有不同，王石是大院子弟，和姜文、陈凯歌在气质上颇为相似——那是种大院文化和改革开放精神杂糅的混合物，有一种类似《阳光灿烂的日子》里展现的那样的理想主义情怀。王石也摆脱不了这个情怀下隐约的优越感。王石骨子里不是彻底的民营企业家，对体制的叛逆和眷恋是贯穿他一生的主线，既成就了他，也束缚着他。

下海、股份制改造——王石的成功来自对体制的叛逆。但另一方面，他和体制之间仍有千丝万缕的关联，从深特发到华润，“国企大股东”一直是他在市场和政府之间游刃的一张牌——这个选择无关对错，是时代背景，也是个人经历所造就的一种结果而已。

华润作为大股东的支持是王石股权结构设计中的一着妙棋。可惜的是，在现有的国企制度环境下，这个“国有大股东支持”只能是偶然的个案。生于 1958 年的宁高宁是中国央企体系最富市场精神的企业家之一。从 1987 年进入华润集团（香港）开始，他和一街之隔的王石就有长期的接触和交往，算得上“惺惺相惜”。1999 年到 2004 年间，宁高宁担任华润集团的董事会主席（副董事长)，华润置地入主万科，成为万科第一大股东，并对万科采取“完全放养”的策略，成为实质上的财务投资人。2004年，宁高宁升任中粮集团董事长，宋林接任华润集团掌门人。在江湖传闻中，宁高宁对宋林有知遇之恩[①]，而宁高宁离任前对宋林有过一些嘱咐，尊重万科管理层的独立决策就是其中一条。不管传闻真假，在万科这个事情上，宋林时代（2005—2014）的华润集团确实延续了“不干涉”的政策。

然而，放眼A股市场，在长达10多年的时间里，国有大股东放弃“控制权”，由强势的管理层主导董事会，这在A股市场是极为罕见的。宁高宁（和后宁高宁时代）的大股东与王石所代表的管理层之间的默契，不是基于制度或者契约，而是基于企业家之间的信任，甚至个人处事风格，因而是脆弱的。一朝天子一朝臣，在人治的环境中，任何人事变动、权力更替都会伴随着游戏规则的重大改变。2016年，在王石拼死抵御“野蛮人”宝能，心心念念惦记“国有第一大股东”时，央企华润和“野蛮人”早已做了彼此的天使，将万科管理层逼到一个极为尴尬和不利的位置。

将偶然当作必然，将人治视同制度——万科之窘境的根源，在混合所有制重新被提上日程的今天，也许值得很多企业家思索。

---

① 宁高宁1987年进入华润集团，历任华润创业董事长、华润集团董事、华润集团董事会主席。而宋林在2001年被提拔为华润创业董事长，2004年任华润创业董事总经理和华润（集团）有限公司总经理。

股权和控制：现代企业的永恒命题

> 婚姻是一座围城，城外的人想进去，城里的人想出来。
>
> ——钱锺书《围城》

太阳底下永远没有新鲜的事情，所有的命题其实都是古老的命题。万科之困，折射出来的是企业永恒的命题——股权（所有权）与控制权之间的博弈。

王石在1988年放弃了股权，也就是放弃了所有权。但是他以股权分散为核心，用高超的人际关系和资源协调能力摆平了各方利益，掌握了万科的控制权。在后王石时代，这个股权结构一直没有改变。因此万科属于全体股东，而管理层是受雇于股东，代理行使经营权力的。这意味着，在制度层面，万科管理层应该以股东利益最大化为考量。

现实世界中，股权分散的公司中所有者缺位，会导致管理层实际控制公司与股东利益发生冲突的情况发生。“公司治理”就是通过形形色色的方法（股权激励、外部董事、市场兼并收购等），使管理层和所有者之间利益协同一致。

现代社会中，企业做大做强很难不依靠资本的力量。当创始人通过出售股权融资后，常常会丧失对企业的控制权。苹果创始人乔布斯被董事会驱逐、雅虎创始人杨致远被迫辞去首席执行官职务……这都是广为人知的案例。那么随之而来的另一个问题是：一家企业的成败，取决于什么？一家创业企业的成败，取决于什么？一家在中国创业的企业的成败，又取决于什么？

以上三个问题，可能有很多不同的答案——时代大势、战略方向等等，但是“企业家能力”这个选项无论如何应该是在其中的。尤其在中国这样制度弹性很大、不确定性因素很多的环境中，企业家能力几乎是企业（尤其是创业企业）最重要的核心资源。

企业家能力或者企业家精神，听上去有点儿虚幻，可是仔细想想，大大小小的企业如同恒河细沙，即使在一个行业中，为什么有的脱颖而出，而绝大部分归沉碧海？这似乎不能简单地用运气来解释。试想一下，没有马云团队的阿里，没有任正非的华为，没有宗庆后的娃哈哈——它们还会是今天我们所看到的模样吗？同理，很难想象，没有王石和管理团队的万科，能在扭曲的A股市场和利益链巨大的房地产行业，坚持20多年阳光、透明、健康的持续经营。

从这个意义上，我尊重王石早期对万科的铸造，更尊重万科管理团队在20年间的付出，尊重他们所恪守的职业操守。但是，如何在股权结构和企业控制权之间维持平衡，这是企业家，尤其是中国的企业家都在学习面对的课题。

大部分的中国创业企业家，包括王健林、梁稳根、郭广昌（团队），采取的都是创始人绝对控股这条路径。这个股权结构保证了创始团队的控制权，在最高决策层面上代理问题较少，但是在前期创始人需要背负更多风险和压力——换句话说就是“哪里懂什么坚持，全靠死撑”。

腾讯和阿里采取的是另外的模式。腾讯2004年在香港上市后，第一大股东是一家南非传媒公司Naspers旗下的MIH基金（持股33.52%），这是一家定位于“财务投资人”的基金。除腾讯外，Naspers还投资了DST（俄罗斯社交媒体巨头）、Facebook（脸书）、Zyngad等多个社交媒体项目，他们关注的是投资的财务回报而不是企业的控制权。此外，马化腾团队持股30.73%（马化腾本人持股18.2%）。第一大股东是财务投资人和相对集中的创始人团队股份，这都使得马化腾能够掌握腾讯的控制权。

马云团队对控制权更为重视。在他们设计的合伙人制度下，合伙人团队可以提名阿里半数以上的董事会成员。同时，第一大股东软银（持股33.2%）将投票权委托给马云代表的合伙人团队。在美国上市之后，马云自己仅持股7.8%（其他合伙人共占13%的股权），但是通过“同股不同权”的双层股权设计，马云及其团队牢牢掌握着阿里的控制权。（京东的刘强东，Facebook的扎克伯格都是通过多层股权结构设计来保持自己对企业的控制权。）

坚持不上市，不成为公众公司的华为则是另外一种模式。华为是华为员工的企业——公司通过工会实行员工持股计划，截至2015年，将近8万员工通过持股计划持有华为100%的股份，任正非也在这个计划中间。虽然仅仅持有华为1.4%的股权，但董事会成员由工会和任正非推选，任正非具有一票否决权，完全掌握着华为的控制权。

不管是哪一种模式，创始团队都主动地掌握着自己的命运。反观万科，从2000年开始，其股权结构和控制权上一直没有大的变动。其实在2003—2004年的时候，也有专业人士向万科提出过经理人管理层收购（MBO）的可行性，一劳永逸地解决潜在的股东和管理层的矛盾激化问题。不知道是什么原因，也许是王石的个人信仰和选择，万科没有走上这条道路。到了2010年，据说万科内部也曾讨论过要改变企业经营方向，仿照美国铁狮门和新加坡凯德模式，走轻资产道路，让管理层成为真正的股东——可惜的是，当时 4 万亿的火把房地产业烧得亢奋不已，很少有人愿意去走这样一条艰苦的自我革命之路。这样一拖再拖，一直到 2014 年万科才开始施行合伙人制度，而这个时候，万科已经是一个市值 1500 亿的庞然大物，随着企业资产规模的急速扩张，管理层（合伙人）很难在股权结构中占据重要份额，管理层（合伙人）和股东利益协调一致的目标也变得越来越遥远。在这样的股权结构和公司控制模式下，坦白说，即使不是在 2015 年，股东与管理层的矛盾总会在某个时点爆发出来。

1988 年，王石放弃了股权也许是历史的局限；2000 年，在企业实力、政商环境、金融市场背景以及个人交情等种种因素的考量中，万科引进华润无疑也是当时约束条件下的最优选择。然而时代在变，万科却没有变——作为一个核心资产之一在于“管理团队能力”的企业，在长达 10 多年的时间里，没有从制度层面或者从企业运营模式方面上做出努力，使企业股权比例和企业核心要素禀赋没能得以正确地匹配。

万科之痛，莫过于此。

这个案例折射出了现代企业中最永恒的话题：股权与控制权。每个现在的、未来的企业家，都将不可避免地要正视这个问题，尤其在金融资本风起云涌的当下。

并购时代之风起云涌

——万科观察之三①

对于资本为王的世界，一个企业的命运只是恰巧被推到了风口浪尖罢了。暗流涌动的背后，是一个时代到来的必然。美国 20 世纪 80 年的杠杆并购潮的背后，经济下行与企业利润下滑、管理层代理问题与公司治理、企业价值低估与充沛的游资流动才是真正的经济根源。当下的中国故事，看起来多少有些眼熟。

既然希望被人爱，又何必担心一再受伤害。你看着我，我问你，你到底还有什么东西可犹豫。我知道，冲动啊冲动是魔鬼，但是浪费了生命就是犯罪。冲动啊冲动是魔鬼，我只是不想将来再后悔。

那些美好的愿望，让人遍体的鳞伤，那些美好的鲁莽，让人遍体得解放。

——郑钧《冲动是魔鬼》

万科与宝能、华润的纠葛还在暗流涌动之中，借助万能险迅

① 本文合作者为陈靖，北京大学光华管理学院博士生。

速崛起做大的险资已经开始了暴风雨一般的资本市场奇幻之旅。举牌万科，举牌南玻，举牌格力，从王石的抗争、南玻高管集体辞职到董明珠的悲情表态，中国资本市场轰轰烈烈地开始了一次“抗拒野蛮人”的战争。

金钱永不眠。对于资本为王的世界，某个企业的命运只是恰巧被推到了风口浪尖，暗流涌动的背后，是一个时代到来的必然。据Wind中国并购库的统计，2015年我国共进行6446单并购交易，交易总金额约3.04万亿元，并购数量同比增长55.74%。其中，二级市场收购（含产权交易所）共1083单，同比增长205.07%。

为什么这一切开始发生在当下的中国？

以史为鉴，可以知兴替。我们不妨顺着历史的河流往回溯。现代杠杆收购（LBO）业务产生于1970年代的美国，1980年代开始加速，并在1989年达到巅峰。1979—1989年间，美国共发生了2000多笔LBO案例，交易价值2500亿美元。在媒体和政客的笔下，80年代是个贪婪与浮华并存的时代。资本的野蛮与无情，华尔街的纸醉金迷被渲染得淋漓尽致。然而剥开文艺作品的春秋笔法，美国20世纪80年代杠杆收购浪潮其实有着最深刻的经济根源。经济下行与公司利润下滑、管理层的代理问题与公司治理问题、公司价值低估和游资流动是几个最为关键的时代因素。

“二战”后的五六十年代，被称为美国经济腾飞的“黄金时代”。1950年美国GDP同比增速为8.7%，在随后近20年间，美国GDP增速多次突破6、7、8的关口。美好的时光总是留不住。进入70年代，美国经济开始了一段“动荡之旅”。根据美国经济研究局（NBER）的研究，美国分别于1970年11月、1975年3月、1980年7月、1982年11月4次经济触底。其间，1971年8月尼克松政府宣布停止履行美元兑换黄金义务，以黄金为中心的布雷顿森林体系崩溃，美元霸主地位不保。随着战争对经济增长的刺激逐渐消失，美国面临着巨大的经济下行压力，经常账户上开始出现赤字：1971年逆差22亿美元，1972年逆差68亿美元，从此贸易逆差持续扩大。1973年“越战”结束后，美国背负巨额财政赤字。同年10月，第四次中东战争爆发，石油输出国组织（OPEC）宣布石油禁运，油价暴涨，导致美国需求萎缩加剧，建筑、汽车、钢铁三大支柱产业受打击尤为严重，失业率高达9.1%，企业和银行倒闭数量均创下战后纪录。1974年美国消费物价上涨11.4%，更加严重的通货膨胀使美国陷入滞胀泥潭。同期美国企业利润大幅下滑，从1950年的22%跌至1975年的12%。在经济下行和企业利润下滑的催生下，以“敌意收购”为主的兼并潮（hostile acquisitions）开始出现。

此外，经过60年代以“风险分散”（diversification）为目标的兼并潮（mergers），美国产生大量“多元化经营”的巨型公司，比如收购了350多家公司的ITT公司（ITT Corporation）、多元化战略推动的利顿工业公司（Litton Industries）。在这些股权分散的多元化企业中，管理层的代理问题变得越来越突出。低效投资、盲目扩张公司业务版图（empire building），甚至挥霍股东的利润等公司治理问题越来越多地被媒体曝光。在内部治理乏力的情况下，兼并收购的压力开始被视为外部公司治理的手段。70 年代以后，部分巨型企业被重新拆分，重新回到主业：1987 年艾乐吉公司（Allegis Corp）就被迫出售先前收购的赫兹汽车租赁（Hertz）、威斯汀酒店（Westin）以及希尔顿酒店（Hilton）。

利润的下滑和公司治理的恶化使企业的市场估值越来越低迷。1969 年年底道琼斯指数为 800.36 点，1979 年道琼斯指数为 838.74 点，十年涨幅微乎其微，市场整体市盈率仅为 7.5，估值达到近 30 年最低点。许多上市公司市净率接近于 1，股价被严重低估。优质又廉价的企业进入了资本的视野，成为兼并收购的目标企业（target）。杠杆收购开始在这一时期崭露头角，利用财务杠杆，小鱼吃大鱼的资本游戏不断上演。

与此同时，宏观信贷环境也为杠杆收购的盛行提供了土壤。70 年代的滞胀导致信贷持续扩张，货币政策极度宽松，1974 至 1981 年里根总统上台前夕，共有 55 个月的实际利率为负，美国联邦基金利率与通胀率一度倒挂近 –5%。到 70 年代末期，垃圾债券市场（high yield bond market）急剧膨胀，资金四处寻找机会。1986—1988 年间，投资者往垃圾债券市场投入了 180 亿美元的资金，杠杆收购之王 KKR 公司的 13 个大型收购中均有垃圾债资金的参与：1989 年 KKR 以 12 倍的杠杆成功收购了全美第 19 大公司——RJR 纳比斯科（RJR Nabisco）。这笔被称为“80 年代第一大并购案”的交易高达 250 亿美元，其中银团贷款 145 亿美元，德崇（Drexel）和美林提供了 50 亿美元的短期过桥贷款，发行高收益垃圾债融资 30 亿美元。在市场低迷时，高收益的杠杆收购是市场游资最热衷的投资标的[①]。

“金钱永不眠”“贪婪是好的”这些脍炙人口的经典句子被视为这个时代的警世恒言。影帝道格拉斯在《华尔街》中的精湛表演、畅销书《门口的野蛮人》多年的热卖，使得对这个时代的批判和反思成为一时之风潮。美国证监会（SEC）的法律顾问、并购大律师Marty Lipton的观点非常具有代表性：对于1976年到1990年间高达35000的并购事件，Lipton认为美国的收购活动带来了短期利润的最大化，却牺牲了企业的长远发展，这不利于美国在世界市场上的竞争力和增长力。

尽管这种观点得到了媒体和影视作品的青睐。但在随后的几年中，学者们基于大量的实证数据进行深度研究，发现对于杠杆并购潮的批评过于肤浅和流于表面。美国最顶尖的学者（SSRN创始人，国际顶尖期刊JFE创始人）、哈佛大学的Michael C.Jensen在他1993年的论文中指出，活跃于80年代的收购活动解决了一系列美国公司治理的重要问题，公司真正在产品市场上遭遇到严重冲击之前，让公司健康地进行调整，为世界范围内的过剩产能问题，提供了非常早期的预警机制。更多严肃的学术研究表明，在这个时期的35000个收购案例中，只有364件受到争议，而其中仅172件是恶意收购。

Jensen还进一步地指出，来自资本市场的力量不容小觑。1980年代的并购交易得益于垃圾债券市场的发展，当资本不再成

① 杠杆收购的融资结构一般为：收购者股本5%~20%，垃圾债券10%~40%，银行贷款40%~80%。

为收购的阻碍，目标公司的体量不论大小，都有可能成为被收购标的。这一“杠杆收购”所带来直接的后果，不仅使美国大型公司在资本市场中进行自我监督和自我约束，还为新进入者提供了资金，让产品市场竞争加强。从某种意义上说，垃圾债市场的兴起，是美国经济活力的源头之一。

美国GDP增速VS中国GDP增速
（1966—1975）　　（2006—2015）

太阳底下没有太多新鲜事。80 年代的美国故事，在 2015 年的中国找到依稀仿佛的影子。

从企业端看，2015 年 GDP 增长 6.9%，创 25 年新低。实体经济下行，带来了多个传统行业的寒冬。2015 年规模以上工业企业利润总额较上年下降 2.3%，为 2000 年以来首次负增长，其中石油和天然气开采业利润增速下降 74.5%，煤炭开采和冶炼业下降 65%。从 2014 年开始，中央提出要在房地产行业“去库存”，很多城市开始“刺激需求”（经过 2015 年和 2016 年两年的疯涨，一二线城市现在已经远远超额完成了任务）。

回到 2015 年，全国无法产生租金或销售收入的商业地产项目体量达 2.5 亿平方米，为历史最高水平。房地产行业上市公司 2015 年中报显示，房地产上市公司平均负债率为 76.8%，平均净利润率仅为 9%，同比 2013 年显著下滑 3 个百分点，部分房地产企业开始采取出让企业或项目股权的方式来续一秒。随着经济下滑，顺周期的房地产业的估值一路走低，2015 年 6 月底，万科 A 的市盈率仅为 10.79，相似的低估值上市公司还有保利地产

（9.69）、雅戈尔（10.72）、世茂股份（12.04）等等。好的房地产行业现金流稳定，是资本的最爱。优质资产 + 较低的股票二级市场估值 + 分散的股权——这是兼并收购者们梦寐以求的标的。不出意料，2015 年前三季度，中国房地产行业完成并购案例 176 起，涉及金额 1600 亿元。

从资金面看，随着全球负利率时代到来，我国实体经济下行，投资回报率下降，大量资金无处可去，二级市场上炒作的风潮一浪盖过一浪：从特力A到上海普天到海欣食品，游资催生了一个又一个的妖股，国家出二孩政策爆炒二孩概念，出供给侧改革政策爆炒供给侧概念。经过 2015 年股灾后，游资流入一线城市房地产市场，2015 年上海以 1.4 万亿成交金额获全球最大房地产市场，成交均价同比上涨 18%。2016 年大宗商品市场又发生“黑色系”暴动。在短期迅速膨胀的资产价格中，游资的魅影频现。在这样的宏观大背景下，高收益、稳定现金流和优质资产担保的并购交易成为资本市场的稀缺资源。

在政策面上，也开始了对并购交易资金参的松绑。2008 年之前，中国银行业对于“并购贷款”一直严格限制，并购交易的发展受到限制。2008 年 12 月中国银监会发布了《商业银行并购贷款风险管理指引》，允许符合条件的商业银行开办并购贷款业务，并购融资需求开始被纳入合法框架。2015 年 3 月，银监会对《商业银行并购贷款风险管理指引》进行了修订：（1）延长了贷款期限；（2）提高并购贷款占并购交易价款的比例（从 50%提高到 60%）；（3）将并购贷款担保的强制性规定修改为原则性规定，进一步放宽了企业并购贷款限制。并购贷款政策上的放松给了杠杆资金运作者更多机会[1]。此外，随着金融市场深度的发展，狙击者对于金融工具的运用越来越得心应手，比如上次万宝之争中用到的两融收益权抵押贷款、资管计划、股权质押贷款、短期债券等产品都崭露头角，这些都为杠杆收购的进一步发展提供了弹药。

经济下行、公司利润下滑、管理层代理问题、公司价值被低估、游资流动，这些曾经催生了美国杠杆收购潮的重要因素，也在 2015 年和 2016 年的中国资本市场上开始掀起风浪。并购的时代已经来临，所有仍然希望留在资本市场上的企业，将无法回避这个命题。

---

① 在并购交易中，资金是至关重要的一个环节，联想收购IBM、吉利收购沃尔沃、三一重工收购德国普茨迈斯特等案例中，均有银行提供的并购贷款作为支撑。其中，中国工商银行为联想提供了贷款，中国银行、中国进出口银行为吉利提供了贷款，中信银行为三一重工提供了贷款。银行在并购贷款的操作中是非常谨慎的。

卷三 金融学那点事儿

金融学为什么要“闹独立”？

——极简白话金融学之一

微观金融学就是研究人们如何在不确定的环境下进行资源跨期配置的学科。与此相适应，对于风险、风险收益、对风险证券的定价、公司投融资决策，以及影响这些因素的市场结构和制度安排成为其主要内容。由于在商学院里开设的金融系是以“微观金融学”为主要内容的，所以我们也将其称为“商学院的金融学”。

什么是金融？翻开韦氏或者任何一本其他词典，能看到大体如下的解释：资金、货币，以及与资金货币的流通有关的经济活动，比如投融资、资本运营、资金资本的借贷融通等。由此说来，一切研究资金资本，资金资本融通、使用和管理的学问都可以叫金融学。举个例子，股票市场、债券市场、期货、上市发行、并购重组、货币发行量、利率决定、汇率变动都属于金融学的范畴。

金融学和经济学究竟是什么关系呢？经济学家们历来自信地将金融学列入经济学的子科目。但是现实的世界中，既有经济系又有金融系。大学的学科设置中，经济系常常隶属于文学院的范畴，而金融系常常隶属于商学院的范畴。这种划分说来话长。

经济学是人类最古老的学科之一。从有成熟的人类社会组织开始，对经济活动和经济现象的研究和思考一直是学者们最感兴趣的议题。金融学所涵盖的内容，从本质上说，都是经济现象，从这个意义上来看，金融学是经济学的一个分支这个观点不无道理。

然而，和大部分经济学的分支（比如经济增长、健康经济学、劳动经济学等）非常不一样，微观金融学理论的发展和现代金融市场的发展有着千丝万缕的紧密联系，它更多地试图找到市场直觉和市场数据之间的桥梁，因此金融学显示出非常独特的学科特征。

有微观金融学，当然就有相对应的宏观金融学。顾名思义，研究宏观的总量的金融问题的学问，比如货币的供求、银行的运营、利息决定、汇率变动，以及金融市场与经济增长经济危机等等。宏观金融学有时候也叫作“货币经济学”，它的历史可以追溯到 1936 年。就在这一年，凯恩斯出版了一本被称为“拯救了资本主义”的不朽著作——《就业、利息和货币通论》（*The General Theory of Employment, Interest, and Money*），现代宏观经济学就此产生。其中，凯恩斯关于货币供给调节、利率决定，以及汇率决定的理论被后来者不断延伸拓展，宏观金融学由此形成，其核心就是货币经济学。

从这个意义上说，宏观金融学实际上是宏观经济学密不可分的一部分。在比较规范的西方教育体系中，这一部分的内容主要是在经济系讲授的。所以 1990 年的诺贝经济学奖得主默顿·米勒（Merton Miller）把宏观金融学称为“经济系的金融学”。

那么什么是微观金融学呢？通俗地说，就是研究个体的金融决策的学问。这也就是我们市场上最热门的学问——公开上市、兼并收购、私募、股票涨跌、期货期权、资产证券化、基金、债券，高频交易、量化交易，甚至现在热炒的互联网金融……莫不属于这个领域。可以说，凡是和我们个体财富相关的投融资决策和背景都属于微观金融学的研究范畴。

和宏观金融学脱胎于宏观经济学一样，微观金融学脱胎于微观经济学。微观经济学是从个体的角度，研究人们如何进行资源配置的科学。微观金融学就是研究人们如何在不确定的环境下进行资源跨期配置的学科。不确定环境和跨期资源配置因此成了这个学科最典型的标志。与此相适应，对于风险、风险收益、对风险证券的定价、公司投融资决策，以及影响这些因素的市场结构和制度安排成为其主要内容。

由于在商学院里开设的金融系是以微观金融学为主要内容的，所以我们也将其称为“商学院的金融学”。在传统的西方学科语系中，现代金融学一般指的就是微观金融学。根据研究对象的不同，我们将其大概分为“公司金融”和“投资学”两部分内容。

公司金融是从企业角度出发，研究企业筹融资（比如上市、发行债券、增发、私有化等），企业发展扩张（比如兼并收购、分拆、寻找项目、分红决策等），以及企业治理（比如股东权利、董事会、管理层薪酬激励等）。投资学则是从投资者角度出发，研究证券的合理定价（比如依据股票/债券/期货的风险程度，判断现在价格是被高估或者低估），进行资产管理（比如在不同的资产种类中，寻找最优化的资产组合），以及与资产管理相关的市场结构和制度安排。

然而，和宏观金融学隶属于宏观经济学不同，从微观经济学基础上衍生发展的现代金融学基本上已经成为一门独立的学科，有自己独特的研究方法和研究思想。那么，现代金融学究竟有什么样独特的研究方法和研究思想，使它在这半个世纪成为独领风骚的“显学”呢？这得从被称为“华尔街第一次革命”的投资组合理论说起。

那些年，华尔街的“异教”革命

——极简白话金融学之二

从马科维茨的投资组合理论到法玛的有效市场理论，再到行为金融学理论的发展，金融学的研究一直是和金融实践紧紧联系在一起的。

真正现代意义上的金融学要追溯到1952年。这一年，一个叫马科维茨（Markowitz）的年轻人提出了“投资组合理论”（Portfolio Theory）。和地球产生于宇宙黑洞的爆炸一样，马科维茨的投资组合理论被称为是“现代金融学的大爆炸”。

1952年的华尔街已经是一个名副其实的世界金融中心，各种金融证券的交易已成气候。财富曲线的跌宕起伏是华尔街司空见惯的故事。然而，熙熙攘攘的人们并不是很清楚：金融市场上的风险究竟是什么？怎么衡量风险？和人们孜孜追求的收益又有什么样的关系？芝加哥大学的一名博士生马科维茨在他的博士论文里构建了一个再简单不过的框架来解决这个问题。

风险是什么？直白地说，风险就是不确定性。因此证券投资的风险也就是证券投资收益的不确定性。因此我们可以将收益率视为一个数学上的随机变量。证券的期望收益则是该随机变量的数学期望（均值）；而风险则可以用该随机变量的方差来表示。

假设给你一定的初始财富，让你在众多的证券中选择投资，你该怎么做？一般人对投资的要求非常简单：收益要高，风险要小。因此这个问题就是个选择题——我们如何分配各种证券上的投资比例，从而使自己的风险最小而收益最大？

马科维茨的天才解答是：将各证券的投资比例设定为变量，将这个问题转化为设计一个数学规划，如何使得证券组合的收益最大、风险最小。对于每一固定收益率求最小方差，或者对于每一个固定的方差求最大收益率，这个多元方程的解可以决定一条曲线。这条曲线上的每个点都对应着最优投资组合（给定风险水平下，收益率最大的组合），这条线的名字就叫“有效前沿”。对于投资者而言，不存在比有效前沿上更优的组合。这样一来，投资者面临的决策就被简化了许多。换句话说，所有投资者都可以根据自己的风险偏好在这个“有效前沿”上寻找自己的最优策略。

这是在人类历史上第一次能够清晰地用数学概念定义和解释“风险”和“收益”这两个概念。这也是金融学里两个最基本的核心概念。以后几乎所有的金融研究都没有再离开过“风险—收益”的框架。更有趣的是，由于这是一个纯技术性的理论，完全脱离了经典经济学的一般均衡的框架，因而被视为异端。著名的经济学家米尔顿·弗里德曼教授（Milton Friedman）指责说：“这可不是经济学。”

但是华尔街不理会异端与否的争论。马科维茨的理论由于简单的设计，很快得到了华尔街的青睐，投资者和基金经理们很快就开始使用历史数据来做线性规划，作为他们的投资决策。实际上，在经济学漫长的历史中，几乎鲜有这样成功地将理论大规模产业化应用到实践中的例子。金融学却不一样，从马科维茨开始，金融学的理论都是和现实紧密联系在一起的。可以这么说，现代证券投资业成为一个独立产业是从马科维茨开始的。这一理论的提出和应用使得资产管理的专业化和细分化成为可能。这就是历史上的第一次“华尔街革命”。

到20世纪60年代，马科维茨的学生威廉·夏普（W.Sharpe），进一步在一般均衡的框架下，假定证券市场中所有投资人都有相同的初始偏好，以“风险—收益”函数来决策，从而推导出一个单个证券（投资组合）的期望受益率与相对风险程度间的关系式。所谓“相对风险程度”，是指该证券（证券组合）和市场组合之间的联动性（术语叫“协方差”）。在理论的模型里，这个“市场组合”可以在一系列严格的假设下被推算出来。而在一般现实世界中，我们常常会用市场指数（比如道琼斯指数、上证指数、日经指数等）来近似表示这个市场组合。

根据这个关系式，我们可以通过“市场组合”来替所有的证券定价，也可以用它来判断各个证券的市场价格是否“合理”（准确地说，是否合乎这个关系式）。如果偏离，我们就称之为被“错误定价”的证券。这就是金融学里最著名的资产定价模型。资产定价模型以及它的拓展延伸模型至今应用于金融市场的各个方面：帮助投资者寻找“错误定价”的证券（卖出“被高估”、买入“被低估”的证券），评价基金经理的业绩，以及为上市公司的融资定价，等等。

20世纪60年代中期到70年代，尤金·法玛（Eugene Fama）提出了有效市场假说。所谓市场有效性是指市场价格能否充分反映市场价格。如果市场价格永远“即时”反映所有信息（信息是不可预测的），那么价格波动是不可被预测的随机变量。虽然我们每天将“有效市场”之类的词语挂在嘴边，但很少有人知道这么简单的理论所带来的巨大影响。换句话说，如果市场价格可以通过有效性检验，那么无套利假设成立。而无套利假设成立，也就意味着现有的市场价格再也没有套利空间，对于投资者来说，跟随市场大盘是最优的选择。

在法玛的有效市场假说之后，两位心理学家为金融学研究打开了另外一扇大门。1979年丹石尔·卡尼曼（Daniel Kahneman）和阿莫斯·特维尔斯基（Amas Tversky）通过一系列的实验证明，长期以来主宰金融经济学的“理性人”的假定常常受到约束。相反，人类的决策过程往往受到个人偏好、社会规范、观念习惯的影响，因而导致“理性预期”出现系统性的偏差。举个例子，一般情况下，10000 元的月薪一定比 9000 元的月薪更令人愉快。可是，如果有两种情形，一种是你的同事都拿 11000 元而你只拿 10000 元；另一种是你同事都拿 8000 元而你拿 9000 元——这两种情形下，说不定 9000 元给你带来的满足感要远大于 10000 元。这个就是著名的“决策参考点”理论。

除此之外，卡尼曼和特维尔斯基还发现了人类在决策中会体现出如“损失规避”“框架效应”等系统性的特征，这些特征构成了“预期理论”的基础。以此为起点，金融学家们开始探讨“非理性预期”下的资产定价和投融资决策行为——行为金融学因此在 20 世纪 80 年代后蓬勃发展。芝加哥大学的理查德·泰勒（Richard H.Thaler）和耶鲁大学的罗伯特·席勒（Robert J.Shriller）是这一新兴领域的翘楚。在行为金融学框架下，市场有效是不现实的假设，由于存在着种种套利限制和投资人的行为性偏差，市场定价总是存在着“错误”，投资者应该果断地采取主动进攻型策略，寻找低买高卖的机会。

从马科维茨的投资组合理论到法玛的有效市场理论，再到行为金融学理论的发展，金融学的研究一直是和金融实践紧紧联系在一起的。马科维茨的投资组合理论为大规模的基金管理提供了可行的操作工具——用线性规划的方法从千万只证券中选择期望收益率最高（或者收益率方差最小）的组合。法玛的市场有效理论和行为金融学理论则为基金业业态的丰富和发展提供了理论依据——基于对市场有效信念的不同（理论上叫“异质性信念”），积极性的基金管理和消极的基金管理（比如指数基金等）都有巨大的发展空间。有很多人认为，马科维茨的投资组合理论和法玛的有效市场理论是20世纪70年代美国证券，尤其是基金市场繁荣的起点，而行为金融学的兴起则为后来对冲基金的兴起提供了有力的支持。

正因为这些理论对金融市场实践的巨大贡献，马科维茨、夏普和默顿·米勒分享了1990年的诺贝尔经济学奖。马科维茨用了40年时间走完了从“不是经济学”到诺贝尔经济学奖的路程。但关于“经济学”和“金融学”的分合却一直没有完美的定论。

华尔街，继续革命

——极简白话金融学之三

从马科维茨给出风险—收益的风险框架开始，到夏普等人解析出一般均衡下的风险—收益关系（资产定价理论），再到罗斯给出的更一般性的风险—收益线性模型，金融市场和金融学的两大永恒主题被确立了：风险和收益率。

20 世纪的 50 年代是思想熠熠生辉的年代。在马科维茨提出投资组合理论后几年，默顿·米勒和莫迪利安尼（Modigliani）于 1956 年提出了另一个划时代的理论——资本结构理论。由于他们的姓名开头字母都是 M，后人常常称其为“MM 定理”。

在这个被称为现代公司金融的奠基石和里程碑的理论中，米勒和莫迪利安尼首次阐述了无套利假设。无套利假设是指在一个完善的金融市场里，不存在确定的高卖低买的套利机会。用大白话讲，也就是“天下没有免费的午餐”。在无套利假设下，米勒和莫迪利安尼证明了理想市场条件下，公司价值与财务政策无关。米勒凭借这一理论获得 1990 年的诺贝尔经济学奖（莫迪利安尼当时已经去世）。在颁奖典礼上，记者请他给大家谈谈他的资本结构理论。米勒幽默地解释说，不管你用什么刀法切一个比萨，切成8块还是10块，都不会影响比萨本身的大小。同年，与米勒分享这一殊荣的还有马科维茨和夏普——金融学科的重要性渐渐得到认知和认可。

MM定理的精妙之处在于，它设定了一个“理想市场”的简单框架讨论公司的资本结构。而现实世界中，每一种和“理想市场”相违背的条件都有可能对企业投融资决策造成影响，以MM定理作为参照点，我们可以精确地量化估算这种影响在最终企业价值上的体现——这些影响正是所有公司投资决策都要理解和考虑的问题。以此为起点，对公司的投融资决策的研究开始进入一个有体系的时期，因此，这条定理被视为是现代公司金融的开山之作。同时，基于无套利假设的分析框架也开始成为金融学研究中具有代表性的研究思路。

20世纪70年代，无套利的分析方法再次登上金融学的舞台大放异彩。当时的市场上开始有了零零星星的金融衍生产品。但由于没有人知道怎么精确地为衍生产品定价，其发展一直比较缓慢。费雪·布莱克（Fischer Black）和迈伦·舒尔斯（Myron Scholes）在1972年合作的文章中提出了一种基于无套利假设的模型为期权产品定价。

某只股票的买入（卖出）期权就是指以某个固定的执行价格在一定的期限内买入（卖出）该证券的权利。无套利假设告诉我们，在一定的价格随机过程假设下，每一时刻都可通过股票和股票期权的适当组合对冲风险，使该组合变成无风险证券，从而就可得到期权价格与股票价格之间的一个偏微分方程。只要解出这个偏微分方程，期权的价格就得以确定。

和马科维茨的理论一样，布莱克—舒尔斯模型完全脱离了经济学一般均衡的框架，用无套利的方法直接给证券定价，因此被视为异端，长期不被主流经济学期刊认可。布莱克和舒尔斯利用市场数据验证自己的模型，结果发现，模型定价和市场价格有惊人的吻合！得到这么一个简单有效的定价工具，华尔街一时欣喜若狂，迅速地将该模型应用开来。期权产品的交易量呈几何级数递增。市场金融创新的步子加快了，更多更复杂的衍生产品被开发出来，并通过布莱克—舒尔斯模型及其拓展模型被定价和应用。

由此，美国的衍生证券市场从 1973 年开始步入繁荣期。在短暂的现代金融学史上，这不是第一个由学科发展带动市场发展的例子。马克维茨的投资组合理论和夏普的资产定价理论是基金业得以起步和发展的理论根源，法玛的有效市场理论为基金业的投资策略奠定了坚实的基础。布莱克—舒尔斯模型，毋庸置疑地为全球衍生品市场步入全盛期提供了巨大的助力。同时，衍生品市场的繁荣也使得布莱克—舒尔斯模型成为人类有史以来应用最频繁的一个数学公式。这被称为历史上的“第二次华尔街革命”。

无套利假设促使了套利定价理论的面世。斯蒂芬·罗斯（Stephen Ross）的资产定价理论认为，每种证券的收益率都可用若干基本经济因素来一致近似地线性表示。在线性模型假设和“近似无套利假设”下，如果证券组合的风险越来越小，那么它的收益率就会越来越接近无风险收益率。

从马科维茨给出了风险—收益的风险框架开始，夏普等人解析出一般均衡下的“风险—收益”关系（资产定价理论），再到罗斯给出的更一般性的“风险—收益”线性模型，金融市场和金融学的两大永恒主题被确立了：风险和收益率。投资者孜孜不倦地追求着更高的收益，希望承担更小的风险。金融学者则苦苦探索着风险与收益之间“均衡”和“适配”的关系。一切活动都围绕着这两大主题展开。至此，现代金融学已经完成了自己的演化过程，正式登上历史舞台，成为这半个世纪以来最显赫的学科研究。

无套利的魔法

——极简白话金融学之四

传统的供求分析在解决金融市场问题时碰到了困难——那么，究竟怎么判定什么是金融资产的“合理”价格？无套利分析方法因此浮出水面，并展现出强大的生命力。

回到我们最初的命题，究竟是什么样的研究方法和思路，使金融学能够渐渐从微观经济学的母体上脱离，成长为一门独立的学科呢？

作为脱胎于经济学的学科，金融学最基本的分析方法和经济学并无二致。著名的经济学家保罗·萨缪尔森不无幽默地说：“一只鹦鹉只要学会‘供给’‘需求’两个词语，可以成为经济学家。”

供给和需求的一般均衡分析是经济学最基本的分析框架。理性预期和约束条件下的供需一般均衡是经济学中最经典的分析思路和方法。

给定约束下由消费者效用最大（理性人追求个人效用最大化）决定需求曲线，市场约束和技术约束下由供给方利润最大化决定供给曲线，两条曲线的交点即为均衡产量，相应形成最优均衡价格参数。这就是最经典的数量—价格机制。一旦离开这个均衡，市场供求力量则开始起作用，导致价格变动。无论模型多么复杂，其核心都是这样。

这个简单的分析框架是极度实用和科学的。举个例子，房地产的价格就是这样一个变动过程。如果需求不变，减少供给，价格就会上升。比如上海曾经为了抑制房价上涨要叫停土地拍卖——这个政策意味着土地供给减少，也就是未来房源的供给减少，如果大家的需求没有因此下降的话，那么这个政策的后果是什么呢？——需求不变（或者上升，因为投资者预计未来房子有稀缺性），供给减少，价格不降反升！还有北京前两年为控制房价而推出的交易税政策，这个政策的后果也是非常清楚的——在需求和供给都没有发生大的变动的情况下，增加交易中的市场摩擦，会使得交易成本上升，导致价格上升——果然在加税以后的第二天，北京很多套房子的总价就一夜涨了几十万元。这些道理是任何一个经济学本科一年级的学生都知道的基本经济原理。可惜的是，不是所有浅显的真理都能得到认可和实施，面对上涨的水位，最简单粗暴和直观的办法就是堵起来。所以有时候不得不感叹，在社会发展的历程中，无知才是人类最大的敌人。

经济学的这个分析框架帮助解决了人类观察到的很多经济现象。然而，这个强大的分析工具被应用到了金融市场，却变得有些捉襟见肘。首先，金融市场的供给曲线十分模糊——试想一下，任意一个投资者既可以成为供给方（出售证券），也可以成为需求方（购买证券），另外，卖空机制、衍生产品等因素导致供给曲线难以确定。比如说，如果没有卖空限制，供给几乎可以被视为无限。更重要的是，金融产品是高度可替代的，投资者追求的是金融产品所蕴含的风险—收益特征而不是产品本身。举个例子，买苹果手机和买苹果公司股票之间的动机有着本质差别：用户对于苹果手机的黏着度远远大于投资者对苹果公司股票的忠诚度。只要另外一个股票能提供比苹果公司更好的风险—收益率，投资者很容易将其取代——这意味着金融产品的需求具有完全的弹性。

很明显，传统的供求分析在解决金融市场问题时碰到了困难——那么，究竟怎么判定什么是金融资产的“合理”价格？无套利分析方法因此浮出水面，并展现出强大的生命力。古老的谚语告诉我们——“天下没有免费的午餐”，金融市场的无套利正是这一民间智慧的集中体现：在一个正常运行的金融市场中，不会存在着长期的套利机会。因此，我们可以通过某些资产的价格，来推断求解其他资产的价格，使得无套利的条件被满足。这个分析思路和金融产品的高度替代性是完全一致的。只要风险—收益率是一样的，我们不关心拥有什么样的证券，我们只关心各个替代品之间的“相对价格”（布莱克—舒尔斯的期权定价模型正是这一“相对定价”思想最简单精确的表述）。

和传统经济学的关注点不太一样，金融学的定价理论不太关心资产价格形成和变化的过程，金融学关注的是特定的资产之间是否有一种合理的相对水平，从而使市场没有套利空间。换句话说，在商学院范式的金融学中，我们更关注在给定的价格下如何做出最优的决策；而经济系范式的研究更注重价格是如何被推导出来的。

从罗斯的套利定价理论之后，无套利在金融学研究中的盛行使得经济学研究被奉为神祇的“一般均衡”走下了神坛。无套利只是一个局部均衡——市场处于均衡的时候一定没有套利机会，但是无套利的情况却不一定达到均衡。这使得金融研究从此脱离了一般均衡的十字架——我们可以根据现有的金融数据推导出其他资产的“相对的合理价格”而不去理会这个价格是否相容于“一般均衡”。这样一来，基于无套利分析方法的金融资产定价方法也就具有了更大的一般性。

从马科维茨的第一次华尔街革命到布莱克—舒尔斯的第二次华尔街革命，金融学和金融实践的发展轨迹如同藤蔓交缠。每一次理论的突破都是市场发展的产物，同时，每一次市场的嬗变都是理论突破的结果。和很多学科近似空中楼阁的理论研究不一样，金融学的研究导向一直是现实的世界，而海量金融数据的存在又使研究者得以观察和分析真实市场运行的规律和脉搏。

在这个星球上，财富仍然是最令人热血贲张的梦想。半个世纪以来的人类社会变迁为我们展示了金融的魔力——通过金融市场，整个社会的生产和消费以不可想象的速度膨胀和飞速发展。金融犹如童话中点石成金的魔杖，吸引着成千上万聪明而富有野心的人们。然而，从学科的发展历程而言，刚过花甲之年的现代金融学还只是个牙牙学语的孩子罢了。

未来是未知的，未来不要是无知的。我相信，一切的探索仍在路上。

股票市场的投机因子能赚钱吗?

我们都知道股票价格中有投机因子，可是这玩意儿看不见摸不着，我们要怎样衡量它，又怎样使用它为股票定价呢？比如说大家普遍认为“投机丛生”的中国A股市场吧，我们又该怎样处理价格中的投机因子？能不能利用它制订投资交易策略呢？

这些年A股市场不只是有点折腾——各种天马行空的概念层出不穷，引导着市场如痴如醉的跌宕起伏。“中国A股市场是个投机市场”这种观点虽然刺耳，却很贴切。

其实，在经典的金融经济学研究中，关于“市场投机行为”对于资产价格的影响，一直是大家很感兴趣的话题。早在20世纪30年代，凯恩斯就说过，股票市场上，大家买股票的时候不是买自己认为价值最高的股票，而是会买入其他投资者认为价值最高的股票——这就好比选美比赛一样，最后评委们在选冠军的时候，不是选自己认为最美的一个，而是选大家认为最美的一个。说白了，大部分投资者都会抱着投机的心态，到最后，这种投机行为就会反映在金融资产的价格中，形成泡沫。

凯恩斯提出这个观点是在1936年，也就是美国史上最严重的经济危机（1929—1933）刚过不久，罗斯福接手了这个烂摊子，开始转向以凯恩斯理论为基础的“罗斯福新政”——通俗地说，就是为了应对短期经济波动，应更重视政府对于市场的干涉。凯恩斯的研究确实是有所指的，他认为股市中的投机行为乃是人类“动物精神”的产物，需要一些外在的约束（比如政府的管制或者其他规则等）。

20世纪70年代以来，关于投机的话题重新进入学界视野。1977年，诺奖得主默顿·米勒提出投机会使金融资产价格有长期偏离其基本面估值的风险，所以股票价格中应该包含这部分风险的溢价。大师出马，应者云集，后面做这个研究方向的人就越来越多，到2003年，有个很牛的中国经济学家熊伟和他的合作者沙克曼（Scheinkman）又进一步证明了股票的价格中确实会有一个“投机因子”或者说“泡沫因子”，要考虑股票的准确估价，就需要将这个因子考虑进去。

既然我们已经知道股票价格中有投机因子，可是这玩意儿看不见摸不着，我们要怎样衡量它，又怎样使用它为股票定价呢？更进一步地说，在投机行为程度不同的市场上，比如说大家普遍认为“投机丛生”的中国A股市场上，我们又要怎样处理价格中的投机因子呢？

“投机”这个概念很好理解，但是在实证研究中却不是那么好操作。一直到20世纪90年代，才有学者提出：直接衡量不行，间接总可以吧？不管什么样的投机行为，必然牵涉交易（你既不买也不卖当然不能投机），那么我们可以试着用股票的交易量或者换手率（交易量除以总股数）来侧面反映投机的程度。

不过这还是没能解决全部问题，换手率中间包含了很多投机以外的信息量，比如说流动性，那怎么办呢？想办法将流动性这些信息剔除出去——最直观的方法就是计算一个“异常换手率”。具体到每一只股票而言，就是将整个市场的平均换手率和一些非市场事件（比如降息、“两会”召开、企业盈余公告等）从这只股票的换手率中剔除，剩下的部分大致就可以代表这只股票的“投机程度”。

现在要问的是，这个所谓的异常换手率能不能代表股价的投机程度呢？我们用这个方法对世界上规模最大的20个股票市场做了测量，和大家的预期非常一致，中国A股市场的投机程度最高，成熟市场投机程度较低。更有意思的一个现象是，有卖空限制的市场投机程度更高，股价也更高，用金融术语说就是有一个“投机溢价”。这个其实挺好理解，就像一条河流中间有一个大坝蓄洪储水，但是大坝本身也截断水流，一波大浪过来，被拦截的水面自然会向上升。大家可以想想是不是每年雨季各个大坝边上的人们都如临大敌，担心水位过高？

这里需要稍作补充：中国市场一直有严格的卖空限制，在2010年融资融券启动后算是开始了解禁卖空限制的第一步。在2011年的股指期货推出后这一限制进一步放松。与这趋势相吻合，我们发现我国A股市场的异常换手率也呈现出下降的趋势，所以说，中国股市道路是曲折的，前途还是光明的。

知道了投机可以被衡量后，我们要继续问的是，股票价格中“可以衡量的投机”对投资来说有什么意义吗？答案是肯定的。比如，在任意一个月的月末，我们先计算所有股票的异常换手率，然后排序，并分成10组（组数可以调整），然后买入异常换手率最高的一组（高投机型股票），卖空异常换手率最低的一组（低投机型股票），持有一段时间——这个交易策略的年化收益率是23.5%。我们再将一些交易费用（比如印花税、买卖价差等）和一些其他费用剔除，这个交易策略仍然能稳定地带来21%以上的收益。

有些聪明的投资者会问，我们早就知道股票价格会受“市场因子”（个股价格受到市场价格影响）、“规模因子”（个股价格受到公司大小影响）、“价值因子”（个股价格受到市盈率影响），以及其他很多因素的影响，那这个基于“异常换手率”的策略是不是也受这些因素的影响呢？我们继续在交易策略中剔除这些因素，结论仍然与之前完全一致——在中国A股市场上，基于投机因子的交易策略始终能带来远远高于市场平均水平的收益率，牛市和熊市都一样。

这个研究也从侧面证明了，作为一个著名的投机市场，中国的股票价格反映了投资者的“投机交易行为”。和利用大盘股与小

盘股、价值型股票与成长型股票之间的差异制订交易策略一样，高投机型和低投机型股票之间的差异也可以用来制定交易策略，以获得超额收益率。（当然，中国仍有很强的卖空限制，这意味着利用卖空一组股票来对冲风险的策略不能完全实现，也意味着这种策略的收益率有可能下降，而风险敞口会加大。）

不管怎么说，金融学是一门非常接地气的学问。很多复杂的金融模型背后包含的逻辑其实非常简单，这可能就是所谓的“大道至简”吧。

我不知道风往哪个方向吹

——A股市场的“噪音交易者风险”

这是2014年11月底的时候写下的文字。半年过后，股灾来了，风吹鸡蛋壳，财去人不安乐。一年多之后，股市又回到了2014年年底的水平。看来，噪音交易者风险终于靴子落了地。

似乎应了“七年之痒”之谶，A股市场7年后终于蠢蠢欲动躁了起来：从（2014年）11月21日央行突然降息以来，两周累计涨幅18%；成交量接连创下人类历史上的股票交易量新高；证券公司门前人头攒动，每日新开户数量忽然以10万计的速度激增……真真是“不疯魔，不成活”。

一天晚上我给本科生上金融经济学课。一进教室，我就问了学生一个问题：“现在的股市，你是走还是留？”“留！”非常齐整的回答。有几个犹豫的学生，看看四周，最后也举起了手。

在解读这个故事之前。我们先看看经济状况。2014年中国经济下滑态势明显，到10月份，CPI（居民消费价格指数）同比增长1.6%，PPI（生产者物价指数）同比增长率–2.2%。简单地说，中国明显处于通货紧缩周期。同期的工业增加值、工业利润、社会零售总额，以及固定投资总额增速都处于下行通道。另一方面，从2014年上市企业报表来看，A股上市公司3季度平均利润环比下降3.5%，同比下降3.4%。如果我们相信股票市场的价格最终应该正确反映经济基本面和企业的盈利状况，那么无论是从宏观经济指标，还是微观企业利润来看，目前A股市场“万点不是梦”的“超级大牛市”是缺乏强有力的基本面支持的。

那么问题来了，既然大家都知道企业盈利不佳，经济状况堪忧，短期内也很难大幅度回暖，股票市场的暴涨也就是所谓的“错误定价”了，那为什么我们这些聪明的北大学生还坚持要留在这个市场上呢?

其实这个问题可以回溯到金融学一个非常有名的理论，叫作“噪音交易者风险”。这个理论是在20世纪90年代初，由哈佛大学的德隆等人提出的。简单地说，就是市场上有大量的缺乏真正信息的“噪音交易者”（通俗说就是“散户”），这些交易者对于资产价格的估值会有一些偏差。在传统金融理论模型中，如果这些投资者的交易是独立的行为，最后会被两两抵消掉，因而不会对市场价格造成影响。但是德隆他们认为，真实的市场上，小散户们的信息是高度相关的，甚至是相互传染的。大伙儿都攒着一股劲儿往一个方向交易，形成系统性的估值偏差，并最终反映在市场均衡价格中。如果这种估值偏差是乐观的，市场价格就会持续上涨；如果是悲观的，就会持续下跌。这样一来，那些有信息的投资者（比如基金、保险等机构），即使知道这个价格是“错误”的（或者说偏离了基本面的），在一定时段内，也一定会追涨杀跌，引起更牛的牛市或者更熊的熊市。也正因为此，偏离基本面的“错误定价”可能一直存在于市场上，在相当长的一段时间内甚至会不断加深。

美国市场上很多次的大动荡都验证了德隆等人提出的“噪音交易者风险”。比如说20世纪90年代末的“高科技泡沫”之后，很多机构投资者承认自己当时并不相信那些高科技公司的股票价格是“理性的”，但是，既然大家情绪那么高涨，那么价格就还有上涨空间，那么自己自然应该“随波逐流”——这也是华尔街常常说的“聪明资金效应”。这些价格的“噪音”因此会在市场上一波波地传下去，直到大梦初醒，泡沫破灭。同样的，2007年之前美国次贷市场上，基金经理们心照不宣地玩着击鼓传花的游戏，鼓点越来越急促响亮，所有的“聪明人”都以为自己能在鼓声戛然而止之前全身而退。

回到A股市场，这一波热浪滔天的全民皆“股”，无非是两个因素：一个自然是由于降息引发了市场对于政策进一步宽松的期望；另外一个因素，就是我们刚刚说的“噪音交易者风险”。中国A股市场79.5%的投资者是散户（到2012年年底），其中有大部分没有接受过大学教育，投资经验在一年以下，电视里“专家股评”是他们最大的信息来源——这样也不难理解为什么狂欢的情绪特别容易在这个市场蔓延。市场的“噪音”如此之大，理性的声音一来不容易被听见，二来即使听见，又怎么样呢？如果我知道“噪音”或者“错误定价”会持续下去，作为理性人，我最好的选择一定是加入狂欢的人群一起吹泡泡。

大家都说，站在风口，猪也能飞。谁都害怕错失这等了多年的狂风。可是没带降落伞的猪飞起来了，真的不会重重地落在地上吗？更何况，预期落空也是常有的事情，谁又真的知道风往哪个方向吹呢？

期权和存款保险制度

——老百姓能理解的金融小概念

期权是什么

最近“期权”又被提上了日程。其实早在2005年，证监会曾试探性地批准了50多家上市公司发行权证，当时大家叫它“涡轮”，就是一种个股期权。后来因为大伙儿一窝蜂地去买这个听上去挺神秘的玩意儿，导致一次泡沫破灭事件，所以不久证监会就把这种衍生品的发行叫停了，这一停就是10年。

那么，期权究竟是个什么东西呢？我们可以从字面上来理解：期是“期限”，权是“权利”。期权的持有人按照合同规定，享有在某个特定时间以某个特定价格买入或者卖出某个产品的权利。有权利当然有义务——为了享受这个权利，你必须付出一定代价，那就是期权的价格。在期权的合同中，这个特定时间叫作“到期日”，特定价格叫作“行权价格”，这个产品叫作“标的资产”。

金融产品的期权，当然就是在某个特定时间以某个特定价格买入或者卖出某个金融产品的权利。举个例子，现在你拥有一个股票A一年期的买入（卖出）期权，如果行权价格是90元，那就意味着一年后的今天，你可以用90元一股的价格买入（卖出）股票A。要注意的是，这个权利是一个选择权，并没有强制性。假定一年后股票A价格远远高于90元，你当然希望用90元买入股票；但是如果股票价格低于90元，你可以选择“不行权”。(同理，如果股票价格下跌到90元以下，你会希望用90元的价格卖出股票；但是如果价格上涨，你也可以“不行权”。）由此看来，股票期权为投资者提供了对冲自己风险敞口的一个工具。

从世界历史看，早期成型的期权交易起源于荷兰（顺便说一句，好多金融产品创新都起源于荷兰，或者是移民到美洲大陆的荷兰移民）。17世纪荷兰全国陷入了郁金香狂热中。为了避免郁金香价格波动带来的风险，一种交易合同开始在市场上流行。郁金香种植者购买“卖出合同”，也就是买入“在未来特定时间以特定价格卖出郁金香”的权利，这样就避免了郁金香价格下跌的风险。而郁金香交易者则购买“买入合同”，也就是买入一个“在未来特定时间以特定价格买入郁金香”的权利，借此避免了郁金香价格上涨的风险。这就是著名的“郁金香期权”。后来，这些合同的交易量越来越大，其二级市场也就随即应运而生。有二级市场

后，很多人发现，除了防范价格波动风险外，交易合同本身就是一个完美的金融产品，聪明人可以利用其价格波动获取利润。所以，期权实际上又是一个投机套利的工具。

从 2009 年实验性地开放股指期货以来，2013 年又开始解禁尘封 17 年的国债期货，如果不是 2015 年年中的巨大股灾，估计个股的期权也已经推出了。一个完整的现代金融市场，衍生品的发展也是必然趋势，看起来，未来 10 年中国金融市场的增长点会在金融衍生品和债券市场上。产品越来越多，市场会越来越好玩。

存款保险制度

中国的存款保险制度终于推出了。媒体长篇累牍地用各种术语表达激动之情，围观群众也跟着不明所以地欢呼。

现代银行存款保险制度起源于 1929 年的美国，当时大规模的股市崩盘和企业破产导致银行大量坏账，偿付能力下降，储户大规模挤兑，最后数百家银行倒闭，许多家庭的储蓄在一夜之间化为乌有。大萧条后，为了稳定金融秩序，保障存款人的资产安全，美国国会在 1933 年成立一家叫联邦存款保险公司（FDIC）的政府机构，规定所有的存款机构都要按照一定比例给自己的存款缴纳保险费，建立存款保险准备金。一旦成员银行发生问题，保险机构就提供救助，直接赔付存款人。

这个制度的好处是，存款人的资金安全得到了保障。即使银行偿付能力出了问题，存款人挤兑的动机也会大幅减弱，避免银行体系多米诺骨牌式的坍塌。在 2008 年的全球金融危机中，联邦存款保险公司就接管了上千亿的银行储蓄资产，阻止了信用危机的进一步扩散，维护了金融稳定。

在大部分中国老百姓眼里，银行仍然是“安全可靠”的标志，老百姓对银行存款的安全一般不太担心。这是由于在高度金融管制的环境中，银行基本由国家信用兜底。不过随着经济进一步发展，金融自由化的问题总是不能回避。比如说要解决经济增长动力问题，也就必须解决企业融资问题，释放企业活力，而要解决融资问题，利率市场化就绕不开。长期以来，中国银行体系是依靠 3 个百分点以上的存贷差来维持高利润，这两年利率市场化后，下降很快，但是也还有 2%左右。存贷差下降，有些银行收益已经开始大幅下降，尤其在经济下行的今天，很多企业举步维艰，银行坏账上升很快，有的基础差的银行甚至面临破产风险。所以很多人认为，存款保险制度是利率市场化安全实施的一个基础保障制度。这从全球数据上也可以看出一点儿端倪：1980 年以后存款保险制度的流行正是伴随着全球金融自由化的进程。

不过，很多经济学家认为这种保险制度会鼓励银行的“道德风险”——有保险机构担保，银行就拼命地将资金投向高风险、高收益的项目，从而加大银行的风险，反而可能导致金融危机。

鉴于这么短暂的世界金融史，存款保险制度孰是孰非也很难断言。唯一可以肯定的是，在这个时点上的中国，银行存款保险制度的实施确实有较强的政策含义：（名义上的）利率市场化完成，金融市场准入进一步放松，大量民营银行也将加入竞争军团。我个人来看，从长期来看，对于中国老百姓和企业来说，竞争比垄断总是要好得多。

资产证券化就在你身边

——蚂蚁花呗和京东白条的秘密[①]

华山之巅，一白发长须老者道：“敢问列位英雄，都是为谁断臂？”

武松抚刀：“歙州方腊。”独臂神尼垂泪：“明君崇祯。”杨过黯然回首：“义妹郭芙。”

老者叹气：“国仇家恨，各有一番伤心。”

又见数女子亦独臂旁立，不禁大奇，询之。

一女子掩面道：“杭州马云。”一女子轻叹曰：“宿迁强东。”

老者更奇，素闻马云强东为人甚贤，强东尤有怜香之名，竟下得如此狠手？再问，究竟为何种兵器所伤？众女一曰“蚂蚁花呗”，一曰“京东白条”。老者细观其伤口，规则齐整，不禁叹道：“吾老矣！否则必当见识见识这般上古神兵！”

2015年的“双十一”，马云和刘强东都祭出了新型金融武器，阿里系的“蚂蚁花呗”和京东门的“京东白条”大放

① 本文感谢陈靖、陈戴希和朱菲菲的助研工作。

异彩。淘宝全网共46700万笔交易中，使用“蚂蚁花呗”付款的达到6048万笔，占总交易数的13%；京东商城3200万笔交易中，共有1280万笔交易使用“京东白条”，占总交易数的40%！

这两款居家必备的“剁手良器”究竟是什么？下面我们以“蚂蚁花呗”为例。“蚂蚁花呗”作为蚂蚁金服旗下配备消费额度的支付服务，主要是针对买家的提前购买行为，也就是说马云每个月都以一定的额度借钱给消费者消费，到期还款。如果逾期不还，就以万分之三的利率收取利息。

“咦，这不是信用卡吗？”聪明的你可能会惊呼。

答案正确！其实太阳底下哪里有什么新鲜的事情，所有的金融创新抑或是填补现行体制的不足，抑或是在与现行体制的摩擦和博弈中不断衍生出来的。不管“蚂蚁花呗”还是“京东白条”，实质上就是传统金融体系中的“信用卡”。两位和你同样聪明的科技大佬，利用其庞大的电商数据优势，轻而易举地突破了最困难的信用评价，在互联网金融创新的旗帜下，开始了“放贷”的金融活动。

如果将金融体系的功能简化，无非就是一系列的借贷行为。现在阿里也罢，京东也罢，“贷”这一环有了，那么“借”呢？换句话说，马云和刘强东贷给我们的钱究竟从何而来？对于不能揽储的企业机构来说，资金无非是两个来源：自有资金（包括股本金、企业利润等）或者融资。其中融资无非是间接融资（从银行贷款）和直接融资（发行股票或债券，直接向投资者筹资）。对于阿里小贷和京东金融来讲，自有资本的限制不太可能有如此大的规模，而银行间接融资看上去也成本太高。

那么到底是什么终极武器，能让马云和刘强东帮“剁手党”们买买买呢？正确的答案就是近来金融圈里最炫酷时髦的词语——“资产证券化”。

什么是资产证券化？百度上说，资产证券化是指以特定资产池或特定现金流为支持，发起人通过特殊目的机构（Special Purpose Vehicle，简称SPV）发行可交易证券的一种融资形式。

看似高深莫测？其实资产证券化没那么复杂。我们仍然以“蚂蚁花呗”为例，一个人开通了“蚂蚁花呗”后，一般可以获得500~5000元的额度进行消费。而这些资金，均来自阿里旗下的阿里小贷。略懂会计学基础知识的小伙伴们马上就能明白，剁手党的每笔消费，其对应的都是阿里小贷资产负债表左侧的一笔信用贷款（资产）。如果阿里小贷只是让这些贷款静静地躺在自家资产负债表的左端（资产），那么它就需要不断融资，扩大资产负债表右侧的（数字权益或者负债），以支持这些信用贷款（资产负债表是要配平的！）。

由于剁手党（债务人）的小额消费贷款在未来有着较为稳定的现金流收入（剁手党被要求在确认收货后的下个月10号之前完成还款），阿里小贷（发起人）可以将这些预期能产生稳定现金流收入的贷款资产转移给SPV所设置的专项账户。比如马云就选择了中金（中国国际金融有限公司）作为这个项目的SPV。然后SPV负责将这些消费贷款资产统一放入一个资金池中，通过对资产池的现金流进行重组、分割和信用增级，从而以此为基础发行一系列具有不同收益和风险特征的有价证券。

这么一来，小额消费贷款资产变身具有流通性的证券。证券在市场上出售后，阿里小贷也获得了新的资金，可以再用于放贷。也就是说，阿里是通过资产证券化完成了直接融资。一边融资，一边贷款，谁都不用再担心马云的放贷能力了。①（刘强东的“京东白条”与“蚂蚁花呗”的原理是完全一样的。京东白条产品曾经以5.1%的利率发行了6个亿，市场反响热烈，认购者云集，那正是“资产证券化”的大作。②）

由此看来，无论是阿里还是京东，都只不过是将这些小微贷款打成包（资产池），再进行标准化处理，做成证券，卖给了投资者而已——这么说来，资产证券化就是企业的直接融资。那么，聪明的你又要问了：“资产证券化”和我们常常听到的“债券融资”和“股权融资”有什么区别呢？

首先，资产证券化是基于“资产”的融资模式。由于资产的价值相对来讲比较容易确定，所以基于资产的现金流也就比较稳定。而传统的“债权融资”和“股权融资”不仅受到融资企业整体信用、表现和发展能力的限制，而且还会使资产负债表扩张，进而可能导致资金周转率和资产回报率的下降。

其次，资产证券化发行的是结构化的债券。它的发行流程涉

---

① 理论上，如果循环地将贷款证券化，马云的融资数额并没有实质的上限。不过根据《证券公司资产证券化业务管理规定》，证券化申请周期最长可达两个月，这也就限制了整体贷款规模的增长速度。

② 京东白条资产证券化发行总额度为8个亿，其中优先1级的募资额度为6个亿，发行利率为5.1%。另外1.04亿元和0.96亿元分别以优先2级和次级的档次发行。

及风险隔离和信用增级。风险隔离的主要目的在于隔离资产出售人和被出售资产之间的权利关系，使得发行人可以突破发起人的信用和融资条件限制，以高于发行人的信用评级获得低成本的融资。而信用增级用以提升证券的信用质量和现金流的稳定性，从而更好地满足投资者的需要。

有读者可能会继续追问，既然马云发行的资产证券化产品是债券，可是据我们所知债券是中长期的证券啊，而剁手党们的信用贷款却是短期的。比如说“蚂蚁花呗”要求消费者在确认收货后的下个月10号之前还款，而“京东白条”的使用者可以选择自消费日起的30日之内还款（或者分为3、6、12、24期付款，但需要收取0.5%的服务费）。现在问题就来了，短期的贷款资产怎么支持一个中期或长期证券的发行呢？要是将这些小微贷款发行短期证券，那么操作会过于频繁，成本也会很高，从而失去了证券化的意义。用金融学术语来说，就是马云要怎么解决“期限错配”的问题呢？

马云告诉你：没关系！我们可以用循环购买来拉长短期信贷资产池的期限。首先，发起人（阿里小贷）循环提交自己的小额信贷资产，由SPV来做购买方，形成资产端的循环购买。通俗地讲，就是使用原来的信贷资产的现金流来购买新的信贷资产。这意味着项目载体中的基础资产池处于非封闭状态，好比一池活水，水流生生不息。

与这种“循环购买”模式相适应，阿里小贷的债券发行（资产证券化）也采用两段式的设计。第一个阶段叫“周转期”——这个时期债券是不进行本金偿付的，资产池里的资金要用于循环购买新的信贷资产。一旦基础资产池变得足够大，贷款期限也被拉得足够长，就进入第二个阶段，叫“分配期”，停止循环购买，进行利息和本金的偿付。

这样一来，通过资产端、负债端、短期信贷资产的期限就被拉长延伸，也就可以支持中长期债券发行了。2013 年和 2015 年，阿里小贷分别发行了 50 亿的小微贷资产证券化债券，就是通过这样资产池循环购买和多次发行（大约为 10 个批次）的模式，用短期的小额信贷（比如一个月）支持了它 1~2 年期债券的发行。

其实，小微贷的资产证券化，只是资产证券化一个小小的应用而已。资产证券化作为 20 世纪金融业发展历程中的一个重要里程碑，曾经，也正在深刻地改变金融市场的格局和发展。

中国资产证券化起步很晚，从2005年才由中国建设银行发行了第一单房地产贷款支持的证券化产品，一直到2013年年底一共才发行了1509亿元的产品，和庞大的债市规模比起来，简直可以忽略不计。然而2014年，市场开始变化了，资产证券化的浪潮开始席卷中国金融市场。从2014年1月到2015年8月，整个市场共计发行了5750亿元的产品，而且发行速度不断加快、规模不断加大，涉及的资产标的也越来越多样化，从银行贷款、信用卡贷款、车贷、房贷、学费贷款、公司的应收账款，甚至未来才会发生的高速公路收费、水电气费、供暖费……都开始被当作资产证券化的标的物品。看起来，地球人已经无法阻挡中国资产证券化的发展步伐了。

资产证券化的前世今生[①]

纽约，高楼林立筑成辉煌梦想，身处纽约，你将无所不能。”

纽约有一条窄窄的路叫作“华尔街”，这里热辣辣的金钱永不眠，金融创新的步伐更是从未停止。在华尔街，曾经有一句谚语广为流传：“如果你有一个稳定的现金流，就将它证券化。”

这个叫“资产证券化”的金融产品的兴衰沉浮，犹如华尔街这半个世纪的一幅浮世绘。

前世：美国梦和住房抵押贷款

很多人认为，资产证券化是20世纪影响最为深远的金融创新之一。通俗地说，“资产证券化”就是将一组（个）流动性较差但预计能产生稳定现金流的资产通过一系列的结构安排和组合，对其风险和收益进行分割和重组，从而将资产的预期现金流转换为

① 本文感谢朱菲菲、陈戴希和陈靖的助研工作。

流动性和信用等级较高的金融产品的过程。

和人类社会绝大部分的创新一样，资产证券化也是来自寻找现实世界问题的解决方案的过程中。1929—1933 年美国遭受了历史上最严重的一次经济危机，超过 8 万家企业破产，5000 多家银行倒闭，失业率达到 25% 以上，整体经济发展水平倒退到 1913 年的水平。在危机中上台的罗斯福政府面临着两个大难题：一是要尽快从大萧条中走出来，促进经济复兴；另一个是要保障“居者有其屋”的美国梦。

这两个难题的解决都指向了房地产市场的复兴。然而刚刚经历失业威胁的美国居民缺乏自有资金，不得不延迟购房计划，尚未从危机中恢复元气的银行体系也缺乏提供住房贷款的意愿和能力——房地产市场始终处于“供需两不旺”的疲软状态。

为了刺激房地产市场的发展，美国政府从20世纪30年代开始采取了一系列行动，颁布大量政策法规，成立包括房利美在内的多个房地产贷款政府机构。[①]这些法案的颁布和政府金融机构的成立，保证了住房贷款的供给，提振了消费者的购房需求，再加上贷款保险这一政府安全网的设置，美国住房抵押贷款一级市场开始发展。

60年代后，随着“婴儿潮”一代开始成年，消费者对住房抵押贷款的需求激增。[②]为了缓解金融机构的资金限制，美国国会于1968年通过《住房和发展法案》，允许发行房产抵押贷款担保证券，并相继成立吉利美（GNMA，政府国民抵押贷款协会）、房地

---

① 1932年，联邦住房贷款银行（FHLB）成立，该银行通过将获得的财政部拨款贷给有需求的金融机构，以保证住房抵押贷款的供给；1933年，国会通过《政府抵押贷款法》，成立房屋贷款公司，从而形成了以联邦政府提供担保、长期性、以分期还款方式运作的抵押市场；1937年，美国提出《公共住宅法案》，设立了联邦平民房屋建设署（USHA），用于维持永久性的中央政府补贴；1934年和1944年分别成立联邦住宅管理局（FHA）和退伍军人管理局（VA），试图鼓励消费者以贷款形式购买住房，两机构通过为中低收入的居民和退伍军人提供低价保险，从而使其有能力申请到住房抵押贷款；1934年，国会又通过了《国民住房法案》（NHA），成立了联邦住宅管理局（FHA）和联邦储蓄贷款保险公司（FSLIC）。通过组建“互助抵押贷款保险基金”，两者为个人住房抵押贷款提供了贷款保险制度。

② 婴儿潮指美国“二战”后出生的一代。

美等政府资助企业，专门收购由联邦住房管理局和退伍军人管理局担保的个人住房抵押贷款。这些企业又将很多收购来的贷款打包，发行抵押贷款担保证券，出售给投资者，美国房屋抵押贷款二级市场也开始日趋活跃。

上述制度安排促进了美国住房抵押贷款一级市场和二级市场的繁荣。住房抵押贷款市场的发展和低利率政策，刺激了房地产市场的井喷：从20世纪70年代开始，美国标普房屋价格指数从25一路飙升，2007年达到巅峰180；独栋家庭住宅的建筑面积也从50年代低于1000平方英尺（约93平方米）的水平，增长到2004年大约2300平方英尺（约214平方米）。[①]

随着抵押贷款规模的迅速扩大，新的问题出现了。抵押贷款一经发放就成为金融机构的长期资产，而它们的很多负债都是短期的，这就造成了银行类金融机构资产负债表的期限错配问题。此外，二级市场上交易的抵押贷款仅仅为单一的长期资产，不能满足投资者不同的风险偏好和投资规模要求。抵押贷款的非标准化、借款人信用度和抵押贷款质量的参差不齐，都大大降低了抵押贷款二级市场的流动性，限制了抵押贷款的资本来源。

为了解决金融机构的资产负债表期限错配以及抵押贷款二级市场的流动性问题，聪明的投资银行家为政府支持金融机构量身定做了一款叫“抵押转手证券”的衍生产品。

抵押转手证券的基本操作过程如下：发行人将许多满足一定要求的抵押贷款集合在一起形成资产池，以该资产池为抵押发行

---

① 数据来源：美国NAHB房产市场指数官方网站。

证券。资产池中抵押贷款每月获得的本金和利息偿付可作为资产抵押证券每月支付的本息现金流。由于这一过程将抵押贷款转化成了证券形式在市场上流通，因此又叫资产证券化。抵押转手证券可以算是资产证券化产品的雏形。

1970 年，吉利美通过将政府担保后的住房抵押贷款做成资产组合，以份额方式销售给投资者，并在自身信用的担保下，发行了第一单住房抵押贷款转手证券（Mortgage Pass Through, MPT）。之后，房地美和房利美也分别在 1971 和 1982 年发行了抵押贷款支持的转手证券。①

转手证券具有两个特点：第一，抵押贷款的抵押权直接转手给证券投资者，投资者的证券持有份额代表了其对抵押权的产权份额；第二，购房者每期所支付的还本付息的现金流，在扣除掉管理服务费等开支后，直接转付给证券投资者，而不进行中间投资或重新分配。②这个设计实现了大量债权人和投资人的风险隔离，大量抵押贷款被汇入一个资产池，分散了单一贷款的风险。通过政府担保等信用增级措施，贷款资产池的信用等级也得以提高。非标资产（抵押贷款）转成标准化证券吸引更多投资者。同

① 房地美和房利美的抵押贷款支持证券分别叫“抵押支持证券”（Mortgage-Backed Securities, MBS）和“参与证”（Participation Certificate, PC）。名字不尽相同，但产品是类似的。

② 数量上，转手证券的票面利率要小于作为标的资产的抵押贷款资产池的利率，证券的月度现金流量也要低于资产池本身的现金流，差额部分用以支付证券化的服务费、担保费等各种费用；时间上，由于需要将收到的现金流按投资比例分配给转手证券的投资者，转手证券的现金流量也总是要滞后于抵押贷款的现金流时间。

时，它将金融机构的大量低流动性的长期资产从表内移出，拓宽了其融资渠道——从而解决了当时抵押贷款二级市场上的种种问题。因此抵押转手证券面世之后，瞬间风靡。抵押贷款的二级市场迅速发展，整个房地产借贷市场的流动性以及金融机构的融资能力大为改善，直接带动了房地产和债券市场的双重繁荣。资产证券化也正式登上历史大舞台。

今生：华尔街的创新舞步

尽管抵押贷款转手证券获得了巨大成功，却仍然存在很多缺陷。比如，转手证券并不对基础资产所产生的现金流做任何处理，导致证券的现金流不稳定，投资者须承担基础贷款的提前偿付风险。此外，由于投资者在投资期限，风险和收益率等各方面具有不同的需求，单一层级的现金流转付并不能吸引不同类型的投资者。

精明的投资银行家们开始改进证券化技术，其中最重要的一个技术改进叫“分层”。具体地说，就是在将基础资产池（抵押贷款池）的现金流分成若干个优先级和劣后级，一旦出现违约，现金流先用于支付优先级证券持有者的收益，剩余现金流再去支付劣后级证券持有者的收益。由于承担风险的不同，优先级债券的收益率也一般低于劣后级。分层技术的出现满足了不同风险偏好投资者的需求，吸引了更多投资者。此外，为了表示自己与投资者“共担风险”，很多发行人开始自己持有部分或者全部的劣后级债券（自留档）。这些措施在一定程度上也帮助解决了债券发行中的信息不对称和道德风险问题。随着技术的进步，对基础资产处理从单纯的转手向结构化设计转变，“转手证券”也演化成“贷款抵押支持证券”，也就是我们熟悉的房地产抵押贷款支持证券。

按发行机构不同，贷款抵押证券分为机构抵押证券、非机构抵押证券两类。机构抵押证券是指由三家有联邦政府背景的机构（房地美、房利美和吉利美）发行的抵押证券，其占抵押证券的绝大多数，比例高达 90%；其他公司发行的抵押证券称为非机构证券，占的比例很小。按担保的房地产性质的不同，贷款抵押证券还可分为住宅抵押证券（Residential Mortgage-Backed Securities，RMBS）和商业抵押证券（Commercial Mortgage-Backed Securities，CMBS）。RMBS 是抵押证券的主要品种，占市场总量的 90% 以上。

抵押贷款支持证券的成功，吸引了银行对更多基础资产运用证券化技术。20 世纪 80 年代开始，美国逐渐放松了利率管制（1980—1986 年间逐渐废除了 Q 条例[①]），商业银行面临着提升资产流动性和满足资本充足率要求的双重压力，对资产证券化的需求日益迫切。资产证券化基础资产的种类从房地产抵押贷款拓展至企业贷款、汽车贷款、信用卡贷款、学生贷款等其他信贷资产。按照学术界的分类方法，这些由信贷资产支持的证券被统一称为“资产支持证券”（Asset-Backed Security，ABS）。[②]信贷资产支持证券帮助拓宽融资渠道，解决长期资产（贷款）和短期负债（存

---

① 条例中规定，美联储禁止会员银行向活期储户支付利息，同时规定定期存款支付利息的最高限额，1957 年前，该上限规定为 2.5%。——编者注

② 弗兰克·法博齐（Frank J.Fabozzi）和维诺德·科塞瑞（Vinod Kothari）（2008）的分类方式，将以房产抵押贷款之外的直接贷款作为基础资产的项目统称为 ABS。

款或者短期金融）之间的期限错配问题，增加了资产端的流动性，因此，在随后的几十年，林林总总的商业机构，形形色色的投资者，还有投资银行家们都以前所未有的热情投入到证券化的浪潮中。[①]

90年代以后，随着美国衍生品市场的发展和金融资产定价理论的成熟，一种叫“债务担保凭证”（CDO, Collateral Debt Obligation）的创新证券化形式出现了。和传统的证券化产品不同，CDO的基础资产是系列信贷产品，包括高收益的债券、新兴市场的公司债或国家债券、传统的ABS和MBS等。某种程度上，我们可以将CDO理解为ABS的再证券化。CDO的高杠杆带来了丰厚的利润，各大机构争先恐后加入CDO发行、抵押和交易的大军。2000年左右全球CDO的发行量还不到1000亿美元；到了2006年，这一数据已达到5200亿美元，年复合增长率达到31%。

和CDO的迅速发展同步的是美国的房地产市场。2001年“9·11”事件严重打击了美国经济。小布什政府决定进行强势的经济干预：调整税收制度，美联储大幅降息，出台系列政策鼓励提高美国家庭住房拥有率。到2004年，名义利率已经从2001年的3.5%降至1%，低于通货膨胀水平，历史罕见的“负利率时代”激发了投资的欲望，同期的《“美国梦”首付款法案》（*American*

---

① 逐渐地，非金融企业也开始加入“证券化”的行列，应收账款、收费类资产（比如水电煤卫）、版税收入、门票收入等都开始通过证券化的形式获得融资。这种以企业某项业务产生的未来现金流为支持的证券化，其主要适应于能够长期提供稳定现金流的行业，如基建、公用事业、酒店。这一类型的证券化，被称为“整体业务资产证券化”（WBS）。但是，在美国，WBS始终没有成为主流证券化产品，甚至没有进入公募市场。

Dream Down Payment Assistance Act）也为中低收入家庭放开了住房贷款的大门。在这些因素的推动下，美国的企业和家庭开始大量贷款进行房地产投资，房地产价格出现全面持续的上涨。很多缺乏偿付能力的家庭个人也贷款买房——这就是著名的“次级贷款”。大量由次级贷款支持的证券被发行出来，又被再次打包证券化，进入市场。CDO产品和其风险对冲产品——信用违约互换（CDS, Credit Default Swap），正是其中最激进的品种。

进入新世纪后，资产证券化的结构日益复杂，层层打包的技术使得基础资产的价格越来越难以判断。低质量的资产可以通过多次证券化的“美化”而提高信用评级，以高价出售。大量低信用级别的资金，尤其是次级贷款被作为基础资产纳入资金池中，证券化的链条越长，杠杆越高，回报率也更高。丰厚的利润和经过美化的“产品风险”让众多金融机构选择性的失明——更多的未经审慎审核的抵押贷款发放出来即被迅速证券化再投放到市场中。到2007年，美国资产证券化产品已经占到美国债市规模的38.93%，考虑到国债14.24%的占比，资产证券化产品占据了信用债的半壁江山，其中CDO和相关产品占到3.27%的比重。[①]大量的金融机构都在次贷产品上有巨大的风险敞口。

狂欢的舞步总有停下的时候。其实早已有很多迹象表明这场舞会行将结束——2004年上半年开始，世界原油和大宗商品的价

---

① 截至2007年年末，美国债券市场总余额317242亿美元。其中，国债余额45167亿美元，占比14.24%；MBS余额39726亿美元占比29.54%；ABS余额19388亿美元，占比6.11%；CDO余额10385亿美元，占比3.27%。资产证券化债券的债市占比（MBS+ABS+CDO）达到了38.93%。

格大幅上涨，美国国内通货膨胀压力陡增。美联储连续17次上调利率，利率逐渐从1%提高到5.25%。连续升息提高了购房者的借贷成本，强烈地抑制了市场需求。“历史上从不下跌”的房地产价格终于在2006年的夏天突然回落，很多地区的房价出现“腰斩”。次贷的房主们发现自己陷入了资不抵债的境地，债务违约成为不可避免的结局。大量基于次贷的信用产品和衍生产品忽然丧失了流动性，400多家经营次贷业务的金融机构倒闭，信用机构大幅度调低债券评级……多米诺骨牌式的崩溃就此开始。贝尔斯登倒闭，雷曼兄弟宣布破产，美林证券被美国银行收购，高盛和摩根士丹利也被改组为银行控股公司，五大独立投行成为历史……次贷危机全面爆发，并迅速演变为一场全球性的金融灾难。

由于危机的导火索是高风险CDO和CDS产品，市场和监管层对“资产证券化”产品的批评成为一时之潮流。受此影响，资产证券化的规模迅速缩减。全球CDO的发行量在2009年达到历史最低水平，仅仅为43亿美元，约占鼎盛期时期间的1%，ABS和MBS的发行量和鼎盛时期相比，也接近腰斩。

不过，随着对危机的尽职调查以及认识的深入，各方开始重新反思资产证券化的功能与风险。人们逐渐认识到，作为一个金融产品，资产证券化本身是中性的。是过度滥用的再证券化技术将低质量的基础资产美化，造成风险和收益的不匹配，再加上金融监管的滞后，信用评级机构的利益冲突，金融机构盲目逐利——这才是次贷危机的根源。

在情绪狂潮过后，市场和监管者开始深刻反思这些年金融市场的监管滞后于创新的现状。2010年，奥巴马总统签署《多德—

弗兰克法案》，该法案被认为是美国大萧条以来改革力度最大、影响最深远的金融监管改革议案，该法案主要包括成立金融稳定监管委员会、设立消费者金融保护局、将场外衍生品纳入监管、限制商业银行自营交易、设立新的破产清算机制、美联储被赋予更大的监管职责等。

新一轮的全球监管机制设计得以推进，全球的资产证券化市场也从 2009 年开始悄然回暖。2014 年年末，美国证券化产品在债市中的余额从 2009 年的 12%上升到 27.8%的水平，其中，MBS 仍然占据着绝对主导地位，占所有资产证券化产品 82%的份额。

在大半个世纪的时间里，华尔街的金融家做的究竟是什么业务？其实想一想，就是将形形色色的现金流“证券化”——从债券、股票，到资产支持证券。金钱永不眠，而金融的创新，也不会停止。

跋

做金融江湖里一朵自由行走的花

2015年的夏天，我在君士坦丁堡参加G20旗下的普惠金融会议。白天讨论的是普惠金融在各国的进展，到了傍晚，我到城边找了一张餐桌，面朝大海，一边等餐，一边重读茨威格的《人类的群星闪耀时》，其中一个章节讲的是君士坦丁堡的沦陷。1452年，苏丹马赫梅特带领奥特曼帝国的舰队把君士坦丁堡——当时的拜占庭——攻破，结果了东罗马帝国。我看着海浪起伏，想象着苏丹对军队屠城的许诺、刚刚发明的大炮对古城不分昼夜地轰击，以及市民们在索非亚教堂不间断地祈祷，直至太阳西下。从此以后，土耳其的大海、残墙和我对普惠金融的感悟，居然分不开了。

金融的背后是真实的生活。对参与者而言，无论学者还是实操者，金融既是职业，也是一段旅途。2010年7月，我辞去了在美国的终身教职，回到长江商学院任教；同一个月，唐涯则刚刚在加拿大博士毕业，回到北大开始学术生涯。2012年我到北大做学术讲座，第一次见到她，我们用象牙塔的语言做了愉快的学术讨论，并没有触碰到对方躲在金融后面的反骨。后来，一入江湖岁月催，转眼四年过去，我早已“投笔从戎”，在蚂蚁金服参与用技术做普惠金融的尝试。唐涯则给自己起了一个叫“香帅”的名字，开始经营自己叫“金融江湖”的书斋。

唐涯把金融和江湖联系起来，我的理解，首先是因为她忍不住看到金融背后江湖般生龙活虎的红尘世界。用金融的语言来说，资本本身是一种生产要素，而金融是达成资源有效配置的手段；但是这个配置所影响的，是一个个活生生的人、企业、城市和国家。所以唐涯忍不住说：“不知道有多少人明白，生活在现代生活中的我们，不管是主动或者是被动，其实都被‘金融’或者说‘金融市场’紧紧地绑定，不可分割……生活中每一个场景都和‘金融’有着千丝万缕的联系。”换句话说，无论知不知道，我们的命运都会因为金融而改变。

这样就不难理解，为什么唐涯喜欢谈历史，金融的历史，企业的历史，城市的兴衰史，历史中的人。在她看来，金融不是枯燥的数字，历史也非黄纸，金融是生活的江湖中蔓延的血脉，所到之处，既有柴米油盐，也有国家兴亡、人性善恶。所以她在细说香港兴衰史之后总结，在江湖的支流里，“一个人，一个城市，一个时代，都终究是过客”。除了历史感，还有情感，她忍不住想起罗大佑的歌：“小河弯弯向南流，流到香江去看一看，东方之珠,我的爱人……让海潮伴我来保佑你，请别忘记我永远不变黄色的脸。”

把金融想象成江湖，还代表了一种人生态度。许巍在歌里写道：“曾梦想仗剑走天涯，看一看世界的繁华。”阿里巴巴的愿景是让天下没有难做的生意，在阿里巴巴每个人都有花名，大家叫惯了，很多人的本名倒是不记得了；而这些最早的花名，都取自江湖儿女、武侠人士。虽然武侠人物很多，郭靖、杨过、风清扬……起花名却不用坏人。在看武侠小说长大的人心中，江湖固然风波险恶，但是更代表一种红尘中的理想，为弱者，为平民百姓代言。这样的态度，和某些金融人士只关心的套利、逐利，就有了分野。

这样的定位会表现在作品里。唐涯写的东西很广，从资本市场、企业兴衰、人物传记到金融思想史，方方面面，似乎有些贪心。如果说有什么共性的话，她感兴趣的并不是赚钱的秘笈、金钱的光环，而是尽力和读者沟通金融背后的逻辑，我觉得透露的是一种学者的善意和入世的良心。金融既影响每一个人，又是人性的放大。用金融的语言来说，金融牵涉到的每一方，无论从业者、消费者和监管者，都太需要教育和沟通；用武侠的语言来说，则不妨想起张无忌看到明教教徒面对生死，喃喃诵经，“哀我众生，忧患实多”。记得我以前讲资本市场的历史，每次讲到 1994 年的三大救市措施——年内暂停新股发行和上市、严格控制上市公司配股规模、采取措施扩大入市资金范围——我都会长叹一口气，觉得天地悠悠，什么都没有改变。

面对金融的江湖，学者可以选择在象牙塔里面扎根，也可以选择“仗剑走天涯”，为大众传道解惑。这两个选择不分好坏，但确实需要取舍。有很多人已经做了选择，于我自己，记得在 2008 年金融危机以后，在美国做教授的我深感学界对现世的无知和无力，于是大量学习历史，开始谋划回国走近“正在发生的历史”；

回头看，今天离开学校的果，那时候已经种下。

唐涯做学问有灵性，她的选择也有灵性。她从小记得的是令狐冲的思过崖，给自己起名则叫香帅。楚留香也罢，令狐冲也罢，都没有梦想过做江湖老大。金融的梦想并不是赚最多的钱，而是帮助每个人、每个群体实现梦想。谁说金融不需要武侠精神呢？今天读到这样把金融、历史、人生感悟交织的作品，我觉得耳目一新，也觉得充满期待。武侠精神除了身手不凡、打抱不平，还有精进。

在金融的江湖里，做一朵自由行走的花。

陈龙

蚂蚁金服首席战略官

2017 年 1 月